肖加平 等著

XUEQIAN JIAOYU ZHUANYE RENCAI PEIYANG GONGTONGTI JIANSHE DE YANJIU YU SHIJIAN
学前教育专业人才培养共同体建设的研究与实践

苏州大学出版社
Soochow University Press

图书在版编目(CIP)数据

学前教育专业人才培养共同体建设的研究与实践/肖加平等著. —苏州:苏州大学出版社,2022.1
ISBN 978-7-5672-3713-1

Ⅰ.①学… Ⅱ.①肖… Ⅲ.①高等职业教育-学前教育-人才培养-研究 Ⅳ.①G718.5②G61

中国版本图书馆 CIP 数据核字(2021)第 188617 号

书　　名:	学前教育专业人才培养共同体建设的研究与实践
著　　者:	肖加平　等
责任编辑:	刘诗能
装帧设计:	吴　钰
出版发行:	苏州大学出版社(Soochow University Press)
社　　址:	苏州市十梓街1号　邮编:215006
印　　装:	苏州工业园区美柯乐制版印务有限责任公司
网　　址:	http://www.sudapress.com
邮购热线:	0512-67480030
销售热线:	0512-67481020
开　　本:	710 mm×1 000 mm　1/16　印张:15.5　字数:246千
版　　次:	2022年1月第1版
印　　次:	2022年1月第1次印刷
书　　号:	ISBN 978-7-5672-3713-1
定　　价:	58.00元

凡购本社图书发现印装错误,请与本社联系调换。服务热线:0512-65225020
苏州大学出版社邮箱　sdcbs@suda.edu.cn

前　言

党中央、国务院高度重视学前教育事业。党的十九大指出，要在"幼有所育上不断取得新进展"。习近平总书记就学前教育改革发展多次作出重要批示，2018年7月，习近平总书记主持中央全面深化改革委员会会议，会议审议通过了《关于学前教育深化改革规范发展的若干意见》，明确指出学前教育是终身学习的开端，是国民教育体系的重要组成部分，是重要的社会公益事业。因此，办好学前教育、实现幼有所育，是党和政府为老百姓办实事的重大民生工程，关系亿万儿童健康成长，关系社会和谐稳定，关系党和国家事业的未来。教师是立教之本、兴教之源。2014年9月9日，习近平总书记在北京师范大学强调全国广大教师要做"有理想信念、有道德情操、有扎实知识、有仁爱之心"的好老师。2018年，中共中央、国务院颁布了《关于全面深化新时代教师队伍建设改革的意见》《学前教育深化改革规范发展的若干意见》，指出要"办好一批幼儿师范专科学校和若干所幼儿师范学院，支持师范院校设立并办好学前教育专业"，创新幼儿园教师培养模式，前移培养起点，"大力培养初中毕业起点的五年制专科学历的幼儿园教师"。因此，学前教育的改革创新高质量发展需要一支"四有"好幼师队伍，幼师培养关键靠幼儿师范院校，五年制高职学前教育专业是幼师培养的重要力量。

五年制高职学前教育专业兼具职业教育和师范教育特性。如何在职业教育改革创新高质量发展及"三教改革"新背景下提升五年制高职学前教育专业的人才培养质量？作为一所具有"师范"性质的院校，如何使幼师成为一名"四有"好幼师？怎样的课程体系更有助于学前教育人才培养？如何结合学前教育专业的实际情况，通过产教融合、校企合作实现高职学前教育专业人才培养？近年来，常州幼儿师范学校围绕五年制高职学前教育专业进行了一系列人才培养和教育教学的探索实践，在"校-园共同体"融合培育新时代"四有"好幼师方面取得了明显成效。校、园双方形成了协同进行幼师人才培养的机制，在合作互动过程中建构平等的合作伙伴关系，既促进了幼儿师范学校、幼儿园、教师、学生的共同发展，又促进了五年制高职学前教育专业自身的可持续发展。本书正是常州幼儿师范学校师生基于学前教育事业发展的大背景，围绕五年制高职学前教育专业"校-园共同体"的理论构建与实践问题进行的探索与实践。

本书主体由"研究报告（上编）"和"成果集锦（下编）"两个部分构成。"研究报告"分为四个部分，第一部分是"基础研究"，探索五年制高职学前教育专业的人才培养目标、课程体系现状、合作机制研究等问题；第二部分是"体系构建"，进行专业课程"理论模型"的架构，专业实践课程体系建构；第三部分是"课程实践"，探索教师教学团队的实践路径、课程教学实践、专业课程平台建设等；第四部分是"实践成效"，总结学校在课程改革方面取得的进展，并通过案例的形式具体说明。"成果集锦"主要包含了教师撰写的18篇论文。

本书是教师集体智慧的结晶，副校长戚宏武、杨丽萍及本人对成果的表达进行了整体的设计，并直接参与了理论成果的撰写。参与本成果撰写的老师主要有张燕、马华、马辉、李娜、彭才根、张华、赵颖、方红、商莉莉、刘素萍等。

本成果在撰写和出版过程中，得到了江苏理工学院马建富教授专家团队的大力支持，在此表示诚挚的感谢！在研究过程中，我们参阅了诸多专家、学者的研究成果，在此谨向所有专家、学者表示谢意！

国家高度重视职业教育和学前教育事业改革创新发展，为五年制高职幼儿师范教育的改革和发展提供了契机，也提出了新要求、新课题。本书只是就其中的部分问题进行了探索性研究,成果中的有些观点还有待实践和时间检验,欢迎各位专家、学者和教师指正。"求木之长者,必固其根本",学前教育是一份朝阳事业,学前教育师资的培养需求比以往更加迫切,我们也希望能和有志于幼师生培养研究与实践的同仁,共同携手,坚守教育责任、秉持教育情怀,推动学前教育事业的发展,为国家和民族的未来夯实人才之基。

肖加平

2021 年 6 月 1 日

目 录

上编 研究报告

五年制高职学前教育专业"校-园共同体"构建的理论与
实践研究报告……………………………………………… 003

第一部分　基础研究…………………………………………… 004
第二部分　体系构建…………………………………………… 074
第三部分　课程实践…………………………………………… 090
第四部分　实践成效…………………………………………… 109

下编 成果集锦

职业院校提供"适合的教育"的改革和行动策略……………… 123
全人教育理念下学前教育五年制幼师职业能力重构的探讨…… 132
五年制高职幼师生专业情意现状的调查与思考
　　——以常州幼儿师范学校为例………………………… 139
五年制学前教育专业见实习的路径探索
　　——基于"校-园共同体"深度合作的实践背景………… 149
"校-园共同体"培育幼师学生的策略选择…………………… 157
"校-园共同体"背景下的幼师生专业情意培养……………… 165
师范生讲故事技能的训练策略………………………………… 171

PBL 教学法在"校-园共同体"模式下的教学实践
　　——以"学前心理学"课程为例 …………………… 176
学前教育专业教育实习课程的共建研究 ……………………… 180
五年制高职学前教育专业见实习课程体系优化研究 ………… 186
五年一贯制学前教育专业校本化实习课程要素初探 ………… 190
初中起点五年制学前教育专业校本化实习课程的实施构想
　　——以常州幼儿师范学校为例 …………………… 195
幼师专业故事讲演综合实践课程开发的意义 ………………… 200
"尚美乐心"幼儿音乐课程的开发与实施 …………………… 205
新时期深化五年制高职学校课堂改革的思考 ………………… 214
五年制学前教育专业"模拟教学"能力提升策略研究
　　——基于"'校-园共同体'深度合作"的实践背景 ………… 223
基于幼师专业技能课教学的情意培养
　　——以幼儿舞蹈课程为例 …………………… 232
基于幼儿艺术素养培养的音乐教学实践研究 ………………… 236

上 编
研究报告

五年制高职学前教育专业"校-园共同体"构建的理论与实践研究报告

  教师是教育的核心力量,学前教育师资的水平直接影响着学前教育的质量。提高学前教育教师的素质,提升教学水平,构建完善的学前教育师资培养体系是学前教育改革的重要课题之一。五年制高职院校与幼儿园基于共同目标构建"校-园共同体",双方积极主动,相互了解、相互协作、优势互补,在合作互动的过程中,建构平等互利的合作伙伴关系,促进了高职师范院校、幼儿园、教师、学生的共同发展,是培养高质量学前教育师资的重要途径。课题组围绕五年制高职学前教育专业"校-园共同体"建设进行了理论探讨与实践经验的总结和提升,取得了一系列成果。

第一部分　基础研究

一、五年制高职学前教育专业人才培养目标研究

培养目标是人才培养方案的核心要义，规定了专业人才培养的方向及要求；是课程设置的重要依据，也决定了人才培养的课程内容及实施要求。因此，制定科学、适宜、具有前瞻性的人才培养目标是高职学前教育专业人才培养的关键所在。2018 年 11 月，中共中央、国务院颁布的《关于学前教育深化改革规范发展的若干意见》指出，要"大力培养初中毕业起点的五年制专科学历的幼儿园教师"，到"2020 年，基本形成以本专科为主体的幼儿园教师培养体系，本专科学前教育专业毕业生规模达到 20 万人以上"。在深刻领会贯彻落实中共中央、国务院对学前教育的发展策略，立足学校实际，结合社会发展需求的情况下，在遵循教育规律，厘清人才类型、规格和结构层次的基础上，构建科学的五年制高职学前教育人才培养目标，加强学生综合职业能力的培养，从而实现学校人才培养和社会发展需求的有效对接，就显得尤为重要。

（一）不同学制学前教育专业培养目标的现状与比较分析

1. 不同学制学前教育专业培养目标的现状

当前，我国学前教育专业的学制类型主要包括四年制本科、三年制专科（高中起点）、五年制专科（初中起点）和三年制中专（初中起点）。课题组通过各种途径收集到了 32 所各类学制学前教育专业的人才培养方案，其中本科人才培养方案 15 份，高起点专科人才培养方案 5 份，五年制专科人才培养方案 7 份，三年制中专人才培养方案 5 份。研究者将从培

养方向、使用规格、规格与要求①三个层次,对不同学制类型的目标进行比较。

(1) 培养方向

培养方向是各专业所培养人才对应的职业种类。本研究将搜集到的人才培养方案目标中的培养方向进行了归纳整理和分析提炼（表1、表2）。在四种学制中,四年制本科院校培养方向数量多、范围广,既有幼儿园教师、行政管理人员、科研人员,也有其他相关教育机构的培训、教学、宣传、康复等人员。高起点专科、五年制专科在培养方向的数量上明显少于四年制本科,但是高起点专科培养方向的数量仍多于五年制专科（表2）,其培养一种人才的比例为20%,培养两种人才的比例为40%,培养三种、四种人才的比例都为20%；五年制专科培养一种人才的比例71.4%。同时,高起点专科培养幼儿园行政管理人员的比例远高于五年制专科（比例分别为60%、28.6%）。三年制中专培养方向在以幼儿园教师（侧重保育）为主的同时,也呈现出了多样化,如培训人员、文员以及其他学前教育机构工作人员,但与其他三种学制的培养方向相比,其培养层次较低。

表1 不同学制类型培养方向频次分布

培养方向	五年制专科		本科		高起点专科		三年制中专	
	频次	占样本总数的百分比	频次	占样本总数的百分比	频次	占样本总数的百分比	频次	占样本总数的百分比
教师	7	100%	15	100%	5	100%	5（侧重保教）	100%
行政管理人员	2	28.6%	12	80%	3	60%	1	20%
科研人员	0	0	7	46.67%	1	20%	0	0
培训人员	0	0	2	13.33%	0	0	1	20%
宣传人员	0	0	2	13.33%	0	0	0	0
康复人员	0	0	2	13.33%	0	0	0	0
文员	0	0	0	0	0	0	1	20%

① 刘军豪. 两岸高师学前教育专业课程设置比较研究——以两岸几所高师本科院校为例[D]. 山东师范大学,2015：103.

续表

培养方向	五年制专科		本科		高起点专科		三年制中专	
	频次	占样本总数的百分比	频次	占样本总数的百分比	频次	占样本总数的百分比	频次	占样本总数的百分比
其他相关服务机构的儿童工作者	2	28.6%	7	46.67%	2	40%	2	40%

表2 不同学制类型培养方向数量频次分布

培养目标数量	五年制专科		本科		高起点专科		三年制中专	
	频次	占样本总数的百分比	频次	占样本总数的百分比	频次	占样本总数的百分比	频次	占样本总数的百分比
培养1种人才	5	71.4%	1	6.67%	1	20%	2	40%
培养2种人才	0	0	4	26.67%	2	40%	2	40%
培养3种人才	2	28.6%	4	26.67%	1	20%	1	20%
培养4种人才	0	0	4	26.67%	1	20%	0	0
培养5种人才	0	0	1	6.67%	0	0	0	0
培养6种以上人才	0	0	1	6.67%	0	0	0	0

(2) 使用规格

使用规格是同一类专业中不同人才在规格上的差异。本研究对培养目标中的相关内容进行梳理与分析，将使用规格分为"应用型""专业化""儿童教育工作者"等三种类型，并设置"其他"项，将未说明使用规格的培养目标归入其列（表3）。

表3 不同学制类型使用规格频次分布

使用规格	五年制专科		本科		高起点专科		三年制中专	
	频次	占样本总数的百分比	频次	占样本总数的百分比	频次	占样本总数的百分比	频次	占样本总数的百分比
应用型	2	28.6%	11	73.33%	2	40%	2	40%
专业化	2	28.6%	3	20%	2	40%	0	0

续表

使用规格	五年制专科		本科		高起点专科		三年制中专	
	频次	占样本总数的百分比	频次	占样本总数的百分比	频次	占样本总数的百分比	频次	占样本总数的百分比
儿童教育工作者	2	28.6%	1	6.67%	1	20%	1	20%
其他	1	14.3%	2	13.33%	1	20%	2	40%

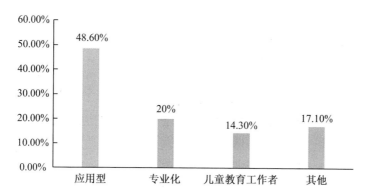

图1 使用规格类型频次

在培养规格上，比较不同层次的词条使用次数在人才培养目标总数中的占比发现，"应用型"是各类学制培养目标表述中使用比例最高的词语，占48.60%（图1），"专业化"占比20%，"儿童教育工作者"占比14.30%，"其他"占比17.10%。比较四种学制有关培养规格的界定与表述，四年制本科使用"应用型"比例最高，达73.33%，高起点专科、三年制中专次之（比例均为40%）；同时高起点专科使用"专业化"比例最高（40%），五年制专科次之（比例为28.60%），四年制本科比例为20%。由此可见，关于学前教育专业人才的培养规格，各类学校的表述侧重于"应用型"。

（3）培养要求

培养要求反映了专业培养的人才素质，主要体现在思想品德要求、业务要求与身体要求等三个方面。本研究对各项目人才培养规格设定的关键语句出现频次进行了分类统计（表4）。

表 4　不同学制类型培养要求频次分布

具体要求		五年制专科		本科		高起点专科		三年制中专	
		频次	占样本总数的百分比	频次	占样本总数的百分比	频次	占样本总数的百分比	频次	占样本总数的百分比
专业理念与职业道德	德智体美全面发展	3	42.90%	10	66.67%	3	60%	3	60%
	良好的职业道德	5	71.40%	7	46.67%	4	80%	3	60%
	先进的教育理念	1	14.30%	3	20%	1	20%	0	0
专业知识	基础知识	7	100%	14	93.33%	4	80%	4	80%
专业能力	保教能力	4	57.40%	3	20%	2	40%	2	40%
	幼儿园管理能力	1	14.30%	3	20%	0	0	1	20%
	科研能力	4	57.40%	3	20%	2	40%	0	0
	自我发展能力	2	33.33%	2	13.33%	1	20%	3	60%
	实践能力	5	66.67%	3	20%	1	20%	0	0
	专业技能	1	14.30%	1	6.67%	1	20%	1	20%

通过提取培养目标中具体规格和要求的关键词句，形成了"专业理念与职业道德""专业知识""专业能力"等三个维度，并将"专业理念与职业道德"分为"德智体美全面发展""先进的教育理念"与"良好的职业道德"，将"专业能力"分为"保教能力""幼儿园管理能力""科研能力""自我发展能力""实践能力"与"专业技能"。由表4可知，四种学制都突出强调了"专业知识"（比例最低为80%），重视"职业道德"和"全面发展"，"专业能力"中"保教能力""实践能力"出现频次较高。

比较不同学制的培养要求，发现表4中的"具体要求"内容使用的平均频次从高到低依次是五年制专科、高起点专科、三年制中专、四年制本科（4.7次/份、3.8次/份、3.4次/份、3.3次/份）（图2）。其中，五年制专科"专业知识"（100%）、"保教能力"（57.40%）、"科研能力"

(57.40%)、"实践能力"（66.67%）的使用频次均高于其他三种学制；四年制本科"德智体美全面发展"（66.67%）的使用频次高于其他三种学制；高起点专科"良好的职业道德"的使用频次高于其他三种学制，但没有提及"幼儿园管理能力"；三年制中专没有对"教育理念""科研能力""实践能力"进行具体表述。由此可见，五年制专科培养目标中对人才的规格与要求论述较为具体和全面，更加关注专业知识和能力的要求。

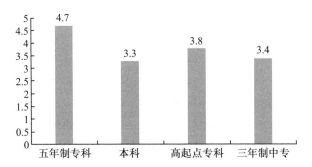

图2　不同学制类型培养要求之关键语句使用的平均频次

2. 不同学制学前教育专业培养目标的比较分析

（1）培养目标的共同点

一是体现专业特点。四种不同层次学前教育专业的培养目标，都体现了学前教育的专业特点，如"具备良好的职业道德和职业素养""系统扎实的学前教育专业知识与保教实践能力"等，这些素养、知识和技能是学前教育专业区别于其他专业的最本质要素。因此，无论哪种层次学校的培养目标，都必须紧紧围绕学前教育专业的核心素养，为学前教育事业培养各种类型的人才。

二是指向人的全面发展。习近平总书记在党的十九大报告中指出："要全面贯彻党的教育方针，落实立德树人根本任务，发展素质教育，推进教育公平，培养德智体美全面发展的社会主义建设者和接班人。"四类不同层次学校的学前教育专业，在人才培养的规格上，都提出了"全面发展""可持续发展"等要求。可见，无论哪种类型的学校，最后培养"人"的发展的目标是一致的，都是在我国教育目标的总体规划和要求中进行的，是国家教育目的在不同层次和类型的学校中的体现。

(2) 培养目标的区别

一是目标定位不同。中职和五年制高职在人才培养上更侧重于实践能力和一线工作能力,如"能胜任学前儿童保育、学前儿童教育与培训等行业一线工作的高素质保教工作人才""具有学前教育专业知识与保教实践能力的学前教育工作者";三年制高职定位在"能够在幼儿园及其他学前教育机构从事教育教学和管理工作的高素质学前教育工作者",目标涵盖了学前教育机构中的管理工作;本科院校则提出了"具有较强的教学、管理能力和初步的研究能力的学前教育工作者"等要求,进一步强调了管理能力的培养,同时要求学生具备初步的研究能力。

二是发展路径不同。中职学校的培养重点在于职业基础的建立,提出了"掌握学前教育专业对应岗位必备的知识与技能,具备职业生涯发展基础和终身学习能力",学生毕业后从事幼师相关职业的可能性较大;五年制高职培养"具有坚定的职业信念、系统扎实的学前教育专业知识与保教实践能力"的幼儿园教师,学生的发展路径主要是从事幼儿园教育一线工作;三年制高职面向本地区,提出了要培养"具有坚定儿童立场,扎实人文科学素养、学前教育理论素养和保教实践技能,具有'诚毅新美'特质和可持续发展能力"的学前教育人才,注重了理论素养与实践技能,同时关注了学生的可持续发展能力,发展路径为学前教育相关的高素质人才;本科学校更为关注管理和研究能力,毕业生的发展路径则更为广阔。

(3) 不同培养目标的辨析

从培养目标的三个层次来看,主要在以下三个方面存在一定的争议。

一是培养方向的数量存在"多"与"少"之别。在培养方向上,不同学制类型学校都将幼儿园教师作为首要目标。鉴于我国幼儿教师数量需求缺口较大,四年制本科院校的培养方向已实现了从培养幼儿师范学校教师到幼儿园教师的转变,三年制中专对幼儿教师的培养则侧重在幼儿园保育工作,兼具幼儿园教学工作。由此可见,目前我国各类学前教育专业的培养目标总体上契合了学前教育发展的需求,符合我国学前教育事业发展的时代趋势。比较四种学制的培养方向,五年制专科培养方向更聚焦于幼儿教师,四年制本科培养方向体现了"以幼师为主,管理、科研人员为辅"的特点,高起点专科培养方向居于前两者之间,幼儿教师以外的培养方向数量多于五年制专科,层次高于三年制中专。应该说,上述内容即是当前我国各类学前教育专业办学与培养的状况。不同学制培养方向数量的多与少、层次的高与低，由各类学校的办学层次、办学条件以及生源基础所决定，较好实现了学前教育专业人才培养的多元化和多层次性，有效避免了培养目标的"同质化"。

但根据《幼儿园教师专业标准》，培养方向究竟是"多"好还是"少"好？四年制本科与高起点专科不论，即便五年制专科相对聚焦幼儿教师的培养，三年制中专因其自身特点培养方向也较少，但它们仍然会涉及一到两种除幼儿教师以外的培养方向。需要思考的是，培养方向的"多"是遵循专业自身培养的特性还是迎合学生、家长传统人才观的心理，抑或是受我国历来培养"全才"价值取向的影响？培养方向的"多"是否能真的培育出"文武双全"的教育"全才"，是否有利于学生的专业学习与发展？五年制专科又该确定怎样的、多少个培养方向？我国各类人才培养方向的确定颇受"德、智、体、美、劳全面发展"思想的影响，但聚焦到五年制专科学前教育专业人才的培养方向上，这种全面发展模式在一定程度上使得培养机构对培养对象的目标定位既"宽"而又无"针对性"，既给专业教学带来了困惑，也给学生学习造成了一定的盲目性。

二是培养规格的类型存在"专业型"与"应用型"之辩。学前教育专业的人才培养规格到底是落脚于"应用型"，还是回归到"专业化"？要回答这个问题，必须辨析"应用型"与"专业化"人才的概念内涵。所谓应用型人才，"就是与精于理论研究的学术型人才和擅长实际操作的技能型人才相对应的，既有足够的理论基础和专业素养，又能够理论联系实际将知识应用于实际的人才"。"应用型人才的核心是'用'，本质是学以致用，'用'的基础是掌握知识与能力，'用'的对象是社会实践，'用'的目的是满足社会需求，推动社会进步。"① 由此可见，应用型人才对应的是学术型人才、技能型人才，其显著特点是"用"，其应用的对象更偏重实物，在人才培养上重点关注知识与能力培养。

教育界人士认为，专业"是以对本行的工作有特殊的专业知识和判断力为基本特征的，并且专业人员由于其专业知识和判断力而受到社会的尊

---

① 吴中江，黄成亮. 应用型人才内涵及应用型本科人才培养［J］. 高等工程教育研究，2014(2)：66.

重，在工作中具有较多的自主权"①。《幼儿教师专业标准》指出"幼儿园教师是履行幼儿园教育工作职责的专业人员",即幼儿教师是一种专业化职业。有学者对教师专业化的内涵进行了质性研究,提出了教师专业化内涵的模型,即教师专业化内涵包括专业角色、专业素质、专业发展、专业组织四大维度,其中专业素质除了涵盖专业知识和专业技能外,还包括专业精神。专业精神要求教师具有良好的专业态度、明确的专业责任、一定的专业理想和优良的专业道德。② 鉴于此,专业化人才在强调"外在实用"的同时,更观照"内在精神"。教师的主要工作是教书育人,其教育对象是有个性、有活力、有思想的人,因此,作为培养幼教人才的学前教育专业,在培养目标的使用规格上,应当采用"专业化"的表述来界定,这不仅是词句的改变,更体现了教育理念的转变与深化。

三是规格与要求的提炼存在"具体"与"概括"之分。这里所谓的"具体",既是指表述的语言要具体,忌高度概括后所带来的要求和认识的不明确;又是指表述的逻辑要清晰,忌胡乱拼凑所引起的语义重叠与逻辑混乱。如某校五年制专科学前教育专业培养目标表述为"培养拥护党的基本路线,德、智、体、美等全面发展,掌握学前教育专业必备知识,具备编制和实施具体教育方案的初步能力;独立获取知识、提出问题、分析问题和解决问题的能力;具有较强的语言文字表达能力、良好的英语听说能力、教育教学能力及组织管理能力;了解现代学前教育思想观念和发展趋势等专业能力;具有较强的应用创新能力,能够在各级各类幼儿园、各种早教机构从事保教和研究工作的教师、学前教育行政人员以及其他有关机构的教研人员",其中有关规格与要求的提炼表述不简练、逻辑不明晰、指向不明确。

培养目标中对具体规格和要求的表述应该是"具体",还是提倡"概括"?培养目标中规格与要求的"概括"是培养学校经过认真研究论证后的提炼,还是反映了培养学校对人才培养要求认识的不充分?五年制专科培养目标的具体要求又该如何表述才能更科学、更具指向性?毋庸置疑,培养目标需要依据国家相关要求,提炼出该人才类型的核心能力与素养,

---

① 陈琴,庞丽娟,许晓晖. 论教师专业化[J]. 高等师范教育研究,2002(6):26.
② 熊华军,常亚楠. 教师专业化内涵的质性研究[J]. 大学教育科学,2013(2):62.

结合培养学校自身的办学层次、办学理念，确立本校学前教育专业人才培养规格与要求的内容维度，在充分论证的基础上，最终形成具体的表述。

（二）重新审视五年制高职学前教育专业人才培养目标的必要性

五年制高职学前教育专业人才的培养目标有别于其他学制的人才培养目标。五年制高职学前教育专业自设立以来，深受学生、家长、幼儿园和社会的普遍欢迎，为一线幼儿园培养了大量优质的专科层次的幼教人才。基于我国国情及社会需求，五年制专科学前教育在今后的很长一段时间内将会继续迅猛发展。因此，重新审视五年制专科学前教育专业的人才培养目标就显得非常必要和迫切。

首先，社会对五年制高职学前教育专业人才的需求日益增加。教育部发布的《幼儿园工作规程》指出："幼儿园教育是基础教育的重要组成部分，是学校教育制度的基础阶段。"办好学前教育，实现"幼有所育"，是党的十九大提出的重要发展方略。然而课题组调研显示，常州地区现在园幼儿130316名，专任教师7888人，师生比为1∶16.5，与国家规定的1∶6~1∶7的标准存在着较大差距，且近年来随着流动就业人员随迁子女入园比例以每年13%~15%的速度不断攀升，国家"三孩政策"的实施，本地幼儿出生率的逐年增加，幼儿园教师数量严重不足的问题十分突出。江苏省教育厅公开数据显示，2019年全省新建改扩建幼儿园443所，幼儿园的新建扩建必然需要相应的师资，由此也可以看出，社会对学前教育人才的需求日益加大，因此，重新审视五年制高职学前教育专业的人才培养目标就显得尤为重要。

其次，五年制高职学前教育专业人才培养质量亟待提升。高质量的幼儿园教师队伍是学前教育资源不断扩大的基础保障，是确保幼儿园有效运转和质量提升的核心人力资源。近年来，随着生活水平的提高和精神文化的丰富，人们对学前教育越来越重视，对幼儿园教师的质量要求也越来越高。而从目前的人才培养情况来看，五年制高职学前教育专业的毕业生还不能完全满足这一需要。比如，课题组的调查结果显示，大多数毕业生在对各项专业能力是否具备的自评中，认为在科研、课程设计、文字表述、与家长沟通交流和观察分析儿童等专业能力方面比较欠缺的毕业生人数比例较高。在园长访谈中也提道:"学生的观察、评价和反思等能力要加强。"由此可见,五年制高职学前教育专业亟待调整和优化人才培养目标,必须紧紧围绕幼师生的核心能力,提升人才培养的质量。

(三) 五年制高职学前教育专业人才培养目标制定的依据

1. 理论基础

(1) 人才分类理论

从生产、工作活动的过程和目的角度,可将社会人才分为两类:一类是发现和研究客观规律的人才,即学术型人才(科学型、理论型);另一类是应用客观规律为社会谋取直接利益的人才,即应用型人才。学者H. W. French 提出了"职业带"理论,他根据工作岗位所需理论知识和操作技能的比重将技术人才划分为技术工人、技术员和工程师等三个系列。如果将职业带和人才类型相对应,技术工人相当于技能型人才,技术员相当于高技能人才,工程师则属于工程型人才(图3)。而由于未来人才知识能力结构的日趋复合与分化,处于人才类型边际的复合型人才将日益受到社会的青睐。根据该"职业带"理论,五年制高职学前教育专业应位于职业带的中央及操作技能端偏前的区域,前端是中等职业学校培养的技能型人才,后面有技能型本科院校、研究型本科院校等。从操作技能和理论知识所占比例来看,五年制高职学前教育专业人才应是二者兼备,技能占比稍多于理论,总体来讲,应属于技能型人才。

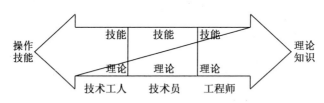

图3 职业带理论示意图

(2) 高等教育分类理论

高等教育分类是指人们为了更好地认识、研究和引导高等教育发展,将高等教育系统划分成不同的类型和层次,从而确定高等教育系统中各子系统及其各要素之间相互关系的过程。有学者从教育研究的视野将我国高等学校系统分为普通高等学校和高等职业学校两大类,高等职业学校主要是培养实用型人才。现代职业教育体系的层次框架主要包括中等职业教育、高职高专教育、应用本科教育和专业硕士教育。厘清高等教育的分类，有助于更好地确定人才培养的定位，实现人才培养与社会需要的有效对接。根据人们对高等教育的分类，五年制高职学前教育专业属于高等职业学校大类，或者说，是高职高专教育，主要是培养实用型人才。

（3）人本主义理论

人本主义心理学是 20 世纪五六十年代兴起的一种心理学思潮，人本主义心理学家认为，凡是有机体都具有一定内在倾向，即以有助于维持和增强机体的方式来发展自我的潜能，并强调人的基本需要都是由人的潜在能量决定的。人的成长源于个体自我实现的需要，自我实现的需要是人格形成发展、扩充成熟的内驱力。根据人本主义理论，在制定五年制高职人才培养目标时，除了考虑"为谁培养人""培养什么人"之外，也应充分考虑培养对象的内驱力，考虑人的全面发展，增加人文性的表述。在当今"立德树人"的理念下，考虑幼师生的可持续发展尤为重要。

2. 政策标准

（1）发展政策：大力培养五年制学前教育师资

早在 2010 年，《国务院关于当前发展学前教育的若干意见》颁布，该文件也称为"国十条"，提出"积极探索初中毕业起点五年制学前教育专科学历教师培养模式"。2018 年，中共中央、国务院《学前教育深化改革规范发展的若干意见》《关于全面深化新时代教师队伍建设改革的意见》同时指出要"办好一批幼儿师范专科学校和若干所幼儿师范学院，支持师范院校设立学前教育专业""创新幼儿园教师培养模式，前移培养起点，大力培养初中毕业起点的五年制专科层次幼儿园教师"。从 2010 年的"积极探索"到 2018 年的"大力培养"，国家从政策层面对五年制高职层次学前专业人才的培养提供了有力的支持。

（2）专业标准：必须培养高水平学前教育师资

2012 年，教育部颁布的《幼儿园教师专业标准（试行）》，提出了"幼儿为本、师德为先、能力为重、终身学习"的基本理念，在专业理念与师德、专业知识、专业能力等方面提出了对幼儿园教师的专业要求。2018 年的《关于全面深化新时代教师队伍建设改革的意见》也指出，要"培养热爱学前教育事业，幼儿为本、才艺兼备、擅长保教的高水平幼儿园教师"。同时强调，要"优化幼儿园教师培养课程体系，突出保教融合，科学开设儿童发展、保育活动、教育活动类课程，强化实践性课程，培养学前教育师范生综合能力"。由此可见，在专业思想方面，幼儿教师应热爱学前教育事业，以幼儿为本；在专业技能方面，幼儿教师要能够科学地开展各种促进幼儿身心健康发展的课程；在专业发展方面，幼儿教师应具备主动发展的意识，终身学习。这些政策阐明了高水平幼教师资应具备的专业素质，为学前教育人才培养的质量、规格指明了方向。

3. 现实需求

（1）市场需求

近年来，随着社会经济和文化的快速发展，人们对教育的要求越来越高。对比过去相对弱势的地位，当前国家、社会、家庭对学前教育更加重视和关注。社会在急需大量学前教育专业人才的同时，也对学前教育教师整体的素质提出了更高的要求，更对学校培养的学前教育专业的人才结构发出了挑战。所以，市场对人才不仅有数量的需求，更有品质和结构上的要求。

（2）学生身心特点需求

五年一贯制学前教育专业招收的是初中毕业生，他们生理成熟或即将成熟，但心理尚未成熟，其人生观、世界观和价值观尚不稳定。相比较高中起点的专科与本科学生，五年制专科学生的理论水平不高，起点较低，但由于学生较早接触专业学习，专业学习时间比较长，因而专业思想比较稳固，专业实践能力相对也比较强，因此具有较强的可塑性。相比较三年制中专学生，五年制专科学生有较强的优势，除了大专与中专的学历差异以外，五年制专科高职校培养的毕业生相比中职生成熟，理论水平和动手能力都比较强，适应社会的能力和后续发展能力都上了一个新的层次。①因此，在制定培养目标时考虑受教育者的身心特点十分必要。

（3）幼儿教师素质结构需求

幼儿教师最直接的服务对象就是幼儿园和家长，随着优质幼儿园的建设和家长在科学育儿方面知识水平的提升，社会对高水平学前教育师资的需求与日俱增。课题组经调研了解到，各幼儿园渴求"热爱幼儿教育、学

---

① 钟玉琴. 五年制高职校的发展分析与思考［J］. 中国职业技术教育，2017（2）：37.

历较高、有一定教科研能力、幼儿教育理念新、教学基本功扎实、技能全面、心态好、愿意长期在本园工作"的学前教育专业毕业生。从家长的角度来看，家长对老师能力与品质的关注度由高到低依次是：细心、耐心、负责（68.6%）、对幼儿亲切、有爱心（64.9%）、受过专业教育（36.3%）、能与幼儿父母经常沟通（27.3%）、能保证幼儿的安全（26.6%）、人品好（21.6%）。幼儿园和家长都对幼儿教师的专业理念、师德、专业能力等方面提出了要求，尤其关注幼儿教师的专业情感、责任意识等，这些现实需求也是制定五年制高职学前教育专业人才培养目标必须考虑的因素。

（四）五年制高职学前教育专业人才培养目标的构建

1. 目标制定的前提

在制定五年制专科学前教育专业培养目标之前，应有如下两个前提认识：一是异质化。异质化是相对于同质化而言的，"人才培养目标'同质化'，是指不同层次高校在人才培养目标定位上缺乏清晰界定，在人才培养规格、层次和类型上区分度不高，缺乏特色"①。在制定五年制专科学前教育专业培养目标时，异质化表现有二：一是特色化。在不同学制之间，五年制专科应在理性分析的基础上，找到适合自己的培养定位与特色，不能盲从于其他学制类型的培养目标；在本学制之内，各类培养五年制专科学前教育专业人才的学校要结合本地区、本校基础和特点，经充分论证，形成既符合五年制专科特点又彰显本校特色的培养目标。二是科学化。人才培养目标的制定不是文字的罗列与拼凑，也不是简单借鉴他人已有的内容；不是一位或几位专业教师的思考，也不是专业系部负责人的个人努力。学前教育专业的培养目标关系到该专业和学校的持续发展，影响到该专业学生的成长和幼教事业的发展。因此，该培养目标的制定既是一项十分重要的行政事务，更是一项非常严谨的研究工作。

"根据教育学和课程理论，任何一项人才培养活动，都必须首先确定目标。但我国大学在培养目标的提取和选择上一直处于若明若暗的状态，缺少的是一种科学的方法和程序。因此，首先需要建立一个'目标平台'，

---

① 林伟连，伍醒，许为民. 高校人才培养目标定位"同质化"的反思——兼论独立学院人才培养特色 [J]. 中国高教研究，2006（5）：40.

其目的是要将大学培养人才的所有可能的目标（至少是所有重要的目标）都加以涵盖，并进行一定的分解……这个目标平台就是一个人才培养目标的框架或目标选择的菜单。"[①] 鉴于此，五年制专科学前教育专业培养目标的制定应该遵循科学化的工作路径。比如根据美国课程理论家泰勒提出的目标的三个来源，即学科专家的建议、学生需要和社会需求，结合教育本质，可将学前教育培养目标确定为如下三个来源："人类文化遗产"来源侧重于知道、学会或掌握了什么；"社会发展需要"来源侧重于遵守、符合和提倡什么；"学生发展需要"则侧重于形成或养成什么，在此基础上划分亚领域，并将专业化内容融入"人类文化遗产"和"社会发展需要"两个领域。由此形成了由三个来源和若干个亚领域组成的目标框架，学校从中提取目标，并进行论证和恰当表述。

2. 目标定位

基于以上分析，职业教育应基于社会需求，以职业岗位为导向，培养面向工作一线的高素质应用型技能人才，突出人才的实践技能、职业拓展能力与创新能力的培养，为其职业生涯的持续发展奠定良好的基础。五年制高职学前教育专业人才培养目标应定位在"具备较为扎实的学前教育专业理论知识和较强的保教实践能力，为幼儿园或其他幼儿教育机构培养从事教育教学工作的应用型技能人才"，关注岗位要求，突出实践特征。

人才培养目标包括一般目标和学前教育专业的特殊目标两个方面。一般目标包括良好的思想政治素质、心理健康、科学文化基础、社会责任感、团队协作精神、创新能力等，是每个专业人才培养目标中比较通用的标准。在学前教育专业，根据《幼儿园教师专业标准（试行）》，幼儿教师应秉持"幼儿为本、师德为先、能力为重、终身学习"的基本理念，热爱幼儿教育事业，具有良好的职业道德和科学的教育理念，较强的教育与保育能力，能胜任幼儿园或其他学前教育机构工作要求。特殊目标可以大致划分为以下三个方面。

情感态度方面。由于幼儿身心发展还很不成熟，幼儿园课程具有"潜

[①] 王伟廉，马凤岐，陈小红. 人才培养模式的顶层设计和目标平台建设[J]. 教育研究，2011（2）：58.

在性"的特点，因此，对于幼儿教师来说，对情感态度方面的要求远远高于中小学和其他类型的学校。前文阐述的幼儿园和家长对幼儿教师的需求中，"热爱幼儿教育""心态好、愿意长期在本园工作""细心、耐心、负责、对幼儿亲切、有爱心"素质等也屡次被提到，因此，在制定五年制高职学前教育专业培养目标时，必须首要考虑对学生情感态度方面的培养，将培养职业道德修养、热爱幼儿教育事业等作为目标的重要方面。

知识技能方面。幼儿教师是一项"专门性"的职业，所谓专门性，其中的一项标准就是"所从事的工作在一定的理论指导下进行"。具备相应的知识和技能是幼师从事幼儿教育工作的前提和基础。根据《幼儿教师专业标准（试行）》，幼儿教师必须具备的知识技能主要包括幼儿发展知识、保育教育知识、通识性知识、环境的创设与利用、一日生活的组织与保育、游戏活动的支持与引导、教育活动的计划与实施等方面。同时，结合五年制高职学前教育专业的目标定位，要突出实践能力的培养。因此，在制定专业培养目标时，可以规定其"具有扎实的科学文化素养和专业理论知识，并具备较强的教育与保育能力"等。

持续发展方面。从幼儿教师作为"人"而非"工具"的角度来看，制定人才培养目标时必须考虑到教师的个体发展和专业发展。既要重视幼儿教师的心理健康，培养其高尚的志趣；同时，也要培养其成长的意识、创新的动能等适应新时代发展要求的个性特质，关注幼儿教师自我实现的需要，关注幼儿教师人格的形成和发展。在此基础上，幼儿教师才能更好地将自己融入学前教育事业发展，将个人发展和专业发展相统一，最后实现"双赢"，在成就自己的同时，更好地促进幼儿的发展和学前教育事业的发展。

3. 目标表述

培养目标字数虽不多，但每个字都必须仔细斟酌，比喻为"一字千金"也不为过。在培养目标的内容表述上应注意这几点：一是培养目标的内容表述前后必须一致。培养目标中的培养方向、使用规格和具体要求之间要一致，体现逻辑性。如果培养方向是幼儿园教师，具体要求的内容则是幼儿园教师所必须具备的相关核心能力；如果培养方向是学前教育科研人员，则具体要求的内容就要列出有关科研人员的核心能力与要求，尽量避免具体要求与培养方向不一致。比如某高校的培养目标："培养扎实掌握学前教育专业基本理论和基础知识，具有较强的实践能力，德、智、体、美全面发展，能在各类托幼机构、教育行政部门以及其他相关机构从事学前儿童保教、研究和管理工作的高级应用型人才"，具体要求和培养方向就显得不是很一致。二是培养目标的内容表述要精准、简洁与具体。培养目标指明了专业发展的方向，也指引着学生学习的路线。因此，培养目标的内容表述首先要精准，避免出现低级的文字编辑错误，如错别字；避免不当措辞。其次要简洁，不多一个多余的字，不少一个重要的字。但简洁不是笼统，需要表述的内容还是应表述清楚。再次要具体，培养目标的内容应在高度提炼后尽可能具体化，同时培养目标的表述语言也应使用与专业密切联系的具体性语言，避免使用诸如"实践能力""创新能力"等放之四海而皆准的语言。三是培养目标的内容表述应立足儿童视角。学前教育专业培养的是从事有关学前教育工作的人才，最终服务的对象是儿童，因此培养目标的内容表述应立足儿童视角，即"以儿童的特征及需要为基本出发点，从帮助儿童发展为主体的立场来思考准教师应做的职业准备。这种'专才'的教育模式适应了儿童、社会、教师个人发展的多重需要，为理论应用到实践架设了一座自然的桥梁"。

4. 目标制定

综合上述研究数据和有关论述，对五年制专科学前教育专业人才培养目标的内容进行选择。在培养方向上，应以培养幼儿园教师为主、培养其他学前教育机构教学人员为辅。首先，基于市场的需求，随着三胎时代的到来，学龄前儿童数量将大幅上升，承担学龄前儿童教育的幼儿园也在不断增加，幼儿园教师的缺口较大。其次，我国大多数幼儿园教师的聘用性质与基础教育、高等教育阶级教育的聘用性质不同，幼儿教师大多是与工作单位签订协议，尚未纳入事业编制，加上幼儿园教师的工作强度比较大、工资待遇相对不高，这就导致其工作流动性较大，某种程度上也加剧了幼儿园教师的缺口。再次，考虑到五年制专科学生的身心特点，经过五年的学习，他们成长为一名合格甚至比较优秀的幼儿园教师或相关学前教育机构教学人员的可能性很大，而成长为学前教育的科研人员或幼儿园管理人员的可能性较小，况且幼儿园管理人员的成长需要一定时间的工作积淀和学习，并非是职前教育可独立塑造的。此外，培训人员、康复人员虽与学前教育有关，但囿于社会发展还未达到这一阶段，因此还不是当前主要的培养方向。也许若干年后，我国学前教育事业发展到更加先进的阶级，培养方向会从"幼儿园教师"向其他方面过渡与转移。

在培养规格上，应以专业化为重，专业化比应用型更适合对幼儿园教师的定位。将教师这一职业界定为一项专业化的职业是当前人们的普遍共识。虽然对于教师的职业属性是"专业""半专业"还是"准专业"的争论由来已久（华东师范大学谢安邦教授在《论师范教育的特性》一文中，通过对教师与医生两种职业的对比分析，专门论述了教师职业的"可替代性"[①]，而在社会历史中，教师职业也存在被社会各阶层的人们所"替代"的事实，存在过"代课教师"这一特殊称谓，这是教师职业"可替代性"的表征，因此，"关于教师是一种准专门职业的理论，是一种基于事实的理论判断"），但我们不能囿于现状，降低教师的职业属性与要求，而应着眼未来，期待教师职业的完满。这才符合教育的本质和目的。

在具体要求上，应突出"良好的职业道德和科学的教育理念"，强调"扎实的科学文化素养和专业理论知识"，具备"较强的教育与保育能力、活动设计与组织能力、反思与自我发展能力、沟通与交流合作能力和基本够用的弹唱说跳专业技能"。"德、智、体、美全面发展"的表述太过宽泛，"幼儿园管理能力""科研能力"不是五年制专科层次学生在校期间所要培养的重要能力，而"实践能力"的表述也过于笼统。

培养目标规定了人才培养的方向与要求，是人才培养工作的起点。五年制专科学前教育专业人才培养目标的制定，既影响着我国学前教育专业人才培养的总体质量，也论证了五年制学前教育专业这一学制类型存在的必要性。因此，只有在充分认识到异质化和科学化这两个培养目标的前提下，依据国际学前教育的研究成果、国家相关政策、市场需求和学生特点，从地方与区域的实际需求出发，结合专业认证相关文件，按照培养目标的表述要求，立足培养方向、培养规格和具体要求等三个维度，才能对五年制专科学前教育专业的培养目标进行科学合理的表述。

基于以上分析，本研究制定的五年制高职学前教育专业的人才培养目标为：本专业秉持"幼儿为本、师德为先、能力为重、终身学习"的基本

---

① 李金奇. 对教师职业属性和教师素质结构的再认识——基于教师专业化的视角 [J]. 高等教育研究，2012（3）：49-50.

理念，培养德、智、体、美全面发展，具备良好的思想政治素质和职业道德修养，素质全面，热爱幼儿教育事业，具有良好的职业道德和科学的教育理念，具有扎实的科学文化素养和专业理论知识，具备较强的教育与保育能力，且具有高尚的志趣、健康的心理、成长的意识、创新的动能等适应新时代发展要求的个性特质，能胜任幼儿园或其他学前教育机构工作要求的高等专科层次的实践型人才。

人才培养目标的确定不是一蹴而就的，制定之后要接受实践的检验，还应根据目标制订相应的课程方案和教学计划，并追踪学生的成长情况，结合学前教师教育改革与发展新形势，进行不断的调整和改革。目标是培养的起点，也是归宿。只有有了科学合理的人才培养目标引领，才能更有效地培养与岗位有效对接的全面发展的学生，最终服务社会；也才能实现学生的个人发展，从而全面激发学前教育专业人才的活力，促进学前教育事业发展。

二、五年制高职学前教育专业课程体系建设研究

教师教育的培养目标是通过课程设置来实施的，从某种意义上来说，教师教育成败的关键就在于其课程的设置与实施。职前培养是幼儿教师形成专业知识和专业能力的重要阶段，在某种程度上影响着教师入职后专业发展的起点和发展空间。[①] 明确适当的培养目标、科学得当的课程设置、有效恰当的课程教学是保证职前培养质量的重要因素。教育部2012年颁布的《幼儿园教师专业标准（试行）》明确了幼儿教师培养的基本要求即"师德为先""幼儿为本""能力为重""终身学习"，进一步统一了人们对幼儿教师人才标准的认识。在职前培养中，课程是学前教育专业培养目标的具体化也是重要载体，要培养"师德为先""幼儿为本""能力为重""终身学习"的幼儿教师，势必要对幼师职前培养的专业课程进行充分论证。

---

① 全晓燕. 融合教育背景下高校学前教育专业课程设置研究[J]. 教师教育论坛，2016（3）：46.

(一) 五年制高职学前教育专业课程体系现状调研

基于此，本研究通过对常州幼儿师范学校历届五年制学前教育专业毕业生开展调查，了解毕业生在工作岗位上的胜任情况，搜集毕业生对在校期间专业课程设置的评价，倾听他们对专业课程设置的建议和期望，从而对五年制学前教育专业专业课程情况进行理性分析，形成基于当今幼儿园工作需要的专业课程结构，以促进职前培养与职后工作的有效对接。

1. 调查设计

（1）问卷编制

本问卷依据课程理论，在2017年先后开展两轮专家咨询，最终确定了问卷的四个维度。维度1是课程目标，主要包括专业态度、基本专业知识、基本专业能力，通过了解毕业生工作岗位胜任情况，对在校期间专业课程目标设置进行检测。维度2是课程内容，主要包括课程内容的选择与课程内容的组织，毕业生基于工作经验对专业课程内容进行评价和建议。维度3是课程实施，主要包括教学内容、教学方法和教学组织形式，毕业生基于工作经验对专业课程实施进行评价和建议。维度4是课程需求，主要包括对已开设专业课程的评价和拟开设专业课程的建议。

2017年12月，课题组对问卷进行小范围试测，并对问卷进行项目分析，经修订后确定正式问卷，并进行信度检验。正式问卷的Cronbach's α系数为0.89，具有较高的信度。

（2）调查对象

本研究以江苏省常州幼儿师范学校五年制学前教育专业毕业生为调查对象。在常武地区选取18所幼儿园，委托所选幼儿园的园长向毕业生发放问卷，共发放问卷350份，回收问卷330份，其中有效问卷330份，问卷回收率为94.3%。

2. 调查结果

本研究使用SPSS18.0统计软件对调查样本进行统计和分析。

首先，专业课程目标维度的情况与分析。

在专业态度培养方面。毕业生对幼儿教师职业的喜欢程度为"非常喜欢""比较喜欢"的分别占46.06%和44.85%，仅有0.3%的毕业生选择"不喜欢"。同时98.18%的毕业生赞同"尽管小朋友们有时候比较调皮，但我很喜欢他们,觉得他们很可爱"这一说法。29.09%、41.52%的毕业生认为课堂教学的基本专业知识完全能通过学校学习获得,也有6.36%、0.91%的毕业生认为不能在学校学习获得。55.45%的毕业生认为在校期间能获得较好地处理实践问题的方法和能力,如处理幼儿争吵冲突等事件。通过卡方检验,发现专业态度在城乡幼儿园、毕业生教龄、学历、入校年份以及获得荣誉等人口学变量中均无差异。

在基本专业知识培养方面。70.57%、22.12%的毕业生认为在校期间能获得有关活动设计与组织的基本专业知识,只有7.27%的毕业生认为在校期间不能获得有关活动设计与组织的基本专业知识。55.45%的毕业生认为在校期间学习的有关班级管理的专业知识非常好,且能在实践中较好运用;7.88%的毕业生认为在校所学相关解决方法很好,但不能较好运用于实践;同时也有36.67%的毕业生表示对在校所学班级管理知识印象不深,实践中基本靠经验处理。

工作单位、教龄、所获荣誉、职务不同的毕业生在基本专业知识上存在显著差异(表5)。城区幼儿园、教龄长、获得荣誉级别高、担任第一班主任的毕业生,在班级管理等专业知识掌握与运用的自我评价上高于乡镇幼儿园、教龄短、获得荣誉级别低、担任其他职务的毕业生。

表5 工作单位、教龄、所获荣誉、职务不同的毕业生基本专业知识的差异检验

内容	维度	n	χ^2	df	p
班级管理等专业知识的掌握与运用	城区幼儿园	167	7.831*	2	0.020
	乡镇幼儿园	163			
	未满1年	61	19.591**	6	0.003
	1~2年	74			
	3~4年	82			
	5~7年	113			
	园级荣誉	182	1.775*	4	0.019
	区级荣誉	95			
	市级及以上荣誉	53			
	第一班主任	132			

续表

内容	维度	n	χ^2	df	p
班级管理等专业知识的掌握与运用	第二班主任	184	44.625***	6	0.000
	保育员	5			
	既担任教学工作又担任行政管理工作	9			

注：* $p<0.05$，** $p<0.01$，*** $p<0.001$。

在基本专业能力培养方面。在各项专业能力是否具备的自评中，认为自身班级管理、活动组织、环境创设等专业能力比较突出的毕业生人数比例较高，认为科研、课程设计、文字表述、与家长沟通交流、观察分析儿童等专业能力比较欠缺的毕业生人数比例较高（图4）。

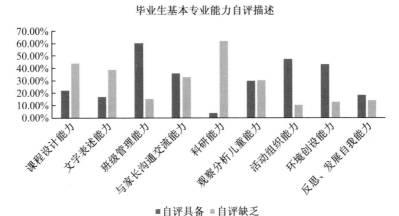

图4 毕业生对各专业能力是否具备的自评情况

在突出专业能力的自评上，通过卡方检验发现，在城乡幼儿园工作的毕业生除在课程设计能力上存在显著差异外（$\chi^2 = 4.439$，$df = 1$，$p = 0.035$），其他能力均无差异；但不同教龄、所获荣誉存在高低差别以及担任不同职务的毕业生在各项专业能力的自评上存在显著差异（表6）。教龄1~7年的毕业生在文字表述、班级管理、与家长沟通交流、活动组织等能力的自评中，认为自身具备上述能力的人数比例要高于教龄未满1年的毕业生，而在反思、发展自我能力的自评中，未满1年的毕业生认为自身具备该能力的人数比例要高于 1~7 年教龄的毕业生。获得市、区级荣誉的毕业生在课程设计、班级管理、科研等能力的自评上，认为自身具备该能力的人数比例高于获得园级荣誉的毕业生，而在反思、发展自我能力的自评中，获得园级荣誉的毕业生认为自身具备该能力的人数比例高于获得市、区级荣誉的毕业生。担任第一班主任的毕业生认为自身具备班级管理能力的比例高于担任第二班主任的毕业生，而担任第二班主任的毕业生认为具备反思、发展自我能力的比例又高于担任第一班主任的毕业生。此外，在乡镇幼儿园工作的毕业生认为自身具备课程设计能力的比例高于在城区幼儿园工作的毕业生。

表 6 教龄、所获荣誉、职务不同的毕业生专业能力自评的差异检验

具备能力内容	教龄			获得荣誉			担任职务		
	χ^2	df	p	χ^2	df	p	χ^2	df	p
课程设计能力				9.115*	2	0.010			
文字表述能力	16.996**	3	0.001						
班级管理能力	9.481*	3	0.024	7.699*	2	0.021	10.471*	3	0.015
与家长沟通交流能力	9.861*	3	0.020						
科研能力	10.174**	2	0.006						
活动组织能力	11.839**	3	0.008						
反思、发展自我能力	11.133*	3	0.011	7.591*	2	0.022	10.090*	3	0.018

注：*$p<0.05$，**$p<0.01$，***$p<0.001$。

其次，专业课程内容维度的情况与分析。

在课程内容的选择方面。毕业生对学校专业理论课程是否保留、删除、精简或扩充的观点如下（表7）。

表 7 专业理论课程调整建议情况

课程	保留+扩充	保留+精简	删去
学前卫生学	80.30%	88.18%	2.42%
学前心理学	87.88%	80%	0.91%

续表

课程	保留+扩充	保留+精简	删去
学前教育学	87.88%	77.88%	1.21%
游戏教程	93.64%	64.85%	0.61%
幼儿园班级管理	85.45%	74.24%	2.42%
幼儿园活动设计与组织	92.42%	66.97%	0.91%
中外学前教育史	50.91%	82.42%	13.64%
家教指导	77.88%	73.94%	6.06%
政策法规	62.73%	89.09%	5.15%
幼儿行为观察与分析	94.24%	64.24%	0.00%
教育科研方法	83.03%	74.85%	2.12%
育婴师	70.60%	83.64%	7.88%
保育员	65.45%	85.45%	8.18%
保教实习指导	76.67%	86.36%	3.03%

通过差异检验发现，在专业课程内容的选择上，在乡镇幼儿园工作的毕业生选择"幼儿园班级管理""育婴师"两门课程的比例高于在城区幼儿园工作的毕业生（$\chi^2=8.761$，$df=3$，$p=0.033$；$\chi^2=8.289$，$df=3$，$p=0.040$）；而在"学前卫生学""政策法规""保教实习指导"这三门课程的选择上，有5~7年教龄毕业生的比例高于教龄短的毕业生（$\chi^2=26.689$，$df=9$，$p=0.002$；$\chi^2=27.317$，$df=9$，$p=0.001$；$\chi^2=20.175$，$df=9$，$p=0.017$）。

在对学校专业理论课程实用性的认识上，"活动设计""游戏教程""行为观察""班级管理"等与幼儿园一日教育教学活动有直接联系的课程普遍受到重视（图5）。通过差异检验发现，不同教龄与担任不同职务的毕业生在对"游戏教程"实用性的认识上存在显著差异，卡方值分别为24.179（$df=9$，$p=0.004$）、30.235（$df=9$，$p=0.000$）；不同工作单位与教龄的毕业生在对"家教指导"实用性的认识上存在显著差异，卡方值分别为10.193（$df=4$，$p=0.037$）、24.139（$df=12$，$p=0.019$）。由此可见，教龄长、担任第一班主任的毕业生认为"游戏教程"更为实用，在城区幼儿园工作、教龄长的毕业生则认为"家教指导"更为实用。

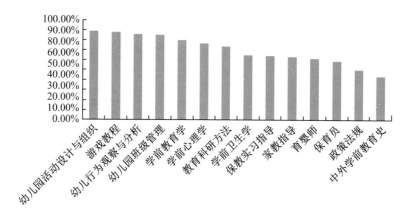

图 5　专业理论课程实用程度

在课程内容的组织方面。在见实习课程的安排上，93.03%的毕业生认为一周见习效果比较好。毕业生对安排见习课程的需要程度依次是："游戏教程"（98.48%）、"幼儿行为观察与分析"（98.18%）、"幼儿园活动设计与组织"（98.18%）、"幼儿园班级管理"（96.06%）、"学前教育学"（81.52%）、"学前心理学"（77.58%）、"教育科研方法"（75.45%）、"学前卫生学"（69.39%）、"家教指导"（66.97%）、"政策法规"（44.85%）。

63.64%的毕业生认为实习时间分散在几个学期的效果较好，也有24.85%的毕业生认为实习时间安排在五年级下学期较好，另有9.7%的毕业生建议安排在五年级上学期。其中，教龄不同的毕业生在对此问题的认识上存在非常显著差异（$\chi^2=33.203$，$df=9$，$p=0.000$），即教龄 4 年以内的毕业生认为实习安排在第十学期较好，教龄 5~7 年的毕业生则认为实习安排分布在几学期效果较好。

对于实习中最需要学校提供帮助和指导的内容，42.73%的毕业生选择"活动设计与组织"，30.91%的毕业生选择"观察分析幼儿"，19.09%的毕业生选择"班级管理"。

再次，专业课程实施维度的情况与分析。

对在校期间专业理论课程教与学的方法，按有利于专业知识获得进行排序，依次是：实践活动（94.24%）、案例法（83.64%）、小组合作法（63.64%）、讲授法（35.45%）。通过卡方检验发现，不同工作单位及担任不同职务的毕业生在讲授法的认识上存在显著差异,其卡方值分别为 6.169（$df=1$,$p=0.013$）、10.866（$df=3$,$p=0.012$）,表明在城区幼儿园工作的毕业生对讲授法的认同高于在乡镇幼儿园工作的毕业生,担任第二班主任的毕业生对讲授法的认同高于担任第一班主任的毕业生。

关于见习实施,在见习方式上,81.82%的毕业生认为采用"开展简单的教学实践"的方式更有效;在见习任务上,45.15%的毕业生认为"围绕幼儿园特定活动主题"的任务更有利于专业学习,32.12%的毕业生认为"围绕本专业有相对宽泛的任务"更有利于专业学习;在见习指导上,93.94%的毕业生认为"主要由幼儿园一线教师指导"的指导方式更有效;在见习形式上,87.58%的毕业生更喜欢"小组分散到班"的形式。通过差异检验发现,工作单位、教龄、所获荣誉、所担任职务不同的毕业生在见习实施上的认识无显著差异。

第四,专业课程需求的情况与分析。

通过假设毕业生重新回校学习,了解毕业生基于工作需求对部分专业课程的重视程度,依次排序是:"幼儿行为观察与分析"（70.61%）、"幼儿园活动设计与组织"（67.58%）、"游戏教程"（54.85%）、"学前心理学"（28.48%）、"美术"（19.39%）以及"学前教育科研方法"（19.09%）。通过卡方检验发现,不同工作单位、担任不同职务的毕业生在"幼儿园活动设计与组织"的选择上存在显著差异,其卡方值分别为 4.631（$df=1$,$p=0.031$）、8.108（$df=3$,$p=0.044$）,在城区幼儿园工作的毕业生和担任第一班主任的毕业生会更加重视"幼儿园活动设计与组织"课程的学习。不同教龄、不同入学年份、担任不同职务的毕业生在"幼儿行为观察与分析"的选择上存在显著差异,其卡方值分别为 27.806（$df=3$,$p=0.000$）、13.206（$df=3$,$p=0.004$）,1~4 年教龄的毕业生对此门课程的需求和重视程度高于 5~7 年教龄及不满 1 年的毕业生,其中教龄不满 1 年的毕业生中有一半以上的教师在重视的专业课程中未选择"幼儿行为观察与分析";2011 年入校的毕业生中未选择"幼儿行为观察与分析"的人数比例高于其他入学年份的毕业生;担任第一班主任的毕业生对此门课程的需求和重视程度高于担任第二班主任的毕业生。

通过毕业生重新回校学习,对专业选修课程的倾向程度,选择由多到少依次是:"奥尔夫音乐教学法"（83.33%）、"幼儿安全教育"（66.67%）、

"幼儿园管理"（非班级管理）（52.42%）以及"儿童电影赏析"（37.27%）。通过差异检验发现，不同工作单位的毕业生在"幼儿园管理"的选择上存在显著差异（$\chi^2=8.795$, $df=1$, $p=0.003$），在城区幼儿园工作的毕业生选择"幼儿园管理"的比例高于在乡镇幼儿园工作的毕业生；不同教龄和入学年份的毕业生在"奥尔夫音乐教学法"上存在显著差异，其卡方值分别为10.078（$df=3$, $p=0.018$）、14.132（$df=6$, $p=0.028$），结果显示教龄未满1年、2011年入学的毕业生未选择"奥尔夫音乐教学法"的比例高于其他类型的毕业生。

3. 结论与分析

（1）课程目标达成度总体良好

总体上，毕业生的专业态度比较稳固，大部分毕业生喜欢幼儿教师这个职业，对儿童的认识也有较为正确的观念，这与课题组另一项幼儿园园长访谈中园长对学校毕业生专业态度的评价一致，如受访园长们这样评价："贵校毕业生守规矩，专业思想稳定""最欣赏的一点是他们整体的态度、工作的面貌，很积极向上"。

毕业生通过在校的专业学习和岗位的实践锻炼，对具备基本专业知识和基本专业能力的自我评价总体是肯定的，能胜任幼儿教师岗位，尤其是在班级管理、活动组织、环境创设等专业能力上比较突出。但在园长访谈中，园长对学校毕业生的专业能力评价是总体上能满足幼儿园的岗位工作需要，专业能力的提升空间还比较大。比如有园长说："这几年我们幼儿园每年都招收的贵校毕业生，整体素质提高很快，最欣赏的一点是他们整个的态度、工作的面貌，很积极向上。如果说今后课程上的侧重点，我个人感觉学生的观察、评价、反思等理论功底要加强。"

由此可见，学校已有的专业课程设置及教学基本能满足幼儿园的岗位工作需求，课程目标达成度总体良好。但从培养优质幼师师资的角度而言，学校也应根据幼儿园的需求，紧紧围绕幼师生的核心能力，不断调整和优化专业课程设置。

（2）专业理论课程有新的需求

调查结果显示，在专业课程内容的选择上，毕业生基于工作岗位需求，对专业理论课程的实用性进行了选择，可以归为两类性质的课程。第一类是传统的三学六法，即"学前教育学""学前卫生学""学前心理学"

以及"幼儿园活动设计与组织",此类专业课程的重要地位不可撼动,是专业课程中的根基课程,这些课程内容直接对接幼儿园工作岗位的核心能力;第二类是近几年颇受关注的课程,如"幼儿家庭教育与指导""幼儿行为观察与分析""游戏教程""学前教育科研方法",在课程设置中,此类课程并不属于专业必修核心课程。但随着学前教育理论与实践的发展,人们日益关注幼儿本身,强调研究与观察幼儿,遵循幼儿的游戏天性组织一日活动,并逐步建立了家园合作共育幼儿的理念。因此,"幼儿家庭教育与指导""幼儿行为观察与分析""游戏教程""学前教育科研方法"等课程受到毕业生的广泛重视、毕业生对此有强烈需求也在情理之中。

可见,三学六法的专业基础课程非但不可删减,还要不断更新内容,完善教学方法;一些广受关注的专业课程非但不能因其是选修课而有所怠慢,还要加快吸收新的研究成果,及时补充到专业课程当中。

(3) 专业实践教学安排须提高实效

以见习、实习为主的专业实践教学是学生专业实践能力提高的重要途径。调查发现,在见习的安排上,大多数毕业生认为一周的见习时间、开展简单的教学实践、小组分散到班、幼儿园一线教师直接指导等对自身职业能力的提高更有效;在实习安排上,分散实习得到认可,尤其是教龄在4年以上的毕业生认为分散实习效果好,这与当前课程设置中第十学期实习安排不一致。但通过调查也发现,4年以内教龄的毕业生认为实习安排在第十学期较好,有5~7年教龄的毕业生则认为实习安排分布在几学期效果较好。分析不同教龄教师在实习安排上的认识差异,我们认为教龄不同,对问题的认识程度也有不同,教龄越长的教师觉得分阶段实习更有利于学生弥补在实习中发现的学习不足,从而实现"在校学习—岗位实践、发现不足—在校学习、弥补不足—岗位实践、检验认识—在校学习、深化认识"的螺旋线上升结构。

(4) 专业技能课程地位有所调整

一直以来,弹、唱、说、跳等专业技能在专业人才培养中有着重要的地位,普遍得到幼师学生和幼儿园的重视。通过问卷调查和课题组另外一项园长访谈发现,人们对专业技能课程的认识正逐步改变。调查中,通过假设毕业生重新回校学习,了解毕业生基于工作需求对部分专业课程的重视程度,研究者设置了"学前心理学""幼儿园活动设计与组织""幼行为观察与分析""游戏教程""学前教育科研方法""舞蹈""美术""儿歌弹唱"等专业理论与技能课程，结果分别只有 19.39%、14.85%、8.18%的毕业生选择了"美术""儿歌弹唱""舞蹈"。

而在幼儿园园长访谈中，园长 A 指出："有的学生因过分重视技能，专业思想不稳固，（建议）学校教育教学基础素质课不能过分强调技能，要围绕学前教育专业本身来开展教育教学。课程应跟着学前教育专业走，而不是搞艺术，是学前教育氛围，不是艺术氛围。"园长 B 说："以前我们做幼儿园老师要求做到一专多能，弹、唱、说、跳、画、做什么都会，但是我这么多年（工作）下来，（觉得）现在需要什么（样的）老师，你（幼儿教师）不仅是这些都会点，我想要的是老师更加专业。比如现在每个幼儿园都有自己的特色课程，所以我觉得幼儿园老师除了（具备）基础的能力外，还要有比较专业的东西（能力）来带动幼儿园特色课程的发展。（我们）想要更专业的老师来做更专业的事情。"园长 C 认为："幼儿园老师要求太高，很多能力都会涉及，比如课程实施能力、班级管理能力、合理规划能力、观察分析幼儿的能力，最起码要会观察孩子，能发现问题，然后再思考怎么调整或者干预。"

由此，研究者发现，传统的过分强调弹、唱、说、跳技能已经不能适应当今社会对幼儿教师的要求了。幼师培养学校在课程设置中要实现两个转变：一要转变过去将弹、唱、说、跳等技能作为学生核心技能的思想，精准抓住幼师生"课程设计""观察分析""班级管理""研究反思"等核心能力进行培养；二要转变过去将钢琴、舞蹈、美术等课程教学目标等同于艺术类学校专业学习目标的认识，逐步调整为"幼儿歌曲弹唱""幼儿舞蹈""幼儿美术"等专业课程，降低技能的艺术要求，增强技能课程中学前教育的专业性。

（5）专业能力发展、专业课程认识与需求均受教龄、职务、工作单位等影响

从毕业生对专业能力的自评中，研究者发现，毕业生的专业能力发展状况受教龄、职务和工作单位等影响，呈现不同的发展水平。比如毕业生在文字表述、班级管理、与家长沟通交流、活动组织等方面的能力会随着经验的积累而不断提升；担任第一班主任的毕业生因岗位职责不同，在班级管理能力自我肯定上的比例高于第二班主任；获得市、区级荣誉的教师

在课程设计、班级管理、科研等能力自我肯定上的比例高于获得园级荣誉的毕业生。由此研究者推测,毕业生的专业能力高低影响其工作环境、工作岗位和荣誉获得,但工作环境、工作岗位、工作年限以及已获得荣誉的情况也深刻影响着毕业生在实践工作中专业能力持续成长的速度与质量。

在调查中,研究者也发现在乡镇幼儿园工作的毕业生在对课程设计能力的自我肯定上的比例高于在城区幼儿园工作的毕业生。结合当前我国城乡幼儿园的发展现状,一般来说城区幼儿园课程管理发展水平普遍优于乡镇幼儿园,就常州地区来说,城区幼儿园课程建设与管理已相对成熟,研究者推测对于乡镇幼儿园而言,也许其课程建设与管理工作正逐步受到重视,因此,受到幼儿园工作重点的影响,在乡镇幼儿园工作的毕业生当前十分关注和重视课程设计能力。当然该结果也说明,近年来苏南地区乡镇幼儿园发展提升较快。

毕业生对课程的认识和需求,普遍受到教龄、职务、工作单位等因素的影响。教龄长的毕业生对"学前卫生学""政策法规""保教基础""游戏教程""家教指导"等课程的需求比例高于教龄短的毕业生。由此可见,经过长期工作实践,教龄长的毕业生更加关注幼儿的在园安全、活动组织以及家园合作。但部分教龄长的毕业生受自身知识局限对"幼儿行为观察与分析"这门课程重视不够。刚参加工作不满1年的毕业生因在校期间已系统学习过"幼儿行为观察与分析""奥尔夫音乐教学法",故而选择此类课程的比例较低。

(二)五年制学前教育专业课程体系设计存在问题审视

1. 课程目标深度拓展不够

当前五年制学前教育专业的专业课程目标更多定位在对学生某些专业知识和技能的培养,淡化或忽略了课程对学生思维能力、教育情怀等的培育,而这些素养恰恰是幼师生适应未来职业岗位所需的重要内容。

受访园长在肯定毕业生已基本具备岗位能力的同时,也提出五年制学前教育专业毕业生的理论素养尚存在不足,课程游戏能力及生成课程能力有待提高。他们认为作为未来的幼儿教师,第一,要能读懂孩子。幼儿教师应该是孩子的观察者,或者是材料的提供者、环境的创设者,应该能够支持幼儿的小组活动、自主活动，善于从幼儿的活动中发现教育契机。第二，要具备生成课程的能力。幼儿园教师不能死板地执行实施课程，而是要灵活地、因地制宜地生成课程。第三，要具有国际视野，能够跟国际接轨。第四，要具有研究能力，园长们普遍表达了对"研究型""科研型"老师的需求。"幼儿园工作纷繁复杂且要求日益提高，幼儿教师要在尊重幼儿身心发展规律的前提下，巧妙运用各类课程资源，积极引领幼儿的发展。"①

2. 技能课程学前化不充分

在有的五年制学前教育专业的专业课程体系中，钢琴、舞蹈和美术等技能课所占学时多达44%，而且这些技能课程的目标基本以相应艺术门类的要求为主，学前性突出与强调不足。

受访园长指出，在幼儿园存在部分技能突出的幼儿教师专业思想不稳固的情况，如离职办艺术培训班、在外兼职上艺术培训课等。受访园长表示"学前教育专业应紧紧围绕幼儿教育专业开展教育教学"。这说明学前教育职前培养，对钢琴、舞蹈和美术等专业技能课的课程目标定位不准，课程实施中存在走偏走歪的现象。而在关于五年制学前教育专业课程设置现状的毕业生问卷调查中，通过假设毕业生重新回校学习，了解毕业生基于工作需求对部分专业课程的重视程度，发现只有19.39%、14.85%、8.18%的毕业生分别选择了"美术""儿歌弹唱""舞蹈"等专业技能课，超过60%的毕业生会选择"幼儿行为观察与分析""游戏教程""学前教育科研方法"等专业理论课。毕业生对专业课程的重新选择也再次验证了传统的弹、唱、说、跳并不是幼儿园工作迫切需要的，当前幼儿园教育对幼儿、游戏、课程的研究正与日俱增，而这也是学前教育的专业性所在。

3. 课程内容更新速度不快

当前五年制学前教育专业课程设置虽然每年都有细微调整，主要体现在某课程开设时间的前后调整，但根据学前教育研究新趋势和岗位发展新要求，及时增加新课程、删减不适用课程的改变较少。

---

① 赵颖，马华. 未来幼儿教师的发展策略探究——基于对20位幼儿园园长的访谈［J］. 江苏教育，2019（92）：64.

在专业课程内容的选择上，毕业生基于工作岗位需求，对专业理论课程的实用性进行了选择。如传统的三学六法，即"学前教育学""学前卫生学""学前心理学"以及"幼儿园活动设计与组织"，此类专业课程是专业课程的根基课程，其重要地位不可撼动，这些课程内容直接对接幼儿园工作岗位的核心能力。再如近几年颇受关注的课程，如"幼儿家庭教育与指导""幼儿行为观察与分析""游戏教程"和"学前教育科研方法"，在课程设置中，此类课程并不属于专业必修核心课程。但随着学前教育理论与实践的发展，此类课程均受到毕业生的广泛重视，毕业生对它们有强烈需求。

4. 课程实施理实一体化程度不够

理实一体化是要"改革传统的理论课程与实践课程的'两张皮现象'"，以期"达到同时提升理论与实践学习效果"。职业教育课程可以从理实一体化角度将其划分为"理论课程、基于任务的理实一体化课程（任务本位课程）与综合实训课程"等三类课程。[①] 在五年制学前教育专业课程中，"学前卫生学""学前教育学""学前心理学"等属于理论课程，"幼儿园活动设计与组织""幼儿行为观察与分析""游戏教程""学前教育科研方法"等属于基于任务的理实一体化课程，而"儿歌弹唱""美工""故事讲演"等则属于综合实训课程。

在专业理论课教学中，大部分课程以"教师讲、学生听"为主要教与学的方式，学生的学习主体性体现不足，导致学生出现学习兴趣不强、学习效能较低、不能深度理解与运用知识等现象。在基于任务的理实一体课程中，也仍未能完全改变"教师讲、学生听"的教学方式。在校生问卷调查显示，大部分学生从幼儿园见习返校后，认为应该努力加强对专业理论知识的理解运用和实践能力。由此可以看出，通过专业课程的教学，还有一部分学生不能很好地将理论与实践进行转化，出现了在校学习与幼儿园工作实践脱离的情况。

5. 课程设计园、校融合不强

园、校融合是指举办学前教育专业人才培养的学校和幼儿园进行合作共育未来的幼儿教师，"不仅是在传统意义上双方要在学生的见实习方面

---

① 徐国庆. 理性看待理实一体［J］. 职教论坛，2015（03）：1.

搞好接收和被接收的合作关系，更应在诸如学前教育理论研讨和实践操作的互通互联、学前教育设施设备的共享共用、承担培养培训学前教育人才任务的师资和幼儿园一线教师互相到对方单位兼职业务或管理工作、学前教育学术研讨活动的相互邀约等方面进行深度融合，从而使园校共同成为推进学前教育发展战略转型的生长共同体、发展共同体和命运共同体"①。而在当前幼儿教师的职前培养中，培养学校与用人幼儿园合作的主要形式是学生的见习与实习。在人才培养方案的制定、课程的实施与评价、专业课程的开发等方面，幼儿园骨干教师、园长参与不多，参与不深。专业教师对幼儿园当下的课程改革、课程理念等最新研究动态了解不多，掌握的有关幼儿园、幼儿教育的案例比较陈旧。园、校双方在幼儿教师职前培养工作中欠缺深度融合意识和实践，导致职前培养不能更好地适应岗位要求。

6. 专业实践安排实效不高

当前的专业实践主要有半日见习、一周见习和顶岗实习等形式。半日见习安排在一、二年级，满足专业课程教学需要；一周见习安排在二、四年级，学生可进行保育与教学的专题见习；顶岗实习安排在五年级，为满足幼儿园实际工作需要，一般实习为一学年。学生五年的学习可简单分割为"前四年在校学习"和"最后一年在幼儿园实习顶岗"。这样的专业实践安排基本可以满足幼儿师范学校教学需求和幼儿园用人需求，具有较明显的实用性，但是在人才培养的系统性和科学性上尚值得商榷。比如在半日见习和一周见习的组织上，以学生分小组围绕相关主题到班进行观摩为主，毕业生问卷调查发现，大多数毕业生认为在一周的见习时间中，开展简单的教学实践、小组分散到班、幼儿园一线教师直接指导等对自身职业能力的提高更有效。比如在顶岗实习的组织上，为满足幼儿园对教师的需求，让学生在幼儿园顶岗一年，这固然可以提高学生的专业实践能力，但问卷调查显示，教龄越长的教师越觉得分阶段实习更有利于学生弥补实习中发现的学习不足，从而实现"在校学习—岗位实践、发现不足—在校学习、弥补不足—岗位实践、检验认识—在校学习、深化认识"的螺旋线上升结构。

---

① 张丹枫. 园校五融合：应用型学前教育专业育人机制[J]. 学理论，2019（12）：153.

（三）重构五年制学前教育专业课程体系的依据

1. 理论依据

（1）泰勒的课程理论

美国著名的教育学家、课程理论家泰勒是现代课程理论的重要奠基者，他在专著《课程与教学的基本原理》中详细阐述了课程编制的一般原理，并形成了以目标为中心的课程原理，是课程开发研究领域最具权威性的理论形态，被誉为"经典课程范式"，又称为"泰勒原理"。泰勒提出了课程开发的四个基本问题：第一，学校应该达到哪些教育目标？第二，提供哪些教育经验才能实现这些目标？第三，怎样才能有效组织这些教育经验？第四，我们怎样才能确定这些目标正在得到实现？围绕以上四个中心，泰勒提出了课程编制的四个阶段步骤：① 确定课程目标。② 选择学习经验。③ 组织学习经验。④ 评价结果。

根据泰勒理论，构建课程体系必须从教育目标、内容、组织和评价等几个方面来进行考虑。因此，我们需要重新审视人才培养目标，调整课程内容和组织方式，并合理地对课程结果进行评价。学校在选择教育目标时，应该充分考虑国家要求、社会需要、学生诉求，必须考虑和相关行业产业的有效对接。在构建课程体系时，要根据专业人才培养目标要求，确定哪些知识体系或经验体系能够实现培养目标，再确定一门一门的课程以及课程内容体系，要保持学术型课程与应用型课程、通识课程与专业课程、必修课程与选修课程之间的合理关系。同时要考虑学生修读的课程总量与前学课程和后学课程之间的逻辑关系，避免课程设置先后顺序出现矛盾或衔接不当等问题。对于美育、思政、创新创业教育等要求，不是简单地直接加进去几门课程，而是要以如何融入原有模块或重构该模块的思路来通盘考虑。评价时要注意评价内容、评价形式的科学性和评价主体的多元性，既关注评价的结果，更关注评价结果对课程编制的改进作用。

（2）多尔的后现代主义课程理论

美国后现代课程理论专家多尔对泰勒的现代主义课程理论进行了反思和批判，提出了以"丰富性、回归性、关联性、严密性"为标准的后现代课程的课程设计思路。该课程理论尊重不同地域和群体的差异，倡导多元化课程，注重学习过程中的个体体验和自主发展能力，注重理解课程，关注课程在文化、历史、政治、生态平衡、美学等方面对人类社会和生态领域的影响。多尔认为所有课程的参与者都是课程的创造者和开发者，课程构建是师生共同探索新知识的发展过程。

在多尔的后现代课程观中，课程不应该是预先设定好的，而是被建构生成的。在高职教育中，课程应逐步转换为一种开放系统的设计，从外在环境中不断汲取变动的物质和能量作为反馈，增设适度的变动、混乱、失序、错误来激发，以促进内部结构的转型和更新。[3]因此，建构五年制高职学前教育课程体系时，应增强课程的开放性，尊重学生的经验和兴趣，关注学生的参与，通过教师和学生的反思行为进行主动构建与自我生成，不断地扩展和发展课程。

2. 政策依据

（1）《国务院关于当前发展学前教育的若干意见》中的相关论述

2010年，国务院颁发了《国务院关于当前发展学前教育的若干意见》（也称"国十条"），提出"积极探索初中毕业起点五年制学前教育专科学历教师培养模式"。同时也提出："坚持科学保教，促进幼儿身心健康发展。""遵循幼儿身心发展规律，面向全体幼儿，关注个体差异，坚持以游戏为基本活动，保教结合，寓教于乐，促进幼儿健康成长。"

这一文件强调要完善学前教育师资培养培训体系，幼师生的培养是重要途径之一。"积极探索"初中毕业起点五年制学前教育专科学历教师"培养模式"，一方面，体现了国家对五年制高职学前教育专业幼儿教师培养的重视；另一方面，对于培养的方式，从培养目标落实到学生发展，课程体系是中间的桥梁，该文件从宏观层面提出了相应的标准，为五年制高职学前教育专业课程体系的建构提供了政策依据。

（2）《学前教育深化改革规范发展的若干意见》《关于全面深化新时代教师队伍建设改革的意见》中的相关论述

2018年，中共中央国务院《学前教育深化改革规范发展的若干意见》与《关于全面深化新时代教师队伍建设改革的意见》指出："办好一批幼儿师范专科学校和若干所幼儿师范学院，支持师范院校设立学前教育专业。""创新幼儿园教师培养模式，前移培养起点，大力培养初中毕业起点的五年制专科层次幼儿园教师"。在师范教育方面，提出"创新培养模式，优化培养课程体系，突出保教融合，健全学前教育法规及规章制度，加强儿童发展、幼儿园保育教育实践类课程建设，提高培养专业化水平"。

相比2010年的"国十条"，这两个文件的颁布，体现了教育部对五年制高职学前教育专业人才培养的高度重视。一方面，强调"大力培养"，体现了重视程度；另一方面，在课程体系方面，提出了"优化课程体系""突出保教融合""加强儿童发展、幼儿园保育教育实践类课程建设"等相对具体的要求，对推进五年制高职学前教育专业课程体系的建设具有重要作用。

2021年初，教育部网站发布对"关于加快推进幼儿师范高等专科学校建设的建议"的答复，答复中称，教育部高度重视幼儿师范人才培养，支持幼儿师范高等专科学校建设，加快推动幼儿师范教育高质量发展。目前，全国共有幼儿师范高等专科学校51所，其中，23所为"十三五"期间新设、改制学校。下一步，教育部将综合考虑各方面因素，对幼儿师范专科学校发展予以政策支撑。实施卓越幼儿园教师培养计划，推动各地各校积极探索初中毕业五年制学前教育专科学历教师培养模式，构建厚基础、强能力、重融合的培养体系，示范引领各地各校全面提高幼儿园教师培养质量。这一答复，无疑又为五年制高职学前教育专业的发展注入了强心剂，对学前教育专业课程体系建设提出了更高的要求。

(3)《职业学校校企合作促进办法》《国家职业教育改革实施方案》的相关内容

2018年，教育部等六部门关于印发了《职业学校校企合作促进办法》，完善职业教育和培训体系，深化产教融合、校企合作。文件指出，职业学校应当根据自身特点和人才培养需要，主动与具备条件的企业开展合作，积极为企业提供所需的课程、师资等资源。企业应当依法履行实施职业教育的义务，利用资本、技术、知识、设施、设备和管理等要素参与校企合作，促进人力资源开发。

2019年，国务院正式印发《国家职业教育改革实施方案》（也被称为"职教二十条"）。文件指出，职业院校应当根据自身特点和人才培养需要，主动与具备条件的企业在人才培养、技术创新、就业创业、社会服务、文化传承等方面开展合作。学校积极为企业提供所需的课程、师资等资源，企业应当依法履行实施职业教育的义务，利用资本、技术、知识、设施、设备和管理等要素参与校企合作，促进人力资源开发。

产教融合、校企合作是职业教育的基本办学模式，是办好职业教育的关键所在。以上两个文件都从政策层面对学校与企业应承担的责任和义务做出了相应的规定，为产教融合、校企合作的实现指明了道路。

对于五年制高职学前教育专业而言，"产教融合、校企合作"具体体现在"园校合作"方面，这里，"园"指的是幼儿园，"校"即培养五年制高职幼师生的幼儿师范学校。依据以上政策，幼儿师范学校应主动与具备条件的幼儿园在人才培养等方面开展合作，幼儿园也应利用资本、技术等要素参与校企合作，通过产教融合和园校合作共同促进学前教育专业人才的培养。具体到五年制高职学前教育专业课程体系建构中，也要充分考虑产教融合、校企合作，在培养目标、课程内容、专业实训等方面深入沟通和交流，依托"校-园共同体"，幼儿师范学校和幼儿园共同培养优质的幼教师资。

因此，五年制高职学前教育专业课程体系建构首先要顺应国家教育方针和政策需要。《国务院关于当前发展学前教育的若干意见》《学前教育深化改革规范发展的若干意见》《关于全面深化新时代教师队伍建设改革的意见》中的相关论述都表明了要大力发展学前教育事业，通过科学保教促进幼儿身心发展，促进幼儿健康成长。幼师生将成为未来的幼儿教师，其综合素质对学前教育事业的发展具有重要的影响。而幼师培养的关键就在于课程的设置，以往的教育改革也通常都是从课程的改革入手的。因此，有必要关注并优化五年制高职学前教育专业的课程体系建构，提高培养的专业化水平。其次要关注校企合作。校企合作是职业学校学生培养的重要途径，《国家职业教育改革实施方案》《职业学校校企合作促进办法》等关于职业教育的政策文件都指出，职业院校应当根据自身特点和人才培养需要，与企业合作，促进人力资源开发。对于开办五年制高职学前教育专业课程的学校来说，校企合作主要体现在园校合作方面。因此，在五年制高职学前教育专业课程体系建构过程中，除了传统的"请进来"和"走出去"之外，还需要对课程体系进行调整和优化，进一步明确园校合作中双方的责任、义务和评价标准等，全面深化合作，提升人才培养的质量。

3. 人才培养目标质量规定性依据

(1)《幼儿园教师专业标准（试行）》对幼儿教师的素质要求

2012年，教育部颁布了《幼儿园教师专业标准（试行）》，提出了

"幼儿为本""师德为先""能力为重""终身学习"的基本理念，在专业理念与师德、专业知识、专业能力等方面提出了对幼儿园教师的专业要求。在专业理念与师德方面，包括职业理解与认识、对幼儿的态度与行为、幼儿保育和教育的态度与行为、个人修养与行为；专业知识包括幼儿发展知识、幼儿保育和教育知识、通识性知识；专业能力包括环境的创设与利用、一日生活的组织与保育、游戏活动的支持与引导、教育活动的计划与实施、激励与评价、沟通与合作、反思与发展。

因此，五年制学前教育专业课程体系的重构须以《幼儿园教师专业标准（试行）》（以下简作《专业标准》）为依据。将《专业标准》中幼儿园教师应具备"专业理念与师德""专业知识"和"专业能力"等三方面的十四条要求作为我国幼儿教师培养的基本准则和重要依据。构建五年制高职学前教育专业课程体系，要充分考虑对幼儿教师的素质要求，将其落实在具体的课程内容中。比如，通过通识课程和专业课程，既帮助学生奠定科学文化基础，又帮助其掌握专业知识技能；通过理论课程和实践课程，既帮助其掌握专业知识技能，又进行一定的实践运用；通过各种社会实践活动和日常教育提升幼师生的基本素养等。通过课程体系的设计和实施，全面、系统地落实《幼儿园教师专业标准（试行）》提出的理念与素质要求。

（2）《教师教育课程标准（试行）》对幼儿教师的素质要求

2011年，国家颁布了《教师教育课程标准（试行）》，提出了"育人为本""实践取向""终身学习"的理念，对幼儿园职前教师教育课程目标与课程设置都做了明确的要求。课程目标主要包括教育信念与责任、教育知识与能力、教育实践与体验等三大方面，课程设置包括幼儿发展与学习、幼儿教育基础、幼儿活动与指导、幼儿园与家庭社会、职业道德与专业发展、教育实践等方面，并提出了建议模块。在学分上，高职教师教育课程最低总学分数为72学分+18周教育实践。

《教师教育课程标准（试行）》专门指向教育类课程，体现国家对教师教育机构设置教师教育课程的基本要求，是制定教师教育课程方案、开发教材与课程资源、开展教学与评价，以及认定教师资格的重要依据。该文件着重关注了幼儿教师的职业素质。职业素质是指个体从事某一职业所应具备的与职业相适应的生理和心理方面相对稳定的基本品质。通常包括职业意识、职业道德、职业能力、心理素质与人格特征等。在构建五年制高职学前教育专业课程体系时，要进行适当的模块划分，并在总体上保障教师教育课程所占的比例，关注幼师生的终身发展意识和实践创新意识，培养其爱岗敬业、热爱幼儿、团结协作等品质，促进其心理和人格的健康发展。

(3) 中国学生核心素养

学生发展核心素养主要是指学生应具备的能够适应终身发展和社会发展需要的必备品格和关键能力。中国学生发展核心素养以科学性、时代性和民族性这三个要素为基本准绳，以培养"全面发展的人"为核心，分为文化基础、自主发展、社会参与等三个方面。综合表现为人文底蕴、科学精神、学会学习、健康生活、责任担当、实践创新等六大素养，具体细化为国家认同等十八个基本要点。

中国学生核心素养适用于各个学段的学生。可以根据这一总体框架，针对学生年龄特点进一步提出对各学段学生的具体表现要求。核心素养明确了学生应具备的必备品格和关键能力，从中观层面深入回答"立什么德、树什么人"的根本问题，引领课程改革和育人模式变革。构建五年制高职学前教育专业课程体系，应根据该素养和学校的实际情况，构建相应版块，积极探讨、实践多层次的课程，努力搭建保底而不封顶的专业课程体系。在实施过程中，以课堂教学改革为重点，积极探索以学生为本的教学方式改革，切实推进教师教学方式和学生学习方式的转变，使教师和学生都获得自主发展和个性成长。

(4) 职业资格要求

结合学前教育专业认证的相关要求，学前教育专业提出了"践行师德""学会保教""学会育人""学会发展"等几个方面的育人目标，具体包括"师德规范""教育情怀""保教知识""保教能力""班级管理""综合育人""学会反思""沟通合作"等能力的培养，并且附加了课程体系与毕业要求支撑矩阵表，分析了每一门课程所对应的培养目标。如果要更加明确地说明了课程体系与人才培养目标的关系，那就需要考虑将专业课程与职业资格要求相联系。中职专业课程分为"学前儿童保育"和"学前儿童教育"两个专门化方向，要求学生根据区域经济发展对人才需求的不同，任选一个工种，获取职业资格证书，并在课程体系中增加了

"育婴员实务""育婴员综合实训""婴幼儿保育综合实训"等课程。专业课程与职业资格要求相联系，就更突出了职业学校的特点。

幼儿教师的综合素质对幼儿的成长至关重要。为了幼师生自身的发展和幼儿的发展，根据《幼儿园教育专业标准（试行）》《教师教育课程标准（试行）》、执业资格标准和中国学生的基本素养，要坚持"立德树人""终身发展"等理念，将专业理念与师德、专业知识、专业能力和职业素质以及文化基础、自主发展、社会参与方面的相关目标融入幼师生的课程，通过课程实现人才培养目标。在构建五年制高职学前教育课程体系时，要充分考虑专业特点，既关注认知、技能等方面的目标，更要充分关注情感、态度、价值观方面的目标，促进幼师生全面发展。

4. 人才培养目标

培养目标不仅是人才培养方案的重要内容，规定了专业人才培养的方向及要求；还是课程设置的重要依据，决定了人才培养的课程内容及实施要求。五年制学前教育专业人才的培养方向应以培养幼儿园教师为主、培养其他学前教育机构教学人员为辅；培养规格应以专业化为重；具体要求应突出"良好的职业道德和科学的教育理念"，强调"扎实的科学文化素养和专业理论知识"，具备"较强的教育与保育能力、活动设计与组织能力、反思与自我发展能力、沟通与交流合作能力和基本够用的弹唱说跳专业技能"。

5. 现实依据

首先，五年制学前教育专业课程体系的重构须以幼儿园工作岗位需求为依据。实用性、职业性、超前性是高职教育的重要属性，其中职业性是本质属性。① 五年制学前教育属于高职教育，为幼儿园培养优质幼儿教师是五年制学前教育专业人才培养的根本目的。通过接受五年的高职教育，学前教育专业学生应具备相应的专业理论素养和专业技能水平，能适应幼儿园工作岗位的基本要求。而课程体系是人才培养的重要载体，课程体系在很大程度上决定了受教育者所能呈现的知识、能力和素质结构，决定了教育理想能否成为教育现实。② 因此要使五年制学前教育培养的人才能满

---

① 李丽. 对高职教育特点和高职学生特点的再认识 [J]. 湖北函授大学学报, 2008 (03): 10.
② 崔颖. 高校课程体系的构建研究 [J]. 高教探索, 2009 (03): 88.

足幼儿园岗位需求,就必须依托课程体系。反之,作为人才培养重要载体的课程体系,其确立也必须以幼儿园工作岗位需求为依据。其次,五年制学前教育专业课程体系的构建须以学生身心发展特点为依据。任何类型的人才培养对象都是学生,要实现培养目标,就必须遵循的学生身心发展特点。五年制学前教育专业招收的是初中毕业生,他们生理成熟或即将成熟,但心理尚未成熟,其人生观、世界观和价值观尚不稳定。相比较高中起点的专科与本科学生,五年制专科学生的理论水平不高,起点较低,但"由于学生较早接触专业学习,专业学习时间比较长,因而专业思想比较稳固,专业实践能力相对也比较强",因此具有较强的可塑性。相比较三年制中专学生,五年制专科学生"有较强的优势,除了大专与中专的学历差异以外,五年制专科高职校培养的毕业生相比中职生成熟,理论水平和动手能力都比较强,适应社会的能力和后续发展能力都上了一个新的层次"。① 因此确立课程体系目标时要以受教育者的身心特点为依据。

6. 参考依据

他山之石,可以攻玉。五年制高职学前教育专业在指定课程体系时,可以参考其他类型学校的课程设置。课题组通过资料分析,发现不同学校学前教育专业课程体系存在差异,主要表现在课程设置的学时、学分比例等方面(表8)。实践教学安排见表9。

表8 四所不同办学层次学校的课程结构

	通识性课程	专业必修课	专业技能课	专业任选课	实践课程
中职	80(41.2%)	46(23.7%)	24(12.4%)	16(8.2%)	28(14.4%)
五年制高职	96(41.2%)	32(13.7%)	59(25.3%)	14(6%)	32(13.8%)
三年制高职	50(33.6%)	20(13.4%)	37(24.8%)	8(5.4%)	34(22.8%)
本科	33(21%)	61.5(39.2%)	31.5(20.1%)	6(3.8%)	25(15.9%)

---

① 钟玉琴.五年制高职校的发展分析与思考[J].中国职业技术教育,2017(2):37.

表9　四所不同办学层次学校的实践安排

	学期									
	1	2	3	4	5	6	7	8	9	10
中职		保育实训2周	教育见习1周	教育见习1周	实训3周	顶岗实习18周				
五年制高职	见习1周	见习1周	实习2周	实习2周	实习2周	实习2周	实习4周	实习4周	顶岗实习18周	顶岗实习14周
三年制高职	教育见习1周	教育研习1周	教育研习1周	教育研习2周	教育实习6周	顶岗实习14周				
本科		教育见习1周		教育见习1周		教育见习2周		教育实习8周		

从表8、表9中可以看出，四所不同办学层次学校的课程结构有所不同，主要表现在通识性课程和专业性课程、专业理论与专业技能课程、专业理论与专业实践课程等方面。但是不同学制学前教育专业课程各具特色。比较各校的专业课程体系后发现，中职专业课程分为"学前儿童保育"和"学前儿童教育"两个专门化方向，要求学生根据区域经济发展对人才需求的不同，任选一个工种，获取职业资格证书，并在课程体系中增加了"育婴员实务""育婴员综合实训""婴幼儿保育综合实训"等课程；三年制高职要求学生必须拥有"幼儿园教师资格证书""育婴员资格证书""保育员资格证书"三者之一，凭借证书可获取相应的学分。五年制高职学校的专业课程，更加充分考虑了学生的特长发展。这一点主要体现在专业任选课程中，设置了"幼儿体育与营养保健""幼儿语言创作""幼儿园多媒体技术""幼儿音舞教育""幼儿美术教育""0~3岁早期教育""学前融合教育"几个方向，学生可以根据自己的兴趣和需要选择不同的方向，参与课程学习，获得相应的学分。将专业课程与学生特长发展相融合，体现了学生的主体性，更好地促进了学生富有个性的专业成长。

综上，在建构五年制高职学前教育课程体系的过程中，泰勒和多尔的课程理论为我们提供了基本的思路。在课程体系的构建过程中，要根据国家的相关要求，立足学校自身，借鉴他人，明确人才培养目标，然后选择适合的教育经验来实现这些目标，兼顾课程的丰富性和关联性，在组织实施过程中，尊重学生的个体差异，注重学生的参与性和课程的生成性，关注学生学习过程中的个体体验和自主发展能力，积极构建平等对话的师生关系，使师生共同成为课程的创造者和开发者。

（四）五年制学前教育专业课程体系重构的策略

课程体系是在一定教育价值理念指导下，将课程的各个构成要素加以排列整合，使各个课程要素在动态过程中统一指向课程体系目标实现的系统。它主要由特定的课程观、课程目标、课程内容、课程结构和课程活动方式组成。因此五年制学前教育专业课程体系重构也应从这些角度进行审视，提出重构的策略。

1. 构建动态调整机制，加快课程内容更新速度

课程内容是实现人才培养目标的重要载体。课程内容具有一定的稳定性，但这种稳定性有时也会带来一定的思维惰性，使得课程内容陷入固化、僵化。近年来，随着学前教育理论与实践研究的深入，幼儿教师工作从过去的简单实施课程逐渐演变为现在的主动开发课程，课程游戏化、以幼儿为本、幼儿行为观察与分析、园本课程开发等已成为幼儿园教师工作中的关键词。因此，培养幼儿教师的职前教育也必须随着学前教育发展的脚步进行变革。课程内容的选择与更新是五年制学前教育专业课程体系重构的起点。课程内容的选择与更新必须符合国家对人才培养的总体要求，必须及时反映岗位对人才的最新需求，必须符合学生专业成长的规律。在五年制学前教育专业培养中，要实现课程内容及时合理更新，学校必须构建课程动态调整机制。

第一，明确"谁来调整"。学前教育专业指导组负责课程内容调整。在园、校共建共育的前提下，专业指导组应由三方成员构成，即高师院校的专业负责人、专业骨干教师，幼儿园园长、骨干教师，教育行政部门人员等。三方成员在高师院校的组织下，进行长期而密切的工作研讨。专业指导组的职能是结合国家和行业对幼儿教师人才的新情况、新要求，在充分调研的基础上，科学调整五年制学前教育专业人才培养目标和课程内容。

第二,明确"调整什么"。专业指导组应制定完备的工作方案,明确指导组重点关注的内容。这些内容就是人才培养方案所要调整的内容。比如,及时了解幼儿园岗位的新需求,及时增减或强化相应课程内容;发现并总结幼儿园工作中的难点问题,通过分析研究找到难点问题对教师专业能力的要求,并通过课程内容在课程实施中努力培育这些专业能力。由此,专业指导组对学前教育专业的指导不仅仅是课程内容,更涵盖了课程实施、课程评价等方面。

第三,明确"如何调整"。人才培养的规律决定了课程教学与岗位需求之间存在培养期,且课程体系自身也必须具有相对的稳定性,因此,科学合理调整内容是课程动态调整机制的关键所在。培养学校自身应主动长期关注幼儿园实践和学前教育发展,定期到幼儿园开展基层调查研究,搜集并形成毕业生工作状况、幼儿教师专业能力等数据资料,主动定期召集专业指导组研讨会,每学期对课程内容进行论证,最后形成课程内容调整意见,并有序、谨慎地进行课程内容更新。

2. 理清专业课程边界,避免课程内容庞杂重复

长期以来,学前教育专业已经形成了较为稳定的课程内容,包括"三学""活动设计与教程"以及"弹、唱、说、跳等技能"等。在五年制学前教育专业课程教学实践中,不少专业课程内容交叉重复比较严重。比如"学前教育学"中的游戏活动与"游戏教程"重复,教学活动与"幼儿园课程论"重复,教育学的产生与发展与"中外学前教育简史"重复;"学前教育科学研究方法"中的观察法与"幼儿行为观察"重复。专业教师在教学中也存在炒冷饭的现象,降低了专业课程教学的效率。专业课程体系是人才培养的重要载体,课程体系内部的各课程必然围绕该专业,形成了较为紧密的联系。因此在专业课程的实施中,理清专业课程边界、提高专业课程教学的效率显得尤为重要。

第一,树立课程意识。正如上文所述,在课程实施中存在不同课程的任课教师炒冷饭的现象,原因在于任课教师的课程意识还不够。所谓课程意识是"以课程观为核心形成的,是对教育活动体系中课程系统的一种整体认识",具体而言,是教师对课程本质、课程结构与功能、特定课程的性质与价值、课程目标、课程内容、课程的学习活动方式、课程评价,以及课程设计与课程实施等方面的基本看法、核心理念,以及在课程实施中的指导思想。① 在课程实施中，教师依据某一种教材来确定课程教学内容，缺少对该课程总体结构和重难点的把握。因此，帮助专业教师明确"课程≠教材"的概念，进一步树立课程意识，是理清专业课程边界的思想前提。

第二，明确课程标准。专业教师仅有课程意识，还不足以提高专业课程整体的实施成效。要提高专业课程整体实施效能，必须对所有专业课程的课程标准进行全面的梳理，明确每一门专业课程的课程内容框架。同时还应对所有专业课程标准中的课程内容框架进行综合的关系论证，一是明确专业课程之间的先后逻辑关系，二是明确重复课程内容在各自课程教学中的学习梯度，从而使所有课程内容形成一个有序、递进和螺旋式上升的立体结构。

3. 对接人才培养要求，建构立体多元课程结构

动态调整机制解决了专业课程内容的选择问题，而如何将确定的众多门类专业课程进行科学的建构与设置，决定了课程实施的成效，影响着人才培养的质量。综观五年制学前教育专业人才培养方案，在专业课程设置方面，基本形成了以"三学"为主的专业理论课程，以"钢琴""美术""音乐""舞蹈"为主的专业技能课程，以"五大领域活动设计"为主的专业实践课程，以"学前科研方法""幼儿行为观察与分析"等为主的专业拓展课程。实践证明，上述的专业课程设置符合学前教育专业人才培养的规律。但在此基础上，应思考如何打破现有专业课程体系的扁平化设置，构建"三基两突出"的立体课程结构，如何打破传统"人人学一样的课程"的统一化模式，构建"我选我特我优"的多元课程结构，根据人才培养的新形势新要求构建立体多元的专业课程结构，以使人才培养更高效。

第一，构建"三基两突出"立体结构（图6）。"三基"是指专业理论课程（如"三学"）、专业技能课程（如"钢琴""美工""舞蹈"等）、专业实践课程（如"幼儿园活动设计与组织""幼儿行为观察""幼儿园环境创设"），"两突出"是指专业拓展课程（如"学前教育科研方法""家庭与社区教育"）和专业方向课程（如"幼儿园体育""幼儿园

---

① 郭元祥. 教师的课程意识及其生成［J］. 教育研究，2003（06）：34.

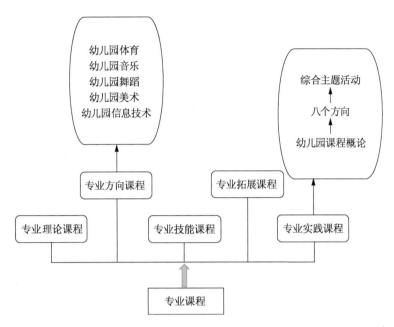

图 6　五年制学前教育专业课程体系结构

信息技术""幼儿园音乐""幼儿园美术""幼儿园舞蹈")。所谓"三基两提升"就是以"三基"为专业课程的基本平台，保证该专业学生能掌握专业基本知识和专业基本技能；以"两突出"为专业课程的提升平台，着力拓展学生专业视野，发展学生专业特长。在"三基"课程中，专业实践课程一方面根据幼儿园课程理论构建了"总—分—总"的课程框架，即形成了"'幼儿园课程概论'—八个方向教学—'综合主题活动课程'"的结构。"幼儿园课程概论"作为课程理论为八个方向的教学进行铺垫，"综合主题活动课程"依据现行幼儿园实行的主题活动课程计划，借助"主题活动课程"的形式，将"幼儿园课程概论"和八个方向的教学内容进行有机融合，提高学生课程的设计能力。另一方面则根据学科特质，将健康、科学、艺术、语言、社会这五大领域细分为八个方向，即学前儿童语言教育、学前儿童健康教育、学前儿童体育教育、学前儿童社会教育、学前儿童科学教育、学前儿童数学教育、学前儿童音乐教育、学前儿童美术教育。实践发现，将"美术""音乐"融合为"艺术"，将"体育""健康"融合为"健康"，并不十分适宜。"美术"与"音乐"虽属于艺术大类，"体育"与"健康"虽都影响着幼儿的健康，但实际上它们都有各自的学科特点，在幼儿园教学活动组织上，这些类型的活动组织也存在很大不同。因此，依据学科特点，对接幼儿园岗位实际，将"幼儿园活动设计与组织"细化成由"幼儿园课程论"统领下的八大方向教学，有利于学生较好掌握各类型活动设计要点。

第二，构建"我选我特我优"的多元课程结构（图6）。当前，在学前教育专业人才培养中，所有学生基本都接受同样内容的专业课程教育，最后达成同样的人才培养目标。依据加德纳多元智力理论反观这种统一内容的培养，会发现课程体系缺乏多元选择性，缺乏对学生个体差异的关照。事实上，幼儿园对人才需要还具有多样性，即要求幼儿教师在具备基本职业能力的基础上，具备弹、唱、说、跳等某一方面的突出能力，以满足幼儿园各方面工作的需要。同时，这也是遵循学生个体差异的教育诉求。因此，应基于幼儿园实际需求，建构多元的专业课程体系。比如在专业基础理论课程、专业技能课程、专业实践课程、专业拓展课程的基础上，增设专业方向课程。专业方向课程围绕某一发展方向设置梯度课程，贯穿每个学期，确保专业方向课程学习成系统、能深入。比如以信息技术方向课程为例，在常规的信息技术基础课程外，又先后设置了"信息技术基础""幼儿教师信息技术应用技能""信息化教学设计""幼儿园多媒体教学系统使用"等课程，以使选择信息技术方向课程的学生能在毕业时拥有较好的信息技术能力，不仅具备运用信息技术手段进行教学的能力，还具备管理幼儿园信息技术的相应能力。

4. 改变技能学习传统，强化技能学前专业特质

弹、唱、说、跳等专业技能课程是学前教育专业课程的重要组成之一。在学前教育专业人才培养中，长期存在将弹、唱、说、跳等专业技能课程教学混同于音乐、美术、舞蹈专业技能教学的现象，产生了学前教育专业学生毕业后"会弹钢琴名曲、不会弹唱幼儿歌曲"等现象。究其原因，主要是对弹、唱、说、跳等专业技能课程的定位与目标不明确，专业技能课程的学前专业特质没有得到重视和突出。如何实现"音乐""美术""舞蹈"等艺术课程与学前教育专业的较好融合，确保人才培养能对接幼儿园岗位需求？可以从以下方面着手。

第一，科学设置专业技能课程。一直以来，弹、唱、说、跳等专业技能有着重要的地位，普遍得到幼师生和幼儿园的重视。通过问卷调查和园长访谈发现，人们对专业技能课程地位的认识正逐步改变。调查结果显示只有19.39%、14.85%和8.18%的毕业生在重修课程中选择了"美术""儿歌弹唱"和"舞蹈"，受访园长也指出，过去幼儿园老师强调弹、唱、说、跳、画，但现在要求具备课程实施能力、班级管理能力、合理规划能力和观察分析幼儿等。① 由此可见，对于专业技能课程的学习要有理性认识，即专业技能课程是学前教育专业的技能课程，应脱离某技能专业的窠臼，充分关照幼儿，凸显学前性。

对专业技能课程有了理性科学定位后，最关键的是如何恰如其分地处理好技能课程学前性和专业性的关系（即强调某一技能的专业化，如"舞蹈"课程突出舞蹈专业要求）？首先要基于幼儿园岗位工作需求，明确幼儿园到底需要哪些技能，需要达到何种程度。其次要基于技能学习规律，明确上述幼儿园岗位需要的专业技能学习必须提供哪些技能基础。从技能学习的视角分析，学生要掌握够用的幼儿歌曲弹唱、幼儿舞蹈创编、幼儿美术等专业技能，必须从"钢琴""舞蹈"。"美术"等基础课程开始学起。但"钢琴""舞蹈""美术"等基础课程学哪些内容、学到什么程度就可以为幼儿歌曲弹唱、幼儿舞蹈创编、幼儿美术等专业技能学习提供基础保障？技能基础比例过重会弱化专业技能课程的学前特性，而专业技能比例过重又有背技能学习的规律，因此，专业技能课程设置必须把握好技能基础学习和专业技能学习的比例。

第二，转变专业技能教师育人理念。当前，承担幼儿歌曲弹唱、幼儿舞蹈创编、幼儿美术等专业技能课程教学的师资都毕业于"音乐""钢琴""美术""舞蹈"等专业。受自身专业学习经历的影响，他们在教学中往往特别重视学生单纯技能的培养，强调弹、唱、跳、画的专业技能水平，而淡化专业技能的学前性。因此，首先要进一步加强专业技能教师对人才培养方案的学习，逐步转变专业技能教师的育人理念，加强他们对培养目标和幼儿园教育教学特点的了解；其次，通过到幼儿园跟岗、参加各类培训、参加幼儿园相关名师工作室等方式，提高他们专业技能学前化的

---

① 马华，张燕. 五年制学前教育专业的专业课程设置现状调查研究——以常州幼儿师范学校为例［J］. 职教通讯，2018（18）：25.

教学能力；再次，要加强对专业技能课程教学的阶段调研，及时掌握专业技能课程实施情况，以便对专业技能课程做出适宜的调整。

5. 借助信息技术手段，提高专业课程教学实效

课程实施是将编制好的课程计划付诸实践的过程，它决定了课程目的的达成度，影响着教育结果的实现。随着教育信息技术的发展，信息化教学手段也成为影响课程实施成效的一个重要因素。

第一，借助信息手段连接幼儿园现场。教学中运用幼儿园工作案例能提高学生学习的积极性和有效性。一般来说，教师会通过文字案例、视频案例的方式来进行教学。但这样的案例教学方式单维且封闭，缺少与幼儿园的双向互动，同时部分案例更新速度较慢，不能及时了解和反映幼儿园的教育教学状况。因此，建设能够与幼儿园现场连线的智慧教室，可以更好地为专业课程教学服务。比如，在新冠疫情背景下，学生到幼儿园进行定期见实习受到一定限制，教学时可以依托信息手段，和幼儿园进行现场连线。在进行"幼儿园活动设计与组织"的模拟教学时，可以通过连线幼儿园某班幼儿进行线上教学，从而形成园、校双课堂。

第二，借助信息化手段延伸课堂时空。当前，运用平台进行教学已成为常态。学习平台与课件相比，具有及时检测、多维互动、个性学习等功能。如果说课件是电子化的黑板，那么学习平台就是电子化的小老师。它能高效、快速地检测学生学习的效果，便于教师及时、掌握学生学习的情况；能立体化地呈现学生讨论结果，便于学生短时、高效掌握更多信息；能构建多维的讨论空间，便于师生、生生之间相互启迪促进；能满足学生个性化学习，便于不同层次学生根据自身情况开展适宜的学习。更重要的是，平台教学还能有效地将课堂学习推至课前、延至课后，从而拓展课堂教学的时空。

6. 形成多元评价制度，持续优化专业课程体系

课程评价是检查课程目标、编订和实施是否实现了教育目的的重要环节。根据不同的分类标准，课程评价有多种分类。课程方案是一个动态调整、不断修订的过程，而课程实施后的评价是其调整与修订的重要依据。为有利于持续优化专业课程体系，应形成多元评价制度。

第一，评价主体多元。评价主体应包括专业教师、学生、专业负责人、教学管理人员、幼儿园骨干教师。不同评价者关注的重点各有不同，主体专业教师和学生的评价侧重于课程实施的方式方法，专业负责人和教学管理人员的评价侧重于专业课程的实施成效和课程组织结构，幼儿园骨干教师的评价更多的是从幼儿园工作岗位需求来检测课程内容组成和课程实施方式。

第二，评价内容多元。如上文所述，评价内容应包括多个层面，如课程内容选择、课程组织结构、课程实施方式等。在每个评价维度内部，评价的具体内容也可以有大有小。比如就课程实施而言，可以是某一类专业课程的实施模式评价，也可以是某一门课程的教学方法探讨。正是基于这些或微观或中观或宏观的评价，才能搜集更多有价值的评价意见，才能更好地推进专业课程体系的优化。

第三，评价方法多元。评价是一种价值判断活动。"不同的方法有不同的依据，不仅包含着不同的价值选择，而且包含着评价方法论的选择。"① 不同的评价方法也有着各自的优点。综合采用多元的评价方法能更客观真实地了解课程体系运行实效。因此在专业课程体系的评价上应提倡量化评价与质性评价相结合，形成性评价、过程性评价和总结性评价相结合，应采用观察法、访谈法、问卷法、资料分析法等具体的方法进行评价。

（五）基于职业能力结构的五年制学前教育专业课程开发

中共中央、国务院《关于全面深化新时代教师队伍建设改革的意见》指出，兴国必先强师，要以党的十九大精神为指导思想，建设高素质专业化创新型教师队伍，到2035年实现教师综合素质、专业水平、创新能力大幅提升，突出强调教师专业素质能力。2018年2月，教育部等五部门联合颁发《教师教育振兴行动计划（2018—2022年）》，进一步强调提升教师素养能力，同时，积极推行初中毕业起点五年制专科层次幼儿园教师的培养。② 而如何提升五年制专科层次幼儿园教师能力，使其更适应新时代教育发展要求，是亟待解决的问题。面对这一难题，五年制专科层次幼儿

---

① 沈玉顺，卢建萍. 制定教育评价标准的若干方法分析［J］. 高等师范教育研究，2000（02）：21.
② 教育部. 教师教育振兴行动计划（2018—2022年）［EB/OL］.［2020-08-05］. http：//www.moe.gov.cn/srcsite/A10/s7034/201803/t20180323_331063.html.

园教师教育要以幼儿园教师能力为主线,将其贯穿于五年制专科幼儿师范生培养的始终。

1. 能力本位的回归与重构

"能力本位"的教师教育观并不是一个全新的概念,但是,在传统能力本位教育理念的影响下,能力被视为是单项教师能力的培训、教师职业技能的训练[①],这导致能力本位的内涵被扭曲。在新时代教育背景下,能力本位的内涵被重新建构。能力不仅包括个体在活动中表现出来的处理问题的外在能力,而且是在实践情境中释放主体心智、灵活驾驭自我、实现实践任务的主体性力量的集合。因此,基于能力本位探讨五年制专科层次幼儿园教师的能力是适应教师专业发展的内在要求。

培养以能力为核心的人才,是 21 世纪我国对人进行教育的出发点。五年制专科幼师教育作为地方幼儿园教师培养的主渠道,对于提升当地幼儿园教育水平具有重要意义。作为一种专业教育,五年制专科幼师教育应重点提高未来幼师的专业素养,要求其不仅具备相应的专业知识,更要具备自我心智发展能力和胜任力,这对五年制专业幼师培养模式提出了新的挑战。同时,教师教育新一轮改革显示,我国教师教育的发展将回归能力本位。因此,五年制专科幼师教育应当回归能力本位,通过培养幼师学生的能力,促进其专业知识向专业能力转化,为提升地方幼儿园教育质量提供保障。

与此同时,幼儿园教师这一职业具有"理论"和"实践"双重属性。这就要求五年制专科幼师所培养的教师既要具有扎实的教育理论,又要具备从事幼儿园教育教学活动的能力。但是,在目前五年制专科学前教育课程体系中,课程往往偏重于理论课程,实践课程往往流于形式,学生难以将理论与实践相结合。因此,五年制专科学前教育课程体系的建设可以以"能力"为抓手,在幼师培养上寻找理论和实践的平衡点。五年制专科幼师的培养归根结底是为了幼师学生理论能力和实践能力的提高。因此,基于能力本位的五年制专科学前教育课程体系能有效地将理论和实践融为一体,促进幼师学生理实一体能力的提升。

---

① 杨洁. 能力本位:当代教师专业标准建设的基石 [J]. 教育研究, 2014 (10): 78—85.

2. 研究对象与方法

本研究采用深度访谈的研究方法。陈向明认为，通过言语交流，个体表达自己的思想，不同的个体之间可以达到一定的相互"理解"，通过提问和交谈，人可以超越自己，接近主体之间视域的融合，构建出新的、对双方都有意义的社会现实。[①] 本研究采用半结构化深度访谈，使用开放性问题，鼓励受访者讲述观点。为了保证信息的全面性，经受访者同意后，对访谈过程进行了录音。

本研究选取 21 位幼儿园园长作为访谈样本，这些幼儿园每年接收幼儿师范学校的实习生，园内均有从五年制专科学校毕业的教师，对该层次的幼儿园教师有较多了解。访谈对象基本情况如下：性别皆为女性；年龄集中在 41~50 岁；幼儿园所处区域基本包含常州市各个区域，其中武进区 8 个，戚墅堰区 1 个，新北区 2 个，天宁区 2 个，武进区 9 个，钟楼区 3 个，金坛 1 个，溧阳 1 个；包含 19 所公办园，2 所民办园；幼儿园等级为 18 所省优质园，3 所市优质园。

依据已有文献，笔者编制了半结构访谈提纲。访谈所考察的内容主要包括两个方面。一是五年制专科层次幼儿园教师的现状。问题包括：贵园从五年制专科学校毕业的入职教师（分为 1~3 年、3~5 年）的师德、专业知识、专业能力现状如何？是否能满足幼儿教育工作的需要？贵园更看重这些老师哪方面的素质？您觉得这些老师在哪些方面要做重点提升？二是对五年制专科层次幼儿园教师的期待。问题包括：从五年制专科学校招聘教师，贵园招聘新教师的考核标准是什么？定位是什么？发展方向是什么？根据您的预期，5~10 年后的幼儿园将需要什么样的教师？每个样本的访谈时间大概是 50 分钟。数据采用 NVivo11 PLUS 进行编码与分析。

3. 基于能力本位的五年制专科层次幼儿园教师能力结构开发

依据所得访谈资料与幼儿园教师教育所包含的职前、入职教育、职后发展阶段要求，构建了五年制专科层次幼儿园教师能力结构（图7）。

---

① 陈向明. 质的研究方法与社会科学研究[M]. 北京：教育科学出版社，2000：169.

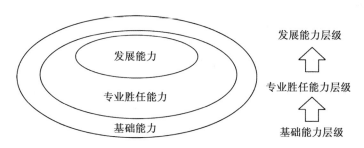

图 7　五年制专科层次幼儿园教师的理想能力

相对于普通教育而言，五年制专科学校学生在学习品质、学习方法等方面略逊一筹，要成为一名合格的幼儿园教师，首先应具备基本的语言表达能力、心理调适能力、认知思维能力、交往合作能力以及信息技术能力，这构成了五年制专科层次幼儿园教师职前教育的基础能力，为更高层级的能力奠定了基础。

（1）基础能力层级

A. 语言表达能力。教学活动主要是通过信息传递实现的，而信息传递的有效性取决于教师语言表达能力水平的高低。正如有的园长所言，"语言是第一关，是教师的基本功"。综合其主要观点，教师的语言表达能力分为两部分，一是口头语言表达能力，二是书面语言表达能力。在课堂教学活动中，教师的口头语言表达能力占主要地位，不仅要普通话标准、口齿清楚，而且要表达流畅，语速适当，有感染力，在有效传递信息的同时，能吸引学生的注意力；在教科研活动中，教师的书面语言占主要地位，尤其是写作能力，教师能够撰写教学反思、教学科研论文等。

B. 心理调适能力。一方面，与其他学段相比，幼儿园教师服务的对象——幼儿，具有情绪易冲动、易受感染等特性，因此，幼儿园教师的情绪波动会直接影响幼儿，这就要求幼儿园教师要具备较好的心理调适能力，保持开朗与乐观。另一方面，就幼儿园教师个体而言，既要面临烦琐的教学事务、科研压力等，又要承担家长及社会所带来的压力。在上述双重压力下，幼儿园教师极易产生心理压力。如某园长所言，"现在的老师都是 90 后，生活条件比较好，所以不是特别稳定，有的遇到压力、困难极易焦虑，或者直接跳到其他工作"。因此，幼儿园教师要具备心理调适的能力，增强心理素质，提高抗挫折能力。

C. 认知思维能力。综合访谈园长的主要观点，幼儿园教师的认知思维能力主要是指教师能够条理清晰地分析和思考问题，并具有一定的应变能力。"教无定法"，教学情境的复杂性、多边性、生成性，使得教师只有具备认知思维能力，才能有效应对。如某园长所言，"幼师学生要着重强调学习品质、思维能力，学生本身专业基础的东西是非常重要的"。幼儿园教师只有具备较强的学科逻辑能力，才能有效把握幼儿的认知发展规律和特点，才能保障活动设计与实施的严谨性与科学性，从而提高信息传递的有效性。

D. 交往合作能力。在访谈中，几乎所有园长都提到了幼儿园教师应具备人际交往和团队合作的能力，"幼师要有团队精神，幼师工作本身比较烦琐，需要沟通、合作，需要老师积极阳光"。综合其主要观点，即幼儿园教师的交往合作能力既包括与同事的交往合作，也包括与幼儿、家长的交往合作。教师与教师之间的交往关系是复杂的，既有竞争，又有合作，在合作上，教师之间可以相互交流教学意见，分享教学经验，讨论教学方法，合作设计课程。教师在与幼儿的交往合作过程中要理解幼儿的个体差异，尊重幼儿的主体性，为幼儿表达自己的观点、锻炼言语和交往能力提供机会。教师在与家长的交往合作中，要尊重家长的个体差异，善于与家长沟通，与家长形成教育合力。

E. 信息技术能力。多位园长提及幼儿园教师应具备使用信息技术的能力，"具有现代特质，如 PPT 制作"。除此以外，幼儿园教师还应学会使用中国大学 MOOC 平台、智慧职教平台、学堂在线平台、超星泛雅平台、学银在线平台、智慧树网[①]等。这一能力应在幼儿园教师职前教育中有所渗透，并能根据教学需要有意识地运用信息技术解决问题。同时，也应在职前培养阶段培养幼儿园教师适应新技术的能力，从而为入职和职后快速适应新技术奠定基础，紧跟时代发展步伐。

（2）专业胜任能力层级

幼儿园教师的专业胜任能力是幼儿园教师思想、行为、态度、情感、

---

① 洪秀敏. "停课不停学"背景下幼儿园教师专业发展的挑战与应对［J］. 学前教育研究，2020（6）：27-30.

方法及成效直接展示或体现的感性力量①，是衡量幼儿园教师"教"的能力的重要指标，包括专业知识能力、幼儿行为观察能力、教学能力、游戏能力、保教能力。

A. 敬业爱岗能力。当被问及"看重的幼儿园教师素质"时，园长们首先提及的就是教师的敬业爱岗能力。有多位园长提及，"作为老师，最关键的是自己是否愿意、是否喜欢从事这份工作"，"要真爱这份工作，把它当做事业；要爱孩子，能让孩子感受到老师的爱"，"老师的工作态度是第一位的……"综合其主要观点，敬业爱岗不仅仅是工作态度，更是一种坚守岗位的品质和能力，具体包括爱教、乐教、想教的能力。"爱教"主要表现为热爱并珍惜幼儿园教师这一职业和岗位，"乐教"主要表现在工作中勤奋上进、科学严谨、讲求实际，"想教"主要表现为在工作中甘于奉献、追求职业幸福感。

B. 理论知识能力。一般而言，幼儿园教师的专业知识包括幼儿发展的知识、幼儿保育和教育知识、通识性知识。但访谈表明，具体到五年制专科层次的教师，与幼儿教育相关的专业理论知识尤为重要。多位园长提及，"首先是学生理论水平要加强，这几年我们幼儿园的外聘老师都是五年制专科毕业生，感觉他们的理论功底这一块还是稍微弱了一些。整体上，专业知识和能力还是缺乏。尤其是通识性的知识，相对来说比较欠缺。专业知识掌握得不是很全面，尤其是教育学、心理学方面的知识，缺乏得比较严重。这直接导致他（她）对儿童的理解和支持会受到很大的影响，他（她）在一些教育方法和策略的选择上也会有很多的误区"。因此，五年制专科层次的幼儿园教师培养应加强理论知识的教育。综合其主要观点，理论知识能力主要是指，能够根据不同年龄阶段幼儿的身心发展规律和特点，确定幼儿园教育的目标、任务、内容、要求和基本原则，灵活运用保教知识与基本方法以及课程游戏化的相关理论。

C. 幼儿行为观察能力。观察幼儿是幼儿园教师必备的能力。多位园长提到，"观察、评价幼儿的能力是必须的"。综合其主要观点，教师对幼儿行为观察的能力包括两方面，一是教师要学会观察幼儿，及时发现幼儿

---

① 洪秀敏. "停课不停学"背景下幼儿园教师专业发展的挑战与应对［J］. 学前教育研究，2020（6）：27-30.

的需要，并能从中发现问题，把握教育时机；二是学会做好观察记录，了解幼儿发展的差异性，及时对幼儿行为进行干预，使幼儿行为的发展符合社会期望。

D. 教育教学能力。访谈得知，"幼儿园教师教育教学能力是一个综合体，是教师多方面能力的展现"。综合其主要观点，五年制专科层次教师应具备的教育教学能力包括活动设计能力、活动组织实施能力、课程生成能力、教学评价能力、环境创设能力。在活动设计能力上，能根据幼儿的年龄特点和兴趣，选择恰当的方法，规范设计教育活动；在活动组织实施能力上，能体现活动的层次性、趣味性；在课程生成能力上，能根据幼儿的生活与兴趣生成主题活动；在教学评价上，能客观全面评价幼儿，并能利用评价结果指导教育活动。

E. 游戏能力。游戏是幼儿的基本活动，有园长提到，"老师对游戏要有自己的研究和理解，知道游戏怎样推进孩子的发展，这涉及多方面的能力，包括对孩子年龄层次的了解，对心理特点的了解，包括玩教具的制作能力，这考验老师全方位的能力，如观察指导的能力、玩具材料的提供能力、评价的能力等。怎样通过游戏当中孩子发生的一些事情推进游戏继续深入开展，也是综合性能力的体现……老师首先自己要会玩，这样才能带领孩子一起玩。老师还要钻研如何在一日生活中以游戏的形式组织实施教学"。综合其主要观点，游戏能力主要包括两方面，分别是游戏的基础理论、游戏的实践组织能力。在游戏的基础理论方面，重点了解幼儿各阶段游戏的发展水平及游戏预设、各种类型的游戏特点及指导要点；在游戏的实践组织能力方面，要熟悉游戏的玩法、具备对幼儿的观察能力，玩教具的制作能力，游戏评价的能力，游戏介入能力，等等。在游戏开展过程中，教师在使幼儿充分体验愉悦的同时，引导幼儿获得发展。

F. 保育能力。访谈得知，整体而言，五年制专科层次的幼儿园教师具备基本的保教能力。综合其主要观点，保教能力主要包括三个方面：照顾幼儿生活的能力、教育活学活用的能力、处理小事故的能力。在照顾幼儿生活能力方面，包括能照顾幼儿的进餐、盥洗、如厕、睡眠、饮水、卫生习惯等；在教育活学活用能力方面，强调能将保育和教育相结合，在一日生活的每一环节都渗透教育；在处理小事故能力方面，具备一些基本的急救知识和技巧，比如当幼儿发生外伤、骨折、出血、烫伤等情况时，能及时进行救护。

(3) 发展能力层级

幼儿园教师的专业化发展不仅要提高幼儿园教师专业的教育教学能力，而且要培养幼儿园教师的发展能力，即在专业胜任能力的基础上提高幼儿园教师的专业境界与层次的成长能力，具体包括学习潜力、创新能力、反思研究能力、理实一体能力。

A. 学习潜力。访谈中，有园长提到，"五年制专科毕业的幼儿园教师只能说基本满足幼儿教育工作的需要，发展好的、突出的还不是太多"。学习潜力直接关系到幼儿园教师自身的专业化成长。综合其主要观点，学习潜力包括学习意愿、学习方法、应用能力以及时间管理能力。学习意愿是指幼儿园教师愿意学习，能够从自己的实际情况出发，不断学习和发展，提升自我；学习方法是指幼儿园教师要掌握一定的学习方法和技巧，提高学习的效率和学习的质量，做到事半功倍；应用能力是指幼儿园教师要具备善于将所学内容应用到实际工作和生活中的能力，做到学有所用；时间管理能力是指幼儿园教师不仅能够利用琐碎时间学习，而且能够合理安排时间，做事张弛有度。

B. 创新能力。在访谈中，多位园长提及幼儿园教师应具备"活学活用的能力"，"有创新意识"，要"以更加开放、更加多元的心态工作和学习"，要具备"一种多元的、创新的思维方式，发散性思维很重要，尤其是在幼儿园"。综合其主要观点，幼儿园教师的创新能力主要体现为批判性思维和发散性思维能力。批判性思维主要是指幼儿园教师能辩证地看待已有的教育教学形式，依据教育对象特点创新教学情境和教学手段；发散性思维是指幼儿园教师能摆脱教学"套路"，在教育教学活动中尽量避免封闭，积极探索多样化活动的可能性，具备灵活开展实践活动和处理教学动态情境的能力。

C. 反思能力。在提及教师素质时，多位园长谈到，"更倾向于会观察、会反思的老师；能说、会写、会提升的老师"，"希望教师能够做一些小研究，就是对一些小的问题，比如说孩子当中发生的一些事情，或是家长提出来的一些问题，做一些自己的思考"。综合其主要观点，幼儿园教师的反思能力一是指能对自己开展的保教活动进行思考，对自己活动中的行为、决策以及所产生的结果进行分析，能根据分析的结果不断改进自己的保教活动；二是指能对自身的发展规划进行反思，摆正位置，不断提高自身专业素质；三是能对自身的心理素养进行反思，反思自身对幼儿和学前教育事业的热爱程度以及心理健康程度。

4. 基于能力本位的五年制高职学前教育专业课程开发

课题组采用访谈法，探索出五年制专科层次幼儿园教师理想能力由三部分组成，分别是基础能力、专业胜任能力和发展能力。其中，基础能力包括语言表达能力、心理调适能力、认知思维能力、交往合作能力、信息技术能力，专业胜任能力包括敬岗爱业能力、理论知识能力、幼儿行为观察能力、教育教学能力、游戏能力、保育能力，发展能力包含学习潜力、创新能力、反思能力。

幼儿园教师教育是职前教育、入职培训、职后发展的统一体。幼儿园教师的培养不仅需要职前教育，而且需要入职培训和职后发展，三个阶段之间层层递进，互相联系，统整为一体（图8）。这就要求幼儿园教师的培养系统应从单一的职前培养转向职前、入职培训、职后发展的一体化教育。五年制高职学前教育课程建设作为幼儿园教师培养一体化的主要实现载体，能够帮助幼儿园教师形成统一的能力体系，为入职培训和职后发展提供保障。但是，当前的五年制高职幼师教育仍存在职前教育与入职培训、职后发展相脱离的现象。因此，寻找抓手，促进三阶段有效连接至关重要。幼师能力所具有的梯次性与幼师培养的阶段性要相统一。因此，可以基于能力本位建设幼儿园教师课程体系，根据五年制高职层次幼儿园教师的理想能力规定该层次人才培养的规格。具体来说，包含以下四个方面。

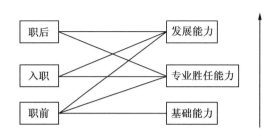

图8 五年制高职层次幼儿园教师理想能力发展结构图

第一，明确各阶段能力目标，开发能力课程群。在幼儿园教师职前教育阶段，课程目标需要关注基础能力、专业胜任能力与发展能力等三个方面，其中以基础能力和专业胜任能力为主，基础能力中的各项能力均应达到最高水平，为幼儿园教师专业胜任能力的发展奠定基础；专业胜任能力在职前教育阶段结束时应达到中段水平，以学生能初步开展幼儿园教育教学活动为衡量标准；发展能力初步发展，即要求学生具备初步的发展意识。在幼儿园教师入职阶段，课程目标主要关注专业胜任能力与发展能力，其中专业胜任能力应向高水平阶段发展，表现为教师能够独立承担幼儿园教育教学活动，并能在教学比赛中获得奖项；发展能力应达到中段水平，为教师更高水平的发展奠定基础。在幼儿园教师职后发展阶段，各项能力均应达到更高水平，以实现教师专业化发展。为达到各阶段要求的能力与水平，应根据各阶段能力目标开设相应的课程群，并合理安排课程比重，以促进幼儿园教师能力的发展。

第二，推动多学科融合，凸显学前教育理论。一流的教师教育必须使各学科优化组合、协同发展。与其他学段教师不同的是，幼儿园教师是一个"杂家"。因此，在培养幼儿园教师能力的同时应考虑其知识的深度和宽度，这就需要学科课程之间的整合。在职前教育阶段，幼儿园教师的教育应整合通识课程、教育理论课程、专业理论课程、技能课程、实践课程，在具备理论的基础上充分发展幼儿园教师的专业能力。在职后幼儿园教师培养中，课程内容应充分考虑教师的工作实践内容，通过学科融合引导幼儿园教师从不同角度审视教育教学活动，促进教师能力的提升。但是，由于幼儿园教师职业的特殊性要求，在幼儿园教师教育过程中，在进行多学科融合的同时，要凸显学前教育专业理论课程，并使其他课程具有学前教育专业特色，不能脱离专业本身来开设课程。

第三，教学实施情境性，教学方式开放化。幼儿园教师教育的教学对象最终的工作场地是幼儿园，因此，幼儿园教师各项能力的发展应借助具体的教育实践经验，帮助其在教育实践情境中发展各层次的能力。在幼儿园教师职前教育阶段，应为学生提供更多的实践机会。例如在幼儿园美术活动设计课程中，每一种类型的美术活动结束之后，学生再去幼儿园观摩美术活动，然后总结反思、撰写修正教案、模拟授课。在家、园合作中，可以模拟写信给家长、处理幼儿园纠纷案。此外，可依托现代信息技术，连线幼儿园，课上为学生提供实践情境，改变教师授课与学生实践相分离的状态，使学生在学习专业理论知识的同时，通过情境化体验，内化理论知识，提升能力。

第四，构建三维评价指标，教学评价多元化。五年制专科层次幼儿园教师课程评价应关注评价主体、评价内容以及评价方式的多元化。在评价主体方面，既要关注任课教师和学生自己的评价，也要注重幼儿园指导教师、园长、家长以及同伴的评价；在评价内容方面，既要考核理论知识与技能，也要关注学生的实践表现以及问题处理能力（比如家园沟通、同伴合作、处理幼儿应急事件等）；在评价方式方面，可通过书面考试、还课考核、见实习表现和问题处理方案评价等方式进行，注重评价方式的多样化。

三、五年制高职学前教育专业"校-园共同体"合作机制研究

2018年12月，中共江苏省委、江苏省人民政府发布了《关于全面深化新时代教师队伍建设改革的实施意见》，指出要大力振兴师范教育，并提出了强化师范院校和师范专业建设发展、改革师范生招生就业办法、深化师范教育教学改革等三项任务措施。在深化师范教育教学改革措施中提及要突出教师教育创新实践教学，构建包括师德、教学、班级管理、教研等的全方位的实践教学内容体系，建设一批职业技能实训中心。加强校地合作，推进高校、市（县）教育行政部门、中小学"三位一体"协同育人，建立师范院校、师范专业与中小学和幼儿园互设基地、互派教师、互动发展的机制，使师范教育更加契合中小学、幼儿园的教育教学需求。作为培养幼儿教师的师范专业，五年制高职学前教育专业应反思和调整现有的教学体系、育人机制以及与幼儿园的合作机制，从而建立更加符合师范生发展的教学体系、育人机制和幼儿园合作机制。

（一）共同体和"校-园共同体"的内涵

共同体这一概念于1887年由德国著名社会学家、哲学家斐迪南·滕尼斯首次界定，即共同体是"通过某种积极的关系而形成的群体，统一地

对内对外发挥作用的一种结合关系,是现实的和有机的生命组合。由个体意志决定的、相互发生关系的群体,这是共同体的基本条件"①。杜威在多部著作中阐述了其民主共同体思想,有研究者将杜威的共同体观归纳为以下方面:人类中的单个个体通过他们所生活的共同体发展了一种自我认同;共同体应当容忍多样性和异质性;共同体有一个逐步生成的过程;共同体的成功依赖于以一种民主的方式努力寻求共同的善;对一个共同体生活的所有含义的清晰意识构成了民主的理念。② 杜威的教育思想中蕴含的学习共同体理念,不仅具有民主共同体的特质,还具有开放共享性、协作探究性、自主自治性的教育特征。③

在教育领域的共同体研究中,出现了诸多专业名词,如教育共同体、早期教育共同体、学习共同体、教师共同体、实践共同体等。如有研究者分析了体制化的教育生活,认为教育共同体主要有三种类型,即国家教育共同体、学校教育共同体和班级教育共同体。④ 研究者借鉴英国"有效学前中小学教育项目"成果,强调建构早期教育共同体,我国政府应将学前教育、家庭教育、家长教育、社区教育与中小学教育进行适度协同的战略整合。⑤ 有的教育行政机构则根据学段划分出学前教育共同体、小学教育共同体、初中教育共同体、高中教育共同体等。

有研究者剖析了教师共同体的定义,基于关系团体说、学习组织说、有效模式这三种普遍观点,提出教师共同体内部具有依存、合作、共享的共通特点。⑥ 另一些研究者则提出了"师范生学习共同体"的概念,即师范专业的学生为了完成共同的学习目标和任务,遵循事先商定的组织原则,利用合作学习、主动探究、参与互动等自主学习方式来提高成员、教

---

① 斐迪南·滕尼斯,著,林荣远译. 共同体与社会——纯粹社会学的基本概念[M]. 北京:商务印书馆,1999.
② 王成兵. 再论杜威的共同体观——兼谈杜威哲学的当代意义研究工作的思路[J]. 学术论坛,2009(12):13-17.
③ 杨小玲,陈建华. 论杜威教育思想中的"学习共同体"理念[J]. 南京社会科学,2017(03):138-143.
④ 翟楠. 教育共同体的类型及其道德意蕴[J]. 教育理论与实践,2012(31):53-56.
⑤ 谢春风. 英国"有效学前中小学教育项目"的特点与启示[J]. 学前教育研究,2016(07):22-30.
⑥ 牛宝荣,李如密. 由"共同"走向"共通":教师共同体的现实藩篱与实现路径[J]. 当代教育科学,2020(08):40-45.

师专业素养与能力的一个学习集体。① 有研究者借助莱夫和温格在《情境认知：合法的边缘参与》中提出的"实践共同体"概念，将"高校——幼儿园专业实践共同体"定义为高校与幼儿园基于合作共赢的目的共同建设的，集幼儿教师的职前培养、专业发展和高校专业建设、教学研究为一体的组织机构。② 从教育领域中研究者对共同体的定义来看，共同体均有共同的目的和愿景，有一定的组织，成员身份共性和差异并存。基于对教育领域共同体思想的理解，本文提出"校-园共同体"概念，即由开设学前教育专业的基地幼儿园基于"优质幼儿教师师资培养"项目所组成的"非建制性"具有实践特征的联合组织。该联合组织可扩展吸收行业机构、政府教育机构以及相关高校。

  基于以上分析，所谓"校-园共同体"，是指高师院校与幼儿园形成学前教育人才培养的共同体，他们以培养优质学前教育师资为共同目标，以服务于幼儿的更好成长为终极目标，共同对学前教育人才培养（包括培养目标、课程设置、课程实施、课程评价等）、幼儿园课程改革等进行研究、商讨与实施，从而"使园校共同成为推进学前教育发展战略转型的生长共同体、发展共同体和命运共同体"。"校-园共同体"倡导的是校、园双方共同承担对方的重要内容，不管是高师院校的学前教育人才培养，还是幼儿园的课程改革研究，高师院校和幼儿园都是一个整体，双方没有地位上的主次，而是互为主体。提倡"校-园共同体"，能改善当前幼儿园参与职前师资培养的被动状态，改善当前园、校合作仅仅局限于见实习合作的状况，能改善高师院校专业教师脱离幼儿园一线教育教学现状的情况，从而较好促进园、校的共同发展，实现共赢。

  具体到幼儿教师的职前培养来说，如果"校-园共同体"能有效形成，并能扎实开展工作，那么五年制学前教育专业人才培养的目标定位将更准确，课程体系调整将更能满足幼儿园岗位需求，课程实施过程将更能较好地进行理实融合，课程评价将更加多元立体，从而综合提升学前师资的职前培养质量，努力实现零距离上岗的目的。如果"校-园共同体"能有效

---

① 蒋盈，杨银. 师范生学习共同体：价值意蕴、基本特征及其组织形式［J］. 福建师范大学学报（哲学社会科学版），2020（01）：133-139.
② 赵红霞，胡碧霞. "高校——幼儿园"专业实践共同体的构建策略及实践探索［J］. 教育评论，2015（04）：37-39.

形成，并能密切合作行为，那么在长期丰富的园、校合作研讨中，高师院校的专业教师就能更了解幼儿园，能更好地结合幼儿园实际进行专业教学和教学研究；幼儿园教师也能从合作研讨中拓宽视野，得到启示，能主动用研究的眼光来看待一日保教中的琐碎事务，努力成长为具有教育情怀和课程意识的反思型、研究型教师，从而促进学前教育的持续发展。

合作指"两个或两个以上的主体为达到共同目的而相互协调配合各自目标及行为的方式和过程"。合作行为是指个体或群体之间为了实现某种有益的结果而进行的协同行为。① 从系统论的角度来看，"机制指要素间相互作用、相互联系、相互制约所构成的系统及其运行原理"。合作机制指"合作主体为提出、决策、达成、执行、实现合作目标、行为等的规则、制度"。② "校-园共同体"合作机制是指五年制高职学校和幼儿园为实现培养优质幼师师资目标而组建共同体，在共同体形成和运行过程中所建构的一系列规则和制度。

(二) 完善"校-园共同体"合作机制的必要性

1. 有利于保障共同体成员的平等地位

共同体需要一个生成的过程。在共同体的建立过程中，行为主体相对稳定而有所变化。"校-园共同体"在最初主要是由学前教育专业五年制高职学校和基地幼儿园组成，之后扩展到相关高校、行业机构和政府相关部门。不同单位的职能、地位有所不同，如何形成共识和保障各主体的话语权非常重要。有些研究者指出"高校专家的学术性角色"③"问题解决为主要任务的幼儿园"④ 影响了园校合作的实效。共同体成员有必要明确角色和转变职能，建立平等互动的关系，杜绝霸权主义。

2. 有利于深化职前职后师资培养内容

职前职后师资培养是全方面、全过程的系统工程。培养过程往往存在

---

① 李晶，朱莉琪. 高功能孤独症儿童的合作行为 [J]. 心理学报，2014，46（09）：1301-1316.
② 林跃勤. 合作机制理论与完善金砖国家合作机制研究 [J]. 亚太经济，2017（03）：24-32.
③ 袁飞飞. 高校职能论视角下的园校合作问题分析 [J]. 遵义师范学院学报，2018，20（04）：113-117.
④ 王丽娟. 幼儿园深度参与园校合作的价值及策略 [J]. 吉林师范大学学报（人文社会科学版），2020，48（02）：100-105.

活动形式单一、各主体孤军奋战、平台联通性不强、培养成果缺乏有效评估以及各方利益难以保障等问题，建立有效的活动保障机制、协同育人机制、评估机制和激励机制尤为重要。一些研究者阐述了有效的措施和实践成果，为完善机制提供了重要的参考依据。如有研究者提出办学准入机制中，培养机构、地方政府和幼儿园三方协同评估社会需求；在幼教师资培养质量上，建立幼儿园教师培养的责任共担发展机制，成立学前教育相关委员会。① 高专院校成立"园校合作理事会"的专业实践共同体，将对口中职学校、幼儿园、企业、政府相关部门等联合起来，意在建立多方协同的专业实践共同体。② 有的研究者则提出应用型学前教育专业育人机制应实现园、校五融合，即学前教育理论研讨和实践操作的互通互联、学前教育设施设备的共享共用、承担培养培训学前教育人才任务的师资和幼儿园一线教师互相到对方单位兼职业务或管理工作、学前教育学术研讨活动的相互邀约等方面进行深度融合。③ 有的共同体在多元育人通道、育人合作平台、管理运行机制、产教融通团队、教学评价体系、核心职业素养、学生成长成才、社会服务品牌多方面进行共建。④

3. 有利于共同体生态系统的协同

从共同体的组织来看，有的是教育机构组织的，有的是教师自己组织的。有的共同体的目标比较宏观，有的比较微观。从共同体的组成来看，有的共同体成员身份呈现异质性特点，有的共同体成员身份同质性强。在"校-园共同体"的生成过程中，存在不同共同体交叉重叠的现象。如学校优质幼儿教育机构形成"研学"共同体、教师教育共同体、学校和幼儿园的教研实践共同体、教师网络学习共同体、学前教育课程资源开发教师学习共同体等。从宏观的学前教育发展转型到微观的课程建设，均涉及共同体的建设问题。如何建立全方位的平台机制，将不同的共同体进行有机系统的协同管理极为重要，建立基于生态系统理念的管理机制很有意义。

---

① 张文军，管钰嫦. 幼儿园教师职前培养现状及其改革策略[J]. 学前教育研究，2019（08）：81-84.
② 段靖. "园校合作理事会"专业实践共同体的构建策略与实践探索——以重庆幼儿师范高等专科学校服务学前教育发展构想为例[J]. 教育教学论坛，2017（20）：160-162.
③ 张丹枫. 园校五融合：应用型学前教育专业育人机制[J]. 学理论，2019（12）：152-154.
④ 苏白茹. 学前教育"政行园校"育人共同体构建研究——以泉州幼儿师范高等专科学校为例[J]. 衡水学院学报，2020，22（04）：119-123.

(三）构建"校-园共同体"的价值

1. 扩大影响力，建设区域化合作组织机制

"校-园共同体"的建立是为了给区域提供优质幼教师资，因此，高职院校及幼儿园应树立区域教育高质量发展观，利用自身的优势有效促进幼儿教师职前和职后的一体化发展，从而推动当地学前教育的发展。在生成"校-园共同体"时，合作成员应当形成共识，明晰共同体的权能和角色定位，建立明确合作成员的准入机制、退出机制和组织机制。如高职院校和幼儿园如何进入共同体、应吸纳什么类型的成员、当成员不能完成相应的目标或损害共同利益时应如何退出、如何运用一定的领导机构组织区域内的人和资源等。相关院校建立的学前教育教育教学指导委员会、实践基地联席会等提供了较好的参考。地理位置的趋近和"互联网+教育"的发展为共同体的存在和对话提供了时空环境。

2. 确立共同的愿景，构建价值目标机制

"校-园共同体"是不断生成和发展的，成员通过互动合作不断清晰共同愿景。愿景的实现需要不断澄清目标价值。如培养优质的职前和职后幼教师资的学前教育培养体系中人的主体性价值，学前教育专业课程体系建构中的实践、反思、体验和注重过程取向价值引领等。共同体成员可多视角探讨落地，将之化为具体的目标。共同体可汇聚力量，解读文件、研究理论、深入实践制定培养优质师资的战略目标，在人才培养目标、标准、路径和评价等方面形成长远目标和阶段性目标，并在培养过程中建立反馈机制。目标的决策、反馈和协调都离不开高职院校和幼儿园的共同参与、制定和管理，这也强化了共同体中身份的认同。

3. 搭建沟通协调表达平台，完善沟通协调机制

相关行政机构搭建沟通平台，提升获得信息的便利性，增强各方信息的对称性。建立正式化、固定化、常态化的沟通机制，对于"校-园"合作中出现的问题、利益诉求及时形成议题，并强化多主体参与商讨和决策的机制。建设融通的网络和现实合作平台，及时发布最新学前教育前沿理论、行业动态、实践活动和信息统计情况。明确沟通形式、拓展合作路径，丰富活动形式，通过双向民主沟通，达到利益的平衡。全程的沟通有利于共同体共生文化的生成，推动共同体的发展。

(四) 构建"校-园共同体"的策略——以常州幼儿师范为例

1. 锻造"校-园共同体"的价值

幼儿师范学校和幼儿园是社会组成单元中不存在竞争关系的社会组织,尽管在培养目标、培养人才层次、理念等方面存在差异,但一个客观存在的事实是,幼儿师范学校以培养高素质幼儿教师为培养目标,而幼儿园需要高素质幼儿教师培养出具有健全人格的幼儿,从社会分工的纵向角度看,二者是前后道工序的关系,一个是"出口",一个是"进口",两者之间存在合作的必然。从横向角度看,幼儿师范学校要有"双师"素质教师才能培养出符合幼儿教育需要的教师。幼儿园为适应教育发展的需要,也需要对幼儿教师进行再培训,两者之间存在合作培养的可能。从本质上看,学校和幼儿园这种天然的依存关系就构成了校、园合作的基础和价值所在。"校-园共同体"是一个温暖而舒适的场所,一个温馨的"家",在这个家中,不仅要有利益的一致性,更要有价值的一致性,这样,成员之间才能彼此信任、互相依赖、共同发展。所以,在"校-园合作共同体"中,首先要形成共同的核心价值体系,它必须是校、园"共同"承认、理解、信奉、遵循的思想和观念。这种思想和观念的价值趋向不应该是局部的或个体的,也不是被外在的力量强迫或强加的,而应该是共同体所有成员普遍发自内心和自觉自愿的,它要能够唤醒和凝聚"校-园共同体"所有的力量。只有承认和信奉共同的思想和观念,这样的思想和观念才能转化成校、园共同的职业行为和社会性行动。

2. 建构"校-园共同体"的机制

在组织协调机制方面。校、园合作双方应在各自内部先行建立"校-园共同体"的组织协调机构,明确各方在校、园合作共同体中享有的权利和承担的义务。此外,校、园合作双方应联合建立校、园合作共同体管理委员会,并以合同的形式明确双方的权利义务关系,以保证校、园合作行为有章可循,使校、园合作能够可持续地发展下去。

在约束机制方面。有约束才有规范,才有校、园合作的健康发展。幼儿师范学校与幼儿园都要完善相应的管理制度,强化制度约束的力度,如实习实训基地管理制度、兼职教师管理制度、学生实习实训管理制度、学生实习期间劳动管理制度、学生实习期间违规违纪管理制度等,通过完善制度规范校、园合作行为和学生实习实训行为。

在情感机制方面。校、园合作的过程始终是人际交往、感情沟通的过程，情感永远是校、园合作的动力源和润滑剂。要加强校、园合作共同体的信息交流和沟通，涉及幼儿师范学校改革发展的重大事件、重要政策调整和人事变动等信息要及时向幼儿园发布，使幼儿园感到学校对自己的重视。同时，关注幼儿园的发展变化，并及时给予信息回应，将幼儿园作为学校的一员，在它们遇到困难时积极帮助解决。要重视相关人员的相互交往，学校要定期或不定期召开校、园合作相关人员的座谈会，经常走访校、园合作的相关人员，听取他们对校、园合作工作的意见和建议，采取有效措施，积极改进校、园合作工作。一旦幼儿园的相关人员对校、园合作工作产生了感情，校、园合作就有了稳固的基础和较高的质量。

3. 明确"校-园共同体"的内容

共建校、园立交式的人才培养方案。幼儿师范学校依托"校-园共同体"，遵循幼师教育规律和人才成长规律，以提高人才培养质量为核心，树立"全人"培养理念。根据幼儿园教师岗位要求，确定人才培养目标、培养规格、课程体系、课程标准、实践教育内容、考核评价标准等，建立立交式的人才培养方案，满足学生就业、升学等不同需求，突出人才培养的针对性、灵活性和开放性，使教育促进人的可持续发展。

共建校、园职业化的课程结构体系。幼儿师范学校在充分利用"校-园共同体"各种资源的基础上，基于幼儿园工作过程，根据岗位素质和技能要求以及学生的智能发展基础，由幼儿教育专家参与重构课程体系，将岗位标准与课程标准、工作过程与教学过程进行有效对接，使课程体系呈开放性，与幼儿园教学工作过程形成良性互动，实时接纳学前教育发展的新动态、新变化，使课程内容紧跟时代步伐。在厘清课程间关系的基础上，根据"全人"培养的要求，设计基础课程体系、专业课程体系、实践课程体系和专业拓展课程体系，并确定各课程课时比例。从职业能力分析入手，明确社会能力、方法能力和专业核心能力要求，确定课程目标。依据幼师职业标准，编制核心课程的课程标准。按照幼儿教师成长规律，整合课程内容，灵活采用合作教学、案例教学、情境教学等教学方法和手段。同时创建联合网站，提供优秀教案、课件和教学录像等，既可为实习生备课和组织活动提供帮助，也可以实现校、园资源共享。

共建校、园交互式的实践教学体系。实践教学是幼儿师范学校教育人才培养过程中的难点和关键点。"校-园共同体"要基于幼儿教师岗位对职业能力的要求和学生自身实践能力的形成规律，根据专业特点重构专业实践教学体系。实践教学体系既要有校内外的实训实习环节，更要有校内外实践项目，使学生在完整的项目和环节中得到有效的能力培养，提升其综合素质与岗位能力。在实践教学中实现理论与实践、专业教师与幼儿园教师、幼儿园课程与校内课程、校内实训室与实践基地等四个方面的交互。在交互合作中，校、园合作编写实训教材、设计实训方案、制定评价标准。实践教学体系还要有实训实习制度、实训实习教学文件、实施环节质量标准，在实施过程中要将实训实习教学文件阶段性目标落实到具体的实训课程、实训项目，同时根据考核标准严格考核，有效解决实践教学随意性、走过场等问题，确保实践教学的整体性、计划性、可控性和有效性。

共建校、园兼容式的专业教学团队。幼儿师范学校选派专业教师直接到幼儿园挂职锻炼或顶岗实习，参与幼儿园的管理过程与运转过程，更好地感受幼儿师范学校与幼儿园不同的工作环境。与幼儿园教师共同研讨幼儿教育问题，提高教学能力，不断提高与更新自身的技能，进而增强其改进课程与教学的意识，更好地反思和研究幼儿园教师教育，衍生新的课程资源，改进教学策略，并在对鲜活、生动、丰富的教育实践理解的基础上，获得理论提升和实践感悟。同时，学校教师辅助、引导、参与幼儿教师的科研工作和师资培训工作。幼儿园教师到幼儿师范学校进修并兼职授课，在合作共同体中，选修学校开设的选修课程，更新知识和观念，使自己处于持续不断的专业发展过程中。也可以直接聘请幼儿园教师为师范学校的兼职教师，共同制订学前教育专业课程方案，共同实施教学过程，全程参与教学活动，直接教授与岗位能力相关的课程，将生动的教学实践经验带入幼儿师范学校课堂。通过教学岗位的锻炼和培养，帮助其提高教育教学的管理水平。这样，就为校、园合作双方的教育注入了新鲜血液和活力，有助于形成校、园对接的互聘"双兼"机制，充实专业教学团队。

4. 培育"校-园共同体"的文化

在校、园合作共同体中，校、园合作双方通过认知、选择，反思和体验社会文化、幼儿园文化、学校文化，并和传统文化发生持续的冲突、碰撞，进而主动进取，走向共融，自愿、自然生成和谐健康的校、园合作文化。它能使共同体内的管理者、教师、学生超越纯粹个人的反思或者依赖外来的专家，转向幼儿师范学校与幼儿园之间、教师之间的相互学习，一起分享和交流各自的专长，增强彼此的自信和探索实践的勇气，从而促进多方的共同发展。在校、园合作发生冲突时，要积极掌控冲突，使其在双方的控制下发生、发展，为校、园合作双方的深度合作提供动力。通过冲突中问题和矛盾的解决，让校、园合作双方从新的角度、层次、深度和广度去认识校、园合作的职责、价值、内容、方式、途径等。通过冲突管理，使校、园合作双方能够采取更加科学有效的措施，避免合作中潜在问题与冲突的发生。同时，冲突、矛盾的发生，还可以使校、园合作双方消除分歧、统一认识协调行动，从而大大增强校、园合作双方的互动，使双方加强沟通与了解，增进互信。另外，校、园合作双方要建立沟通平台，鼓励合理地向对方表达自己的利益诉求。还可以让第三方来审视校、园合作中的问题与症结，以客观、中立的立场，通过外部干预来激发校、园合作中的冲突，这样更具有信服力，也能够使校、园合作双方更加理性地对待问题。

5. 构建校、园合作共同体的生态管理

生态管理旨在倡导一种将决策方式从线性思维转向系统思维，将思维方式从个体人转向生态人的方法论转型。校、园合作共同体管理考验校、园合作双方的管理思维，校、园合作共同体管理要以校、园合作共同体的工作目标为基础，以研究"校-园共同体"相关因素的自生、共生和再生为原理，以主导性与多样性，开放性与自主性，灵活性与稳定性结合为原则，通过相互信任、默契工作，构建新的校、园合作共同体管理工作路径。要以人为本，将校、园合作共同体工作融入双方全员、全过程、全方位，来提升校、园合作共同体管理水平。校、园合作共同体要用价值观来引领校、园合作共同体工作的导向行为，凝聚力量，调适心态，使每个部门、每位员工都能明确校、园合作共同体的主攻方向、战略方式，使校、园合作共同体工作能够有的放矢。同时，要重视并加大校、园合作共同体管理的硬件和软件投入，并保证投入的计划性、时效性、稳定性和有效性，为校、园合作共同体目标的实现提供物质保障。要抓好校、园合作共同体制度的建设和落实，实行从严管理、依规管理、依法管理，使校、园合作共同体工作步入法治化、人本化和科学化的轨道；使组成校、园合作共同体的人、资源、信息技术、合作战略等，构建成相应的"生态链"，在"生态链"中的每一个因素最终都与整个校、园合作共同体共命运，对外界反应灵敏，能根据外部的变化迅速做出决策，达到社会生态法则的要求。

第二部分 体系构建

一、五年制高职学前教育专业课程"理论模型"的架构

(一) 五年制高职学前教育专业课程体系架构的价值导向

1. 目标导向,兼顾现实与未来社会对学前教育人才的需求

著名的课程理论家泰勒曾提出了课程开发的 4 个基本问题,其中,首要问题就是——学校应该达到哪些教育目标。历史上的教育改革往往都是从课程改革入手的,而课程目标是课程建构的核心,目标的制定要依据社会发展的需要来进行。因此,在建构五年制高职学前教育专业课程目标时,要了解幼儿园的工作现状,弥补原课程体系的不足,同时要具备一定的前瞻性,充分考虑未来社会对学前教育人才的需求,既为现在的社会输送合格的就业者,也为未来学前教育的发展培养潜在的优质的学前教育人才。

2. 以人为本,关注幼师生的终身可持续发展

"以人为本"是教育本质的重要内涵,也是教师应秉承的核心理念。习近平总书记曾多次强调,要坚持把立德树人作为中心环节,把立德树人的成效作为检验学校一切工作的根本标准,实现全程育人,全方位育人。因此,在进行五年制高职学前教育专业课程建构时,除了考虑"为谁培养人"的社会需求之外,也要关注人的全面发展,体现课程的人文性和可持续性。学前教育专业课程体系构建,不仅要体现社会需求,反映教育的"工具性"特征,还要体现个体发展的要求,反映教育的"人本性"特征,也就是要同时反映社会需求和个体发展需求,做到两者的兼顾与统一。

3. 产教融合,凸显职业院校高素质职业人才培养的办学特色

职业教育以职业岗位为核心,培养的是面向工作一线的应用型技能人

才和高端技能型人才。五年制高职学前教育专业培养的是能够在幼儿园一线工作的幼儿教师，其专业能力最终要落实到学前教育的实践中，因此，在建构课程体系时，要充分考虑校企合作（园校合作），建立共同体，深化产教融合，提升人才培养质量。构建实践课程的模块，加大实践课程的比例，规范课程标准，主动与具备条件的企业开展合作。通过实践，使幼师生认识到在校理论学习的重要性，并能够发现问题，解决问题，提升自身的经验，不断成长。

（二）优化五年制高职学前教育专业课程体系的结构

基于上述理念，综合考虑原课程体系的不足和相关学校课程设置的优点等，课题组对五年制高职学前教育专业课程设置进行了优化调整。具体通过三个教育平台来实现人才培养目标。

1. 搭建通识教育平台

全面设置通识课程，通过公共基础课、选修课等形式，为学生搭建广阔的平台，丰富他们的文化底蕴，促进学生的全面发展。除国家规定的思想政治系列课程（如"哲学与人生""形势与政策"等）、文化课（如"语文""数学""英语""信息技术"等）之外，开设限定选修和任意选修课程。通过选修课程，完善学生知识结构，培养学生的人文精神和科学素养，提高学生的综合素质。比如，"幼儿教师职业素养"课程，旨在引导学生在认识自我和幼儿园教师职业的基础上树立正确的职业理想，指导学生树立科学的儿童观和教育观，了解国家关于幼儿教育的相关法律法规及政策，提高对幼儿园教师职业的认识，为以后的职业素养发展打下良好的基础。这门课程对应着人才培养目标中的"思想政治素质和职业道德修养""良好的职业道德和科学的教育理念"等内容，对培养目标起到了支撑作用。再如，针对《幼儿园教师专业标准（试行）》中教师应具备一定的"通识性知识"的素质要求，开设了"自然科学基础""艺术欣赏"等课程，满足对幼师生进行文化素质教育的需求（表10）。

表 10 公共选修课程课程包

课程模块	课程名称
限定选修	幼儿教师职业素养、幼儿安全教育、自然科学基础（物理、化学）
任意选修	教育名著选读、艺术欣赏、儿童诗歌鉴赏与教学、童话剧鉴赏与创编、学前儿童问题行为矫正、学前儿童融合教育、实用手语（讲座）、中国共产党党史（讲座）、中国改革开放史（讲座）、中外文化与世界视野（讲座）

2. 打造专业教育平台

打造专业教育平台，着眼于幼师生的整体发展目标，整合现有课程，及时更新教学内容，优化课程结构，完善课程体系。其中，专业必修课包括专业基础课程、专业技能课程。专业选修课包括专业限选课程和专业任选课程（方向课程）。专业基础课包括"学前儿童卫生与保健""学前儿童发展心理学""学前教育学"等课程，帮助学生了解基本的保教知识，奠定其专业理论基础。专业技能课程包括教师技能课程和艺术技能课程，教师技能课程是幼师生作为一名教师所必须具备的通用技能，艺术技能是为适应幼儿园弹、唱、说、跳等特殊需要而要求掌握的技能。和以往相比，幼师生艺术技能课程不仅仅着眼于技能的练习，更加关注专项技能与幼儿园工作的联系，突出以幼儿为主体的特征。如"声乐基础与儿歌演唱"课程，在学生具有一定的声乐基础后，更为关注的是学生的儿歌演唱能力，而不仅仅是声乐技能方面的练习。专业限选课程的开设，帮助学生进行专业拓展，丰富了幼师生的视野，进一步提高了幼师生和保教能力，满足了家庭、社会对幼师专业的能力需求。如"家庭与社区教育"课程涉及学前家庭教育一般原理的阐释、学前儿童家庭教育的重要内容及实施方法、家庭教育质量的优化提升、家园社区的合作共育等，这些正是当今家庭教育尤为关注的问题，也是幼儿园教师为家长提供科学育儿指导的任务要求。专业任选课程包括幼儿健康、艺术教育、信息技术等多个方向，方向课程的开设不仅更加突出幼师生的特色技能，体现了课程的丰富性和多元性，同时还使学生有机会根据自己的兴趣和特长选择课程，满足了不同性格和能力的学生的需要，更好地发挥了学生的自主性，也体现了课程体系的开放性和生成性（表11）。

表 11 专业课程课程包

课程性质	课程类别	课程模块	课程名称
专业必修	专业理论与实践课程	专业基础课程	学前儿童卫生与保健、学前儿童发展心理学、学前教育学、学前儿童游戏、幼儿园课程、学前儿童语言教育、学前儿童健康教育、学前儿童体育教育、学前儿童社会教育、学前儿童科学教育、学前儿童数学教育、学前儿童音乐教育、学前儿童美术教育、综合主题活动、幼儿园班级管理、幼儿园环境创设、幼教政策法规、学前儿童行为观察与分析
	专业技能课程	教师技能课程	现代教育技术、教师口语（普通话）、教师书写
		艺术技能课程	乐理与视唱、声乐基础与儿歌演唱、钢琴基础与儿歌弹唱、舞蹈基础与幼儿舞蹈、美术基础与幼儿美术创作
专业选修	专业限选课程	专业拓展课程	家庭与社区教育、幼儿文学、特殊儿童心理与教育、学前教育研究方法、中外学前教育史、保育员、育婴员、故事讲演
	专业任选课程	专业方向课程	幼儿体育与营养保健、幼儿园信息技术、幼儿音乐教育、幼儿舞蹈教育、幼儿美术教育、0-3岁早期教育

3. 构筑综合实践教育平台

综合实践活动是幼师培养的一个重要环节，有助于提高幼师生幼儿教育教学技能，加深其对教师职业的认识和体验，增强其职业认同感。教育部曾在《关于大力推进师范生实习支教工作的意见》中强调，要强化实践教学环节，全面提高师范生的综合素质和适应能力。构筑综合实践教育平台，以社会就业需求为导向，以基本理论、知识、技能为基础，以综合及创新能力培养为核心，通过与教学实践基地的深度合作，提升幼师生的综合能力。比如，在见实习课程中，建立"双导师"制，为幼师生配备优秀的实践导师，明确导师在学生培养过程中的责任，对其工作进行合理的考核，并给予相应的认定。保持理论与实践结合贯穿学习的全过程，如，在"幼儿卫生保健""幼儿游戏""幼儿园教育活动设计"等专业理论课程和

"幼儿舞蹈""幼儿歌曲弹唱"等专业技能课程中,根据学校的安排,进行相应的教育见习、教育实习和教育研习等,将实践锻炼分散到各个学期,让幼师生深入各个班级,并持续跟踪进行考核(表12)。

表 12 综合实践课课程包

课程模块	课程名称
综合素质与能力拓展实践	军事训练与入学教育、"我与名师有约"专业教育、社会实践(社会调查与社会服务)、素质拓展(演讲比赛、辩论赛、社团活动等)、毕业设计与汇报、毕业教育与考核
专业实践	专业见习、专业实习、顶岗实习、毕业论文(设计)

(三)五年制高职学前教育专业课程体系的"理论模型"

1. 五年制高职学前教育专业课程体系的理论模型构建

在上述对教育平台及课程设置分析的基础上,本研究提出了五年制高职学前教育专业课程的理论模型。这个概念模型所反映的是教育主体、教育客体、机制的存在方式和运行过程的综合表现(图9)。

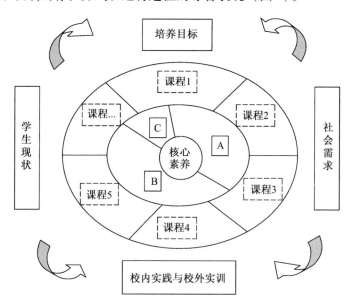

图 9 五年制高职学前教育专业课程的理论模型

2. 五年制高职学前教育专业课程体系的理论模型内涵解析

（1）模型结构

本模型为两个环形结构，外层是课程体系的外部宏观系统，从学生现状和社会需求两个方面分别指向培养目标、校内实践与校外实训；内部是一个三层的环形，内核是幼师生核心素养，中层是三个教育平台（通识教育平台、专业教育平台、综合实践教育平台），外层是构成三个教学平台的一系列课程。

（2）课程比例

模型中，"A"代表通识课程，"B"代表专业课程，"C"代表综合实践教育课程。总体来看，通识课程占39%，专业课程占51%，综合实践课程占10%。

需要说明的是，三种课程在不同年级阶段所占比例各不相同。一到二年级：通识教育课程占50%，专业课程占44%，综合实践教育课程占6%；三到四年级：通识教育课程占29%，专业课程占66%，综合实践教育课程占5%；五年级：通识教育课程占34%，专业课程占25%，综合实践教育课程占41%。

（3）运行机制

本课程体系从学生现状和社会需求出发，通过园、校合作，确定人才培养目标，建设了通识教育平台、专业教育平台、综合实践教育平台，并通过一系列课程的实施培养学生的综合素养。

在低年级，通识教育课程所占比例较高；随着年级的增长，专业课程所占比例逐渐增多；到五年级时，大部分为实践课程。通过课程体系的运行，学生综合素养与专业学习相融合，校内实训与校外实践相结合，螺旋上升式地促进幼师生的专业发展和个体发展。

（四）五年制高职学前教育专业课程实施的保障

1. 课程实施的人力保障：师资建设

一方面，要更新教师的教育观念。要培养全面、可持续发展的幼师生，教师首先要成为一名终身学习者。教师要充分认识到，在培养幼儿教师的过程中，"立德树人"的目标更加任重道远。幼儿师范学校的所有教师，而不仅仅是专业课程的教师，都要把培养全面可持续发展的幼师生的教育目标认真落实到课堂教学、管理育人、服务育人的全过程，使"立德树人"观念内化于学生的心田，播撒教育的种子。另一方面，要不断提升教师的专业技能和教学技能。新的时代背景下，"翻转课堂"进一步使学生成为学习的主体，"混合式教学"使教师可以精准了解学情，"电子交互技术"能够提升课堂的趣味性……教师只有不断与时俱进，才能为五年制高职学前教育专业课程的有效实施提供保障。

2. 课程实施的路径保障：园校合作

在课程实施过程中，应突出实训与实践环节。学校应建设大量的学生校外实践教育基地、实习基地，为幼师生的教育实践提供平台。可以通过"精建基地，落实园校深度合作实践平台""精聘导师，组建园校深度合作共同体""精心组织，落实全学程见实习实践路径""精设主题，深度合作问题解决式贯穿始终""精选案例，深度合作演绎特色案例""精构机制，深度合作规范见实习路径"等途径，优化五年制学前教育专业学生从入学到毕业全学程的实习实践，有效强化学生实习培养指导，促进其专业成长。比如，五年制高职师范院校的教务部、专业部、"幼儿园教育活动设计与实践"任课教师和学前教育专家、一线幼儿园园长、骨干教师一起依据共同目标，制订见实习方案，相互协作，优势互补，在合作互动过程中促进学生的发展。再如，在见实习方面，构建从入学之初的入门实践了解工作岗位到参与实践，再进行跟岗、顶岗实践的"双导师"的实践教学体系，确保实习实践教学的全程化，进一步拓展园校合作的深度和广度。

3. 课程实施的激励保障：考核制度

考核具有评价、激励和导向作用，是课程实施的一个终点，同时也是课程体系中的另一个起点。为更好地保障五年制高职学前教育专业课程的有效实施，需要建立完善完备的考核制度。在考核内容上，除了关注知识技能外，还应关注学生的思维能力、态度方法及情感价值等；在考核方式上，可突出学习过程中的考核，并将形成性评价和总结性评价相结合，进行综合评定；在考核主体上，除传统的教师考核外，还应增加幼儿园的实践导师以及幼师生自身的考核，实现主体多元化。学校和教师应充分认识到考核的重要性，务必保证考核的公平性、真实性和科学性，以真正起到考核应有的作用。

二、基于"校-园共同体"的五年制高职学前教育专业实践性课程体系的建构

随着《国务院关于当前发展学前教育的若干意见》和《幼儿园教师专业标准（试行）》的颁布，学前教育的发展受到了前所未有的重视。《教师教育课程标准（试行）》的颁布更加明确了教师教育课程改革的方向。《教师教育课程标准（试行）》体现了"教师是反思性实践者"，"教师教育课程应强化实践意识，关注现实问题"，"发展实践能力"，解决实际问题和"实践取向"的课程改革理念，教育实践课程直接指向了师范生实践能力的培养。因而，五年制高职学前教育专业实践课程体系的构建，不仅应该贯彻执行课程标准和专业标准的具体要求，更应该是培养具备较强实践能力的幼儿教师的重要支撑。

（一）五年制学前教育专业实践课程体系的建设现状

1. **实践课程目标在场，然指向性不足**

人才培养目标是对本专业人才培养方向的总体把握，五年制学前教育专业实践课程目标是专业人才培养目标中对师范生实践能力要求的具体体现。在人才培养方案中，有见习和实习的计划，但对实践课程目标没有整体性的具体呈现和表述，在具体制定和落实方面存在缺乏整体性和系统性、重理论轻实践、目标含糊不明确等问题，因此，在实施过程中，受学校、教师和幼儿园实际情况的制约，随机性较大，实践目标与内容多为临时安排，导致师范生进入实践实训场所时常常无所适从。

2. **实践课程内容全面，然比例不均衡**

五年制学前教育专业开设的实践课程内容还是较广的，具体包含弹唱说跳书画技能训练、主题活动设计、环境创设、行为观察与分析、保育、游戏活动等方面，只是实践课程各部分内容的比例相差较大，尤其是保育、家园沟通、学前教育研究等方面的内容所占比例较小，技能实训和五大领域教学活动所占比例较大。总体上，学前教育专业实践课程内容相对单一，各课程内容的比例不均衡，导致学生对幼儿教育实践的体验过程缺

乏完整性。比如学生的研究意识和反思能力培养这部分的内容较欠缺，保育课程、学前教育研究等课程偏重理论讲解，而这类课程需要在真实的教育情境中学习和积累，因而学生在保育实践能力和运用知识去应对实际问题的能力等方面缺乏锻炼。学前教育专业实践课程各部分内容的比例有待合理调整，以促进师范生全面实践、协调发展。

3. 实践课程实施顺畅，然效益不足

课程实施是实现人才培养的具体途径。学前教育专业实践课程的实施基本上由校内实训和校外实践两大部分组成。

就校内实训而言，学校有琴房、画室、舞蹈房、机房、幼教模拟室等基础设施，可是在设备的有效使用上受学生人数众多、环境设备有限、教师应用能力弱的影响，校内实训的效果并不是很理想。作为幼师生，除了弹、唱、说、跳等技能之外，还必须掌握环境创设、主题活动的设计与组织、幼儿观察分析、了解幼儿并与幼儿有效沟通等能力，帮助和促进幼儿全面健康发展。因而，学校应按照师范专业认证关于实训平台建设的要求，建设儿童行为观察室、儿童生理心理发展实验室、感觉统合实验室、奥尔夫音乐室、幼儿游戏与活动实训室等。实训环境建设好之后，教师应该合理利用这些环境，组织学生开展活动。然而目前，功能室建好后大多处于闲置状态，教师对实践课程的组织和开展比较茫然。

就校外实践而言，基本上是见习和实习两种形式。学生到幼儿园的见习次数少，时间短。一、二年级，一学期最多一次半日下园见习，三、四年级会有一周的见习或半个月的见实习活动。实习是实践课程比例中占比最高的，基本上学生是参与到幼儿园的保教活动之中，理论学习与实践锻炼成为两个间隔的阶段。需要指出的是，研习在学前教育专业实践课程中是缺乏的，应将研习作为重要的实践形式纳入人才培养课程，以此来培养学生在真实情境中的问题意识、反思习惯和研究能力。此外，在校外实践过程中，缺乏指导老师具体而有针对性的指导。

4. 实践课程评价完整，然评价主体单一

学前教育专业实践课程的评价内容包括考试、观察笔记、小结和反思、实习报告、毕业论文等，但所占比例各有差异。课程评价的主体是授课教师和指导教师，自我评价和同伴互评的方式较少。对作为实践课程参与主体的学生而言，个体自我评价的缺失会直接影响其实践活动的主体性

和主动性，不利于其反思意识和能力的培养。学生实践课程实施过程中的评价方式缺乏，应强调其在实践中的过程性表现与评价，以此作为评定学生实践课程成绩的客观依据，并及时直接地予以反馈，使其在自我反省和他人督促中不断改进和完善，积累专业知识和实践经验。

（二）五年制学前教育专业实践课程体系建构的顶层设计

1. 学前教育专业课程体系的总体规划

课题组邀请行业专家、幼儿园园长、学前教育骨干教师对我校的人才培养方案进行了论证，形成了新的五年制高等职业教育学前教育专业实施性人才培养方案。该方案强调综合素质和职业能力的培养，规定了幼儿教师应具备的主要能力、14门主要专业课程的教学内容及要求，注重实践化教学，整合各学期学科教学实践化要求，统一规划教育见习、研习、实习等，凸显通识性、师范性和专业性，注重课程的均衡性，规定了人才培养要求。

课程体系主要包括通识教育平台、专业教育平台、综合实践教育平台。通识教育平台包括必修的公共基础课和公共选修课程，选修课程以拓宽视野、增强实用为目标。专业教育平台包括专业必修、专业选修。专业必修包括专业理论与实践课程（专业基础课程18门）、专业技能课程（分为教师技能课程3门、艺术技能课程5门）。专业选修包括专业限选课程（专业拓展课程5门）、专业任选课程（幼儿体育与营养保健4门、幼儿园信息技术4门、幼儿音乐教育4门、幼儿舞蹈教育3门、幼儿美术教育4门、0~3岁早期教育4门）。综合实践教育平台为必修项目，包括综合素质与能力拓展实践、专业实践。

方案中每学期实际教学时间按18周计，集中实践、实训课按每周30学时计，总计为4854学时，其中：通识教育课程为1764学时，占总学时的36.3%；专业基础课程为2268学时，占总学时的46.7%；教师教育课程为1872学时，占总学时的38.6%；专业拓展课程为296学时，占总学时的10%；幼儿园见习为270学时，占总学时的5.6%；幼儿园顶岗实践为540学时，占总学时的11.1%。

2. 学前教育专业实践课程的模式设计

（1）"幼儿园活动设计与组织"课程系统化

突破以前该课程开设分散的方式，实施"总—分—总"的模式，即先开设"幼儿园活动设计与组织概论"，学习理论基础，然后分领域开设活动设计与组织课程，即"学前儿童健康教育""学前儿童体育教育""学前儿童语言教育""学前儿童社会教育""学前儿童科学教育""学前儿童数学教育""学前儿童音乐教育""学前儿童美术教育"，最后开设"主题活动设计与组织"综合课程，根据幼儿园实际，设计活动主题，各领域活动围绕主题再设计，采用项目化教学，加强实践运用，有合有分，有分有合，使幼儿园活动设计与组织课程系统化。

（2）"基础性+应用性"技能课程模块化

对技能课程内容进行改革，由两部分构成：一是专业基础性技能，二是幼儿园应用性技能。幼儿园教师必须具备一定的语言技能、音乐技能、舞蹈技能、美术技能等，在这类技能课程的内容上进行调整，坚持"实用、够用、适用"的原则。基础性技能的教学，强调最基本的专业技能，以够用为好，删减"艺术专业化"教学的内容，弱化专业技能行业考证。应用性技能方面，结合幼儿园教学实际，增加实用性的技能内容，该模块强调"学前教育"的特性，即开展幼儿歌曲弹唱、幼儿故事讲演、幼儿美术与制作、幼儿舞蹈创编等。"基础性+应用性"，体现学前教育专业艺术技能课程学习的专业性和独特性。

（3）"方向+优势"方向课程的个性化

根据幼儿园岗位实际需要，设置个性化方向课程，有针对性地培养具有某方面特长的专门人才。通过开设方向课程，对所学的内容进行补充和优化，以使学生在某个领域掌握更为扎实的专业理论和技能，提升专业素养，提高组织实践的专业能力。目前，根据调研，我校开设有五个方向班，即幼儿音乐教育方向班、幼儿美术教育方向班、幼儿体育游戏方向班、幼儿舞蹈方向班、幼儿园信息技术方向班，每班增设对应的方向课程。严格制定方向课程标准，组建团队，在开展科学调研的基础上完成文稿，并经过论证后组织实施。方向课程在内容的设置上要有突破和创新，使学生通过学习能够在某个领域有明显的优势，能受到用人单位的欢迎。

（4）专业选修课程多元化

选修课程多元化，以增强课程的灵活性和丰富性。根据《幼儿园教师专业标准（试行）》和《教师教育课程标准（试行）》对课程设置的要求，增设幼师礼仪、教育研究方法、幼儿安全教育等。结合岗位需求实施课证融通，增设幼儿教师资格证考试辅导、幼儿教师招考辅导。加强实践性课程，合理规划见实习活动，制定见实习指导和评价标准，开展保教实习指导和综合实践课程的指导。

三、五年制高职学前教育专业实践课程质量评价指标的构建

（一）五年制学前教育专业实践课程质量评价指标的基本框架

1. 现实需求评价

需求调查是实践课程开发的第一步。我们需要明确的是，评价"需求"的具体指标是什么。五年制学前教育专业的理论和技能学习应该结合学前教育专业的实际工作来进行，而不是一味地强调理论和技能的单独学习。例如五年制学前教育专业的钢琴教学初衷是让该专业学生有效掌握组织幼儿音乐教学的能力，但师范院校在实施过程中往往过于强调钢琴演奏能力的训练，没有引导学生掌握幼儿园音乐教学中的关键能力，如感受与欣赏音乐的美、用多种方式表达对音乐的理解等。结果导致学生仅能做到僵化地演奏乐曲，对于音乐的解读和组织音乐教学却非常欠缺，无法满足幼儿园及幼儿教育机构开展教学的需要。

现实需求评价的指标可以包含以下内容：一是五年制学前教育专业能否清楚阐明实践课程所面向的现实需求，而不是仅仅满足托幼机构的总体发展需求；二是这些需求的实际状况如何？学前教育专业学生的实践课程建设不仅仅依托师范院校，还与托幼机构指导教师的素质、托幼机构的管理分不开，不仅要对师范院校的师资力量和管理制度及实施数据进行估算，还要对托幼机构进行细致考量，只有这样的需求评价，才能切实反映出五年制学前教育专业实践课程的质量。

2. 实践课程结构评价

实践课程结构评价的重要性包括三个方面：一是五年制学前教育专业

是面向幼儿园教师岗位的教育，应根据工作结构来设计课程结构。要将传统的学科知识传授课程模式转变为以任务为中心、以项目为载体的理论与实践相结合的课程结构。这是五年制学前教育课程实用性的重要体现，也是有效培养学生保教实践能力的基础。二是学生的知识、能力结构来源于课程结构，理论与实践相结合的实践课程结构是保证幼儿园教师人才培养质量的关键。我们判断学前教育专业毕业生的质量，很大程度上依据其所学习的课程体系是否完整、是否合理来进行。五年制学前教育课程的现状充分说明，实践课程的结构评价作为基本要素是非常必要的。三是实践课程结构反映了课程设计者对人才培养目标定位的整体思考，培养学生学前教育理论的运用能力，突出对实践课程结构的评价，不仅能够有效地反映课程质量，而且能够精简评价指标，让评价指标体系更加清楚。

课程结构评价的具体指标包括四个方面：一是实践课程结构与工作结构的契合度，即实践课程结构的哪些方面是按照工作结构设计的，其合理性如何？二是从幼儿园教师的人才培养目标看，实践课程结构是否涵盖了应当设置的所有课程？课程之间如何做到既相对独立又互相联系与渗透？三是五年制学前教育专业实践课程结构与中职学前教育、本科学前教育实践课程是否有所区别，是否充分保证五年制学前教育专业目标的实现？四是实践课程的安排是否充分考虑学生的能力发展规律与学习能力水平？能否将师资、实训资源、见实习场地有效结合起来并加以充分利用？

3. 课程内容评价

课程内容是最具有实质意义的要素，决定着学生能学到哪些知识和技能，掌握哪些能力。实践课程内容指标应当在所有指标中占有较高权重。按照任务引领、项目驱动的课程思想，既然实践课程内容根据幼儿园工作任务选择，那么课程内容还明确什么、评价什么呢？五年制学前教育专业实践课程需要评价保教知识和技能选择的逻辑性、层次性与适宜性，以及保教知识和技能表现的恰当性、准确性与严谨性。另外，幼儿园工作任务中所需要的知识和技能并不一定能在现有课程标准和教材中直接找到答案，而是要通过课程开发获得。如果我们把幼儿园工作任务中需要的知识技能开发出来，就能体现出实践课程的质量差异。此外，五年制学前教育专业实践课程内容的恰当性，还应体现出与中职、本科学前教育不同的特点。评价指标可考虑以下几点：一是实践课程内容与幼儿园工作任务关联的适宜程度以及内容本身的逻辑水平；二是实践课程内容体现当今幼儿园教师基本理念的程度，如何包含这些基本理念，对基本理念要求的描述应落实到具体的课程情境；三是实践课程内容表达的严谨性和准确性；四是反映出五年制学前教育专业特色的课程内容，与中职、本科学前教育实践课程不同的地方。

4. 条件评价

从实践课程质量评价的角度看，条件也是评价指标的重要方面，需要考虑的有以下几方面。

第一，师资。对实践课程质量可能产生重大影响的师资因素主要包括四个方面。一是教师数量。通过师生比测算师资是否充足。二是专业契合度。教师所教课程与学前教育专业之间是否有密切关系。三是教师的保教实践能力。不仅要评价教师对保教实践的熟悉程度、准确程度和规范程度，还要评价教师对幼儿园保教实践的整体理解能力，以及对保教实践中出现的问题的分析能力。四是教师的教育教学能力。重点评价教师对其所教课程的教学设计能力与教学实施能力。

第二，实训场地与设备。主要评价指标包括三个方面。一是实训场地与学生数量的配比。考察模拟教学、环境创设等学前专业实训活动能否正常开展。二是实训设备的配置是否齐全。学前专业的实训设备包括模拟的幼儿园环境、幼儿园教学设施设备等，如果实训设备配置差，会导致实训课程无法正常开展。三是实训资料的适宜性。如在幼儿园中使用的教玩具，直接拿到师范学校使用是没有多少价值的。学前教育专业学生需要掌握的是如何根据幼儿园教育教学需要了解和制作教玩具，学习运用与开发制作教玩具。这是学前教育专业实训条件中的一个非常重要的指标，直接影响到实训的实际效果。

第三，课程资源。课程资源建设不仅包括供教师使用的学前教育活动课件、教案、视频资料，还应包括供学生使用的一些活动视频、训练教育技巧的文字资料、图片实物、技能操作的记录表格、活动计划表、活动评价表等。实践课程资源评价的具体指标包括课程资源的实用性、丰富性和创新性。

第四，产学研合作。产学研合作水平可以从三个方面来判断：学生在幼儿园的就业情况及表现、学前教育课程资源的开发与利用、产学研合作方面的科研成果。以产学研合作的大量实际材料为证据，评价实践课程资源利用与开发、产学研合作的科研成果的实绩，评价产学研合作在学前教育专业课程质量提升中的实际成效。

5. 课程实施评价

五年制学前教育专业实践课程实施评价的具体指标有三个方面：一是教学秩序。教学秩序的评价可通过分析学前教育专业实践教学管理要求及职责要求的执行情况来进行。二是教师实施实践课程时的努力程度。可以通过听教师的随堂课、检查教师的教学材料、听取学生课后反馈信息等获得评价这条指标需要的事实依据。三是学生进行实践课程学习时的投入状态。可以通过实践课堂上的观察，分析检查学生的实践表现以及学生实践作业等，获得评价这一指标的事实证据。

随着职业教育课程实践性要求的提高，五年制学前教育专业的实践课程质量评价将会越来越受到重视。为实现五年制学前教育专业的培养目标，学前教育实践课程应贯穿学生的整个学习过程，与理论教学紧密结合，通过学习、实践、反思、再学习、再实践、再反思，不断提高其专业能力。对学前教育专业实践课程质量评价指标的分析只是基于对学前教育专业实践课程的观察思考而形成的设想，如果要开发学前教育专业实践课程质量评价工具，还需要进一步细化各个指标，为各个评价指标的确立提供实证数据。只有强化五年制学前教育专业实践课程评价的鉴定、诊断、改进和激励功能，才能办出学前教育专业特色。

（二）五年制学前教育专业实践课程评价的五要素模型

目前五年制学前教育专业实践课程的研究成果主要集中在教育实习方面，从实践课程框架、实施路径、过程管理、保障措施等方面提出了具体做法并作出了反思。关于五年制学前教育专业实践课程质量评价指标的研究几乎还是一片空白。本研究参考高职教育课程建设评价的五要素模型，即需求、结构、内容、条件、实施五大要素，在此基础上进一步设计五年制学前教育专业实践课程的评价指标（图10）。

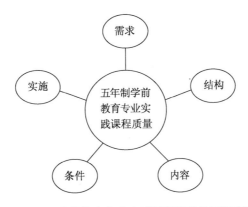

图 10　五年制学前教育专业实践课程评价的五要素模型

需求指根据托幼机构对人才的要求而建立的关于实践课程的目标。结构包含体系结构与内容结构，体系结构是指实践课程之间的组合关系，实践课程包括实训、见习和实习等三种模式，要研究这三种模式各是按照什么思路设置课程的；内容结构是指一种实践课程模式内部的内容组织，即按照什么逻辑展开课程的内容体系。内容指实践课程中教与学的内容，包括专业理念与师德的落实、专业知识的运用、专业能力的体现。条件指实践课程开展所需的支持要素，包括师资、实训场地设备、课程资源、见实习单位、校企合作条例等。实施指如上所阐述的实践课程教与学的秩序与师生对各自角色的投入状态。这五个要素环环相扣，互相关联又相对独立，可作为五年制学前教育专业实践课程质量评价指标构建的基础。

第三部分　课程实践

一、基于"校-园共同体"合作共建教师教学团队的实践路径探索

百年大计，教育为本；教育大计，教师为本。党和国家高度重视教师队伍建设。中共中央、国务院《关于全面深化新时代教师队伍建设改革的意见》为我国教师队伍建设指明了方向。《国家职业教育改革实施方案》《职业教育提质培优行动计划（2020—2023年）》《深化新时代职业教育"双师型"教师队伍建设改革实施方案》《全国职业院校教师教学创新团队建设方案》等文件明确指出要打造高素质"双师型"教师教学创新团队，为新时代职业教育教师建设改革提供了实践依据。然而，当前职业教育教师队伍建设还存在着管理体制机制不灵活、校企双向流动不畅、结构性矛盾突出、专业化水平偏低等问题，尤其是同时具备理论教学和实践教学能力的教师教学团队短缺，已成为制约职业教育改革发展的瓶颈。无疑，打造高素质"双师型"教师教学创新团队是职业院校"三教"改革的重中之重，最有效的路径便是产教融合、校企合作。因此，就职业院校学前教育专业而言，学前教育专业教师创新教学团队建设既是国家教师队伍建设战略的微观实践，更是职业院校实现自身可持续发展的现实之需。基于产教融合的"校-园共同体"共建教师教学团队的创新实践，是职业院校"双师型"教师教学创新团队的有益探索，具有较强的现实意义。

（一）校、园合作共建教师教学团队的现实困境

1. 校、园合作机制不健全，专业教师下园实践效益低下

优质的教师教学团队实践基地是建设教师教学团队学前教育教师教学团队的必要条件。学校学前教育专业在近百家幼儿园建立了实习实践基

地，然而幼儿园实践基地参差不齐，专业教师下园实践依然存在诸多问题，如校、园合作机制不健全，校、园之间缺乏有效的沟通交流等。学校积极热情，幼儿园积极性却不高。当专业教师被安排到幼儿园进行实践操作时，幼儿园没有安排任务和课程给她们，也没有给她们安排指导老师，只是让她们在幼儿园进行观察和学习，并没有给下园专业教师提供任何的便利条件和实践环境，无法满足学前教育专业教师的实践性学习需求。由于校、园合作机制不健全，缺少必要的合作制度规范，合作权责不明确，校内专业教师具体的实践和考核要求不明确，校外指导教师水平差异较大，导致教师下园实践目标不清晰，实践积极性普遍不高。

2. 专业教师工作量过重，下园实践流于形式

随着学前教育发展规模和招生规模的空前扩大，学校学前教育专业的学生人数和教师人数也在逐渐增加，然而相比而言，教师人数的增长速度却远远低于学生的增长速度，学校教师数量难以满足实际的教育教学需要。教师人数不足，必然导致专业教师的工作量繁重，教师整日疲于日常教学与管理等事务，没有充足的时间参与幼儿园教育教学活动，专业教师到幼儿园只能是走马观花，根本无法实现专业教师下园实践的价值功能。

3. 教师教学团队建设经验不足，团队合作浮于表面

目前学校教师队伍的年龄结构呈现年轻化的特点，进入学校的专业教师大多数是应届毕业的年轻教师，缺乏幼儿园岗位实践经验，导致在学前教育专业教学中只能根据理论框架机械而枯燥地讲述教学内容。专业教师在理论与实践课程教学、技能与实践应用教学方面出现了"各自为政"的局面，难以提升学前教育专业的教学质量，也难以确保学前教育专业学生素质能力的发展。此外，教师教学团队只是简单组合，并没有在对课程进行有效整合的基础上进一步遴选。"整合课程、完善体系、提高教学质量"这一教学团队建设的最核心目标难以实现，教师创新教学团队的效能无法凸显。

（二）基于产教融合的校、园合作共建教师教学团队的实践路径
——以常州幼儿师范学院五年制学前教育专业为例

《深化新时代职业教育"双师型"教师队伍建设改革实施方案》指

出，要发挥行业企业在培养"双师型"教师中的重要作用。要建立健全职业院校自主聘任兼职教师的办法，实施现代产业导师特聘岗位计划，建设标准统一、序列完整、专兼结合的实践导师队伍，推动形成"固定岗+流动岗"、双师结构与双师素质兼顾的专业教学团队，而基于产教融合的校、园合作共建教师教学团队则是建设双师型教师队伍的有效路径。

1. 建立健全校、园合作机制，全力保障教师教学团队建设顺利开展

为使校、园合作的价值和效益最大化，学校必须发挥自身优势，建立健全合作机制，营造优良的校、园合作环境，促使校、园合作常态化、规范化，实现学校与幼儿园的"双赢"。常州幼儿师范学校与政府和教育行政部门，与所在区域所管辖的所有幼儿园建立合作关系，创新开展校、园合作形式。一是建立政府、学校和幼儿园"三位一体"的合作共建机制。学校一方面积极与地方政府沟通，获得政策、经费的支持；另一方面加强与幼儿园的联系，建成满足教师培养的实训基地。二是完善教师到幼儿园实践的各项管理制度。学校应对教师到幼儿园的实践锻炼进行统筹规划，在制度上为教师实践锻炼提供保障，使教师的幼儿园实践能够有计划、有步骤地进行。教师到幼儿园实践必须遵守幼儿园的各项管理制度，履行实践锻炼所在岗位职责，积极参与幼儿园组织的各项业务、学习、娱乐活动。幼儿园实践结束后，教师需要提交详细的实践工作报告，幼儿园负责人则要给教师做好鉴定小结。三是健全教学评估体系。教师应充分借助幼儿园的教育资源，将校、园新的合作模式和教育模式应用到学生评估考核之中，完善教育体系。教师将学生的实践态度、学习态度等作为教学考核的内容，将其应用到教学评估体系中，为具体教学活动提供指导，以此促进教师的专业化发展，完善教学体系。

2. 积极搭建校、园合作平台，确保教师教学团队建设顺利落地

一是建设附属幼儿园。学校与政府合作建设附属幼儿园，由政府出资负责基础建设和硬件投入，学校派专业教师到幼儿园，负责环境文化建设、日常运行管理和幼儿培养工作。二是成立常幼幼教集团。学前教育专业教师充分发挥自身科研力量优势以及学校的有利条件积极为幼儿园提供服务，为幼儿园教师提供专业培训和理论指导，调动幼儿园参与合作的积极性。三是建立校外教学实践基地。学校与常州 15 家优质幼儿园签订合作协议，使之成为紧密合作型的校外实践基地，校、园之间开展人员互通、技术合作、学生见实习等全方位合作。学前教育专业教师有充分的机会到幼儿园实践锻炼，参与幼儿园教育教学、管理、研究的各项工作，充分发展自身职业素养和实践能力。

3. 通过内培外引，全力打造双师型专兼职教师教学团队

一是积极优化校内师资结构。充分地面向整个社会进行招聘，将教学经验丰富、实践操作能力强、专业技能过硬的人才纳入教师体系，补充和完善学前教育专业师资结构。学校通过政府支持，从幼儿园遴选有丰富工作经验的教师，调入学校充实专业师资队伍，开展专业课程的教学。同时，通过继续教育，使有意愿、有能力的教师获得更高、更好的教育和培训机会，从自身内部实现对师资力量的加强和对师资结构的优化。二是全力打造融合型专兼职教师教学团队。学前教育专业认证标准中明确"作为兼职教师的一线优秀幼儿园教师占教师教育课程教师的比例不低于20%"，这是落实高校与幼儿园教师共同指导师范生要求的具体标准，也是开展专兼职教师教学团队建设的指导性意见。教师教育各课程之间都有内在的知识性关联，组织实施需要系统安排，因而，打造融合型专兼职教师教学团队，是该类课程实施的有力保障，可以使教师的知识结构与实践经验得到有效的补充，使课程实施的成效取得最大化。

4. 不断拓展校、园合作内涵，努力提升教师教学团队建设实效

一是将专业教师下园实践落到实处。保教工作是幼儿园的核心工作，一日保教工作的学习与组织应是教师专业素质培养的主要内容。教师应亲身参与幼儿园完整的一日保教工作，利用幼儿园环境开展课程实践教学。当前，随着幼儿园硬件设施水平的不断提高，很多幼儿园都建立起了形式多样的活动室和实训室，为了进一步突出"做中学、做中教"，教师在开展教学活动时，应把课堂移至幼儿园，切实将幼儿园当成开展教育教学的又一活动场所。在活动过程中，学校教师与幼儿园教师相互学习、相互切磋和交流，不断提升学前教育专业教师的实践能力，实现共享共赢。二是专业教师积极参与幼教一线教研活动。为加强与幼儿园教师的沟通与合作，学校争取到常州市教育科学研究院学前教研室的支持，选派专业骨干教师参加教科院组织的每次学前教学研讨活动，了解幼儿园发展的最新动态。此外，还组织教师积极参加部分幼儿园定期开展的教研活动，在理论基础、理论能力方面给予指导，充分发挥教师的专业主导性，激励教师的实践应用与创新，以利于教师专业实践能力的充分锻炼和展示，有效提升教师的专业理论水平与实践能力。三是校、园合作共建教师课程开发团队。根据幼儿园岗位实际需要，有针对性地培养具有某方面特长的专门人才，学校设置个性化方向选修课程。根据调研，学校确立了五门方向选修课程，即幼儿音乐方向课程、幼儿美术方向课程、幼儿体育游戏方向课程、幼儿舞蹈方向课程、幼儿园信息技术方向课程。首先，科学制定方向选修课程开发的具体方案。其次，组建课程开发团队，每个团队由校内理论与技能方面的骨干教师和校外有该领域办园特色或优势的幼儿园一线教师组成，通过近一年时间的合作研究，制定了方向选修课程的标准，对课程内容进行补充和优化，并在论证后，由课程开发团队成员组织实施，全面开展教学实施和评价。

5. 为校、园合作保驾护航，确保教师教学团队建设取得成效

一是提供教师专业发展和教师教学团队的制度保障。在"校-园共同体"机制下，进一步完善学前教育专业的教师管理机制，修订合理的能力培养计划，全方面落实教师教学团队建设路径。第一，加强师德建设，使之成为师范生的师德楷模。根据教育部《关于建立健全高校师德建设长效机制的意见》《省教育厅关于进一步加强师德师风建设的意见》等文件精神，学校将师德教育作为教师培养培训的重要内容，制定具体的师德考核办法，引导教师提高自身素质，养成坚定的信念、广博的学识、高尚的德行、饱满的爱心。第二，制定教师专业发展规划。针对教师个体发展需求，制定对应的规划方案和相应的培养机制，加强青年教师综合能力的培养，提升青年教师队伍的专业素养，做好人才储备工作。结合个人发展规划，定期开展达标考核，并将之纳入教师年度考核。第三，设立团队项目促进教师业务成长。鼓励教师积极参与学校组织的培训、课程开发、课题研究、教学竞赛等项目，通过校名师工程，开展有效交流，发挥老教师的传、帮、带作用，并将科研成果转化为教学资源，丰富和更新教学内容。

二是提供校、园合作共建教师教学团队专项资金。针对部分幼儿园在校、园合作过程中存在不积极的行为，学校对紧密型校外实践基地划拨专项资金，用于合作项目的开展。学前教育专业教师有完成项目、实现社会服务的需要，而幼儿园也有借助学校项目和相关资源来解决当前存在的现实问题的需要，因此，学前教育专业教师在申报课题或项目时会将部分幼儿园教师作为课题的实际参与人，以取得幼儿园的实际支持。在项目合作的过程中，幼儿园自身的问题不仅能够得到深入剖析与解决，学校教师也能够在这一过程中不断提升自身的实践能力和专业素质。三是提供信息技术支持助推教师教学团队合作。信息技术为双方交流创造了良好的条件，应充分利用校、园合作推动教师专业化发展。QQ、微信、公众号及资源共享平台的出现为双方深化交流提供了良好的条件。"校-园共同体"建立了完善的信息共享体系，教师在端口间互相评价、学习，学生也可在此与校内教师或校外导师进行讨论、交流，向教师提出相应的建议，促进教师专业化发展。此外，学校建设智慧教室，利用网络，在学校可以连线幼儿园课堂，师生直观地通过屏幕进行远程教育或者进行学前教育实际课堂观摩，感受幼儿园实时的教学场景，这样有利于提升职业院校教师的实践能力和专业化水平。

新时代职业院校应建立起双师型教师教学团队建设的体系与机制，改进学前教育专业教学活动，使之更加适于学生的发展和人才的培养。学校只有直面校、园合作中存在的现实问题，结合专业具体情况采取有效措施，才能从根本上推动教师教学团队的建设。校、园合作模式是促进教师专业化水平提升的重要途径，应重视领域合作的深化，树立全面的合作目标，建立系统化、科学化、规范化的教育系统，使教师在专业化领域越走越深，能应对学前教育中的新问题、新情况，将幼儿园教学模式内化为教学经验，全面促进教师教学团队的建设与发展，全力打造一支德技双馨的专兼职双师型教师创新教学团队。

二、基于"校-园共同体"的五年制学前教育专业教学实践

（一）基于"校-园共同体"的五年制学前教育专业教学实践的困境

五年制学前教育专业教学是实现教育目标的手段，从入学第一学期到毕业，专业教学贯穿学生五年的学习生涯，既有理论又有实践，专业教学实践质量的高低关乎培养学生质量的高低。基于马克思主义教育与生产实

践相结合理论和人力资本理论，五年制高职学前教育专业基于"校-园共同体"这种合作模式，在专业教学中，改变了传统的以知识为中心和以教师为中心的教学模式，把理论与实践融于一体，进行组合式教学。从五年制学前教育专业学生的认知规律出发，运用相应的教学方法，实现理论教学与实践教学的完美结合，同时让学生拥有一定的理论基础和较强的操作技能，毕业之后可以很快适应幼儿园工作岗位的要求。但从整体情况看，并不尽如人意，目前五年制学前教育专业"校-园共同体"还存在一些问题。

1. 合作机制不完善

校、园合作并不是学校和幼儿园 1 加 1 这样简单，它需要政府、社会、家庭及媒体的通力合作，还要有与之相配套的法律法规作为保障。最近 10 年来，国家虽陆续出台过一系列关于校企合作的法律法规，来确保校企合作人才培养方案的运行与实施，但这些法律和规章制度都属于宏观和指导性的，缺乏实际具体的可操作性，特别是缺乏对企业参与职业教育的政策激励和支持，由此，导致政府颁布的关于校企合作的政策在实际运行过程中流产，或者效果不明显。由于缺乏校、园合作的相关法规和机制，没有一个成熟的机构或平台对校、园合作进行牵线，很多高职学校的校、园合作都是学校自己联系，合作方面也是边走、边合作、边摸索，没有形成成熟的合作模式和机制，并且在合作过程中也缺少第三方监管，有时候受到资源、环境、政策等多方面限制，很难进行深层次的校、园合作。

2. 组织管理不到位

近年来，学前教育专业校企合作工作屡有突破，虽然一些高职院校已经开始实施校、园合作教学模式，但合作方式较为滞后，管理部门并没有认识到校、园合作教学模式的优越性和必要性，对校、园合作教学的重视程度不够，没有投入较多的资金、时间和精力到校、园合作建设中，实训场地建设滞后，难以保障学生专业课程练习、试教或模拟教学的有效开展；实训基地数量不够，难以保障学生校外见实习的效果。实践教学和真实的幼儿园教育存在较大的差距。在校内也没有成立独立的部门规划与管理实践教学，在人员分配上也不合理，缺乏多元化的形式。

重教育形式而非过程，组织管理松散。所谓的校、园合作主要停留在邀请行业专家进校园讲座、聘请经验丰富的幼儿教师做兼职教师、定期组织学生去幼儿园见实习等表面合作。甚至有些学校在安排学生参加见实习活动时，流于形式，不能为学生提供较好的实习机会，忽视了与幼儿园等学前教育机构的合作，导致学生教学实践能力得不到培养；教师在见实习中对学生采取放任自流的态度，没有给予有效的指导，实践教学脱离了理论教学的支撑。另一方面，有的幼儿园对校、园合作教学模式认识不足，未能配合学校制订和执行教学计划，要么把来园学生当作看客，不让其参与幼儿园的具体教学活动，要么把实习生当成处理杂事的廉价劳动力，不愿指导实习生的教学工作。

3. 师资配置不理想

首先，五年制高职院校师资总量不足，校内专任教师多、外聘幼儿园教师少。虽然很多学校都建立了兼职教师库，但是教师库中能切实承担教学任务，深度参与专业、课程和教材建设的教师不多，选聘难度大。

其次，高职教师来源渠道单一，以招聘高校应届毕业生为主；校、园联合培养师资的体制机制不健全，校内教师进幼儿园实践的渠道不通畅；短期培训项目中实践应用环节较少，难以达到提升专业技能的目标。

最后，指导学生实践教学对高校教师而言要求比较高，不仅要求教师能深入幼儿园一线进行教学研究，能亲自组织幼儿园教育活动，还要求教师有较高的活动和指导能力。目前而言，一些学校学前教育的教师还达不到以上要求。有的学校在见实习指导教师配置上人数不够，就把音乐、美术、计算机等专业的老师充作实习指导老师，这些老师确实熟悉自己专业领域的知识，但是不懂学前教育，缺乏丰富的幼儿园一线工作经验，指导见实习时就会脱离幼儿身心发展特点，偏离科学的幼儿教育理论，难以对实习生进行有效的指导。另一方面，由于实习学生过多，实习生实习场所过于分散，学前专业指导教师因为身兼其他教学任务不能兼顾指导实习。

4. 教学模式陈旧

首先，一些高职校的教师对校、园合作教学的认识不到位，没有真正领会校、园合作的内涵和精髓，在实际的教学过程中常常是流于表面形式，并没有切中教学要点。部分教师重理论教学而轻实践教学，在教学中往往存在理论不能联系实际、从理论到理论的情况。还有些教师只关注所教理论课程体系的完整性，而对当前学前教育改革重大理论和实践的关注不够，课程资源窄化、开发不力，难以及时补充和整合学前教育发展的新成果以及新型应用学科的内容。

其次，身处"互联网+"的时代背景下，一些教师还停留在一支粉笔、一块黑板的传统教学中，有些教师侧重于课外互联网的应用，却忽略了课堂与互联网的深度结合，教学中教与学的方式还未发生显著变化。

5. 教学评价形式化

受传统教学评价模式的影响，在教学评价中存在偏向理论知识掌握、教师评价为主、统一考试是评价的主要依据等情况。如：专业理论课主要采用笔试的方式，考前划划重点，背背就能过；技能课则到学期末采取现场技能测试的方式进行考核；见实习主要是让学生撰写见实习报告或实践反思来对其进行考核。而且大多是教师单独评定，可以说是教师一言堂。实践教学的评价并未真正对学生的实践能力养成情况形成科学的诊断，没有对学生实践技能的成长形成引导、监督，评价教学实践的过程程序化严重，实践教学的管理安排不合理，没有充分考虑理论与实践的联系。评价的粗放式管理使评价失去了其应有的意义，所以目前学前教育专业教学实践的评价系统还有待完善。

（二）构建基于"校-园共同体"的五年制学前教育专业教学实践策略

1. 健全校、园合作机制

加强政府的主导作用，首先发挥政府职能，健全校、园法规和相关机制，促进校、园资源的合理有效匹配；其次发挥政府的监管职能，在第三方政府的监管下，确保校、园合作不浮于表面，而是进行深度合作，通过相关政策调控，确保企业和学校在校企合作过程中达到双赢；然后牢牢依靠政府搭建的平台，进行有效的连接和管理，使三方资源得以共享，最大限度调动各方合作的主动性和积极性；最后找到各方利益的交集点和共同之处，切实以对方利益为考虑，相互促进、共同发展。如作为公益性的示范幼儿园，为了维持基地的可持续运营，可通过政府的相关补贴给予支持，或与学校构建双方友好且持久的成本分担机制。在实训过程中，在帮助学校的同时，幼儿园要充分发挥和利用学校的人才优势、教育优势，以满足自身不断发展的需要。

2. 完善校、园合作管理

成立专项管理部门，落实具体负责人，依托"校-园共同体"，完善校、园合作管理，进行切实、深入的合作。首先经过充分调研、分析、论证，校、园双方共同确定与知识目标、能力目标、职业目标、岗位目标等密切相关的五年制学前教育专业人才培养方案，共同设置课程体系；其次建立健全实训基地，其中，校内实训基地的建设应满足师生的基本技能训练、考核、模拟教学以及汇报展演等的需要；校外实践基地建设应满足学生见（实）习需要，有效培养学生的职业能力。如我校全面整合全市优质学前教育资源，截至2020年6月，学校共在6所附属幼儿园建立了密切合作型实践基地，吸纳常州市15所省优质特色幼儿园为深度合作的校外实践教学基地，并与常州市所有幼儿园建立良好关系，从而打通校、园合作协同共育人才的通道，形成"人才共培养，师资共发展，资源共分享，成果共丰收"的良性管理。

3. 创新校、园合作形式

后疫情时代，开展混合教学要求教师提高教育教学水平，提升现代教育技术应用能力。学校基于"校-园共同体"合理配置师资队伍，优化师资建设，从而不断推进信息技术与教育教学深度融合，不断加强课程内容、教学模式、教学方法、教学手段的改革，把教师打造成先进理念的倡导者、网络技术的引导者、优质资源的遴选者、教学活动的组织者、学习方法的构建者。

职业教育的目标应着眼于学生的职业发展，围绕职业领域相关的岗位工作任务进行全方位的学习。对于学前教育专业来说，打造双师型教师是题中应有之义。一方面要建立专业教师定期到幼儿园顶岗实践的制度，并制定相关政策，鼓励教师到幼儿园、早教机构等进行顶岗实践，丰富教师的实践知识。另一方面则要完善教师聘用制度，而聘用幼儿园名师担任兼职教师是学前教育专业师资队伍建设的重要途径。学校每年从"校-园共同体"中聘用一批一线教学骨干教师来校担任专业课程教师，和学校教师一起集体备课，专业研讨，从而充实学校教师队伍，共同开展教学实践，共同实施课程改革，共同开展课题研究，资源共享，人才共用。此外，学校还鼓励本校教师考取相关的职业技能证书，成为名副其实的"双师"。

4. 更新校、园教学模式

在全球学前教育迅猛发展的后疫情时代，五年制高职学前教育面临着教育教学的新挑战，五年制学前教育专业基于"校-园共同体"开展混合教学，已成为"互联网+教育"背景下的教学新趋势。

这里的混合教学是指以专业建设共同体为平台，学前教育专业师生与幼儿园专家、名师、骨干教师一起开展线上线下、校内校外的所有教学活动。他们共同构建以能力为本位的课程体系，紧紧围绕岗位需求，以培养学生职业能力为教学目标，把学生在校内的学习和幼儿园的工作过程学习有机结合起来，构建既科学可行又具有导向性的全员参与、全程监控、全息反馈的学习通教学平台，实现理论知识学习、基础技能训练、幼儿园职业岗位能力需求紧密结合的混合教学。

（1）线上线下混合

首先，利用学习通，专业理论老师在平台发布针对教学重难点的闯关检测，通知学生利用碎片时间登录课程平台，线上完成相关闯关检测，然后教师利用平台的作业数据反馈把握学生的难点所在，在下一次的线下教学中解决学生的困难。其次，专业技能课老师通过浏览学生上传的技能练习视频，解决线下班级容量大的实际困难，给每个学生发送语音点评，然后针对共性问题，在平台发布技能难点解析微课，学生可以随时随地登录观摩练习。这样有利于教师突破时空限制，能关注到每一位学生，充分了解学生的基本情况，从知识、能力、心理等方面进行全方位的了解和把控，对其进行有针对性的交流、指导和答疑解惑。这种基于大数据的混合教学模式不仅能够为教师提供全面的教学反馈，还能够反映学生的学习求知需求，较好地为学生课前课后学习进行有益补充。

（2）校内校外混合

首先将块式的集中实习实践课程与点式的散布在各门专业课程中的见习实践课程进行统整安排，并与幼儿园的教学工作进行整合、落实，构建基于"校-园共同体"从入学到毕业全过程的混合教学。如入学第一学期的"入门实践：知岗——参与实践"、学年中的"跟岗——研究实践"、最后一学年的"顶岗——深入实践"三阶段由"校-园共同体"的"双导师"混合教学体系协同培养，贯穿学生五年的学习生活全程。在后疫情时代，"校-园共同体"协同打造云见习活动：利用智慧实训室的远程平台系统现场连接幼儿园，让学生足不出校就能实时看到幼儿园老师组织半日活动的现场；另外，幼儿园指导教师利用DV、无人机等摄像设备全方位录制视频，并辅以现场解说、配音字幕、直播解说等多种方式，实现幼儿园参观全覆盖等，进一步拓展学生专业视野，指导教师亦可实时为学生答疑解惑。这样的混合教学有利于学生突破时空局限，得到校内外教师的帮助与指导，以"自助""他助"相辅相成的互促形式，突破专业教学实践技术难关，有效促进自身实践能力的发展。其次，利用学习通平台加强对学生的见实习管理，实施高校教师、幼儿园、指导教师三方考核制度，具体做法是学生把在园见实习的理论作业、听课记录、评课记录、教案、教育典型案例、实习总结和在幼儿园组织活动的照片、视频等一并上传到学习通实习平台，由幼儿园指导教师对学生个人实习成绩进行评定，由幼儿园园方对实习总体情况进行评价，而校内则实施幼师生实践活动的电子档案袋管理制度，将学生的实践活动情况上传到学习通平台，并纳入实习考核。学校利用学习通平台对师生教与学的过程进行监控、监管、监督，不仅促进了学校教育生态的整体发展，也全面提升了师生的教育教学质量。

5. 构建校、园多元评价

构建多元化的教学实践评价体系是为了准确、全面、客观地检验教学效果，诊断出教学实践中存在的不足之处，同时，考核评价也必须做出相应的调整和改进，通过进一步反馈和补救教学，使学生不仅能获得知识，而且能提高技能、改善态度，从而促进学生的全面发展。学校应根据不同课程类型，吸纳"校-园共同体"多方参与，从专业知识、专业技能、专业态度等专业素养出发，来确定具体的评价模式和考核细则，并在实施过程中不断修改和完善。

（1）多元化的评价主体

教学是一项师生共同参与的双边活动，所以教学评价首先是自评与他评相结合。其次，对学生的评价还应考虑其所学内容是否适应岗位的需要，所以幼儿园指导教师应依据岗位胜任能力和行业标准来对实习学生进行评价。学前教育专业的学生、教师乃至幼儿园应共同参与教学实践的评价，因为只有选择多元化的主体完成的评价才更加公平、合理，也才真正有助于学生从不同角度寻找自己的优势与不足，从而更有针对性地学习。

（2）综合化的评价内容

评价是对学生知识、技能、素质的一次强化，评价内容应取材于岗位工作任务，将工作标准与教学标准有机结合。"校-园共同体"对岗位工作任务进行分析提取，基于岗位工作任务设计评价内容，充分发挥评价的导向作用，实施以学生综合职业能力为核心的全面考核。不仅要考核基本理论知识和技能的掌握程度，而且还要考核学生运用基本理论知识分析与解决问题的能力、实践操作的能力等。

（3）多样化的评价方式

教学实践注重过程性、动态性，具体采用什么样的方式进行评价应依评价内容而定，坚持过程评价和结果评价相结合、量化评价和质性评价相结合的原则。评价学生知识的储备情况可以采用笔试的方式，评价学生综合分析问题、解决问题的能力可以采用案例分析等方式，对学生实践技能的考核可以采用任务性、模拟演示、现场评价等方式。

另外，还要结合平时开展的说课比赛、模拟试讲、课件制作大赛等活动来进行综合评定。对于见实习的考核除了采用撰写教育观察记录、实习报告等书面汇报的形式之外，还应增加对学生岗位技能的测试，如幼儿保育、幼儿园班级管理与环境创设、游戏活动的组织与指导等，这项测试应由所在幼儿园教师组织实施完成。

实践证明，基于"校-园共同体"的五年制学前教育专业混合教学实践，有利于充分发挥校园双方的优势，开发线上教学平台，提供丰富课程资源，增强师生互动交流，提升学前教育专业教学实践质量，提高学前教育专业学生培养成效。

三、基于"校-园共同体"的五年制学前教育专业课程平台的建设

（一）五年制高职学前教育专业课程平台建设的意义

建设课程平台的最终目的是为课程服务，高质量和内容丰富的课程平台能够促进学生学习、教师发展和学校管理。

1. 课程平台是学生学习发展的"支持"

一方面,学生是课程平台的使用主体,学生可以直接利用课程平台中的资源素材进行反复学习,直至理解透彻;也可以通过平台观摩到各幼儿园的环境布置、区域活动、教研活动等实时动态;还可以在评论区讨论交流,在留言区提问等,从而帮助自己理论联系实际,实现自身的学习和发展。另一方面,学生是课程平台的目标对象,由教师等人利用课程平台对学生进行教育教学,采用"交互式对话"的理论学习策略和"实践跟进式"的实践学习策略,其最终目标指向学生的发展。

2. 课程平台是教师专业发展的"支架"

一方面,作为课程平台的建设主体,教师必须对优质的课程资源进行整合、开发和收集,从而不断提升自身的专业能力;另一方面,作为课程平台的使用主体,教师能够基于前人的优秀经验进行教育教学,并在对已有资源进行反思、加工和完善的过程中提升自身的课程组织与实施能力;最后,教师通过"校-园共同体"深度合作建设平台不断接收最新的幼教动态,弥补专业实践的薄弱之处,从而提升自身的专业素养。

3. 课程平台是学校管理的"支点"

一方面,课程平台是学校进行课程管理的对象,学校管理者通过课程平台能够对学校课程进行系统回顾和整体反思,既能审视和理清学校课程的宏观架构,又能够分析和打磨学校课程的微观资源,从而有效领导学校课程的建设;另一方面,课程平台是学校进行教师管理的抓手,学校管理者能够依托课程平台通过凝聚共识、分布式领导、合作交流、提供支持性条件、分享个人实践等策略促进教师形成专业成长共同体,以建设课程平台为抓手实现课程领导和教师领导的一体化发展。

(二) 五年制高职学前教育课程平台建设的现状

1. 课程平台建设意识缺乏

调查发现,一般学校使用的是现成的课程平台,没有结合自己学校特色建立课程平台的意识。老师们或是因为忙于教育教学工作,对课程平台建设不上心;或是对课程实施解读有误,认为课程平台建设是额外多出来的工作,没有认识到课程平台建设本身就是专业课程建设的重要内容。

2. 课程平台质量有待提升

有的学校在建设课程平台的过程中，片面追求数量，造成资源堆砌，可用性不强的问题。如有的是根据需要购买由专家学者编写的课程资源，这一类资源主要以图书的形式呈现，教师直接遵照实施。有的则是根据课程需要从网络上搜集资源，包括教案、课件、图片、视频等，这样虽然很便捷，但有很多资源并不适应本校学生的学情。而忽略学校和学生特征的资料堆积，"重量不重质"的课程平台实际上根本无法满足教师工作的实际需要。

3. 课程平台内容更新缓慢

专业课程平台建设是一个不断迭代更新、逐步完善的系统工程，需要不断变化的动态"活水"输入。然而，目前学校课程平台普遍存在更新缓慢的情况。一种情况是，教师对于课程平台资源，采用"拿来主义"的方式，这种使用方式虽然省时省力，但是不能适应理论、政策和实践的发展变化。另一种情况是教师根据现实情况对课程资源进行了调整，但因为没有对过程性资料进行整理的意识，或是没有规范的提交、管理平台，很多优质的课程资源被搁置。

（三）五年制高职学前教育课程平台建设的实施

学校应以资源共享为目的，依托相应的管理制度，在"校-园共同体"的协同努力参与下，实现高质量、动态化、高效率和规范化课程平台的建设。

1. 科学、规范地建设专业课程平台

（1）管理制度化

学校指定专门人员来进行课程平台的建设和维护。首先，建立由"校-园共同体"代表等组成的领导小组，制订课程平台的整体目标、具体思路、详细步骤，在宏观层面指导高质量课程平台的建设。其次，在领导小组下设内容组、技术组和审核组。内容组由"校-园共同体"组成，负责开发和整理课程资源；技术组由熟练掌握计算机技术的教师组成，负责解决教师在平台开发中的技术难题，维护硬件设备，为资源开发和维护提供技术保障。审核组由学校师范教育专业部和学前教研室主任组成，负责对课程平台资源进行审核和筛选，实现课程平台内容的优化与整合。

(2) 设置专业化

学前教育专业具有鲜明的专业特点,"校-园共同体"紧密结合学前教育专业特色进行专业课程平台建设。如在学前教育人才培养方案中,明确规定了学前专业的学生要具有幼儿保育、教育,幼儿教育活动设计的能力,在说、唱、弹、跳、画、讲等专业技能中具有"一技之长",并能运用这些技能开展幼儿园教育教学活动。因此,结合学前教育的专业背景,一方面,"校-园共同体"在幼儿园课程资源如案例、微课、课程设计素材包、优质课、名师讲座等的建设中,为满足专业要求,按照五大领域的分类,紧密结合幼师生特有的专业技能要求,分门别类地进行整合,以满足学生的不同需要。另一方面,"校-园共同体"紧密结合学生的教育见实习要求,开展教育见习、教育实习与顶岗实习的教育实践活动,这是学前教育专业学生了解、熟悉实际工作环境和岗位任务,践行教育理念的重要环节。围绕不同专业课程的内容,"校-园共同体"向学生提出教育见习的具体任务,将"校中学""园中训"有效对接,并在课程平台设立"教育见实习"部分。不同班级的学生可以根据所在幼儿园的具体特点,完成教育见实习任务。虽然学生一个学期主要去一所幼儿园进行教育见习,但是通过课程平台的"教学见实习"窗口,学生可以看到其他同学的见习幼儿园情况。专业课程平台扩大了学生对于不同幼儿园课程的了解,延展了学生的学习空间,增进了生生之间、师生之间的学习交流,体现了"厚基础+强能力+新视野"的专业要求。

2. 合理有效地使用专业课程平台

(1) 课程目标须整合知识、能力与综合素质等三个维度

首先,学前教育专业课程必须顺应当今信息化的大趋势,课程主要目标应当涵盖幼师生专业情意与教育理念,幼师专业素养,发散思维、创新精神、终身学习意识等多重维度。学生在"校-园共同体"中,通过在平台上学习讨论上传作业等感受到信息技术融入幼儿园教育的过程,并将其浸润到学习的方方面面,不仅在五年的学习生涯中,还包括在实际的操作实践中。

其次,在专业课程中要增加幼师生信息化运用意识和运用能力的培养。一方面要注重培养幼师生将信息化融入教育教学的自主意识,在教学设计环节主动加入信息化教学手段。另一方面,学校也应增加信息技术科

目，让学生掌握充足的信息技术教学手段，服务于教育教学活动。

再次，平台对专业课程目标的影响更主要地体现在它能够通过支持和改进学生的学习方式、教师的教学方式、师生的交往方式以及课程资源形态、教学评价等从根本上改变传统的教与学的模式。学生通过平台最大化地实现了自主学习，教师的身份从原先的领导者和指挥者转变成为学生学习与交往的支持者和促进者，课程资源、学习过程、师生互动从课堂延续到了课外，专业课程的目标由偏重知识转向知识、能力与综合素质的统一，为顺利实现教师教育课程的整体目标奠定坚实的基础。

（2）课程实施线上线、下双管齐下

在线学习与面对面教学的结合，不是两种形式的简单组合，而是充分融合和利用在线学习与面对面教学的优势。

首先，在课程实施过程中既要发挥教师教学的主导作用，又要充分体现学生学习的主动性、积极性与创造性。如"幼儿园班级管理"课程根据"理论学习—观摩实训—研讨提升"的逻辑思路，让学生在完成一个阶段的理论学习后到幼儿园观摩、实训，在此过程中，学生可以不断反复复习课程平台的知识点，然后由幼儿园的指导教师为学生提供具备可操作性的建议和策略，引导学生反思教育实践、内化对理论的理解。

其次，课程实现了传统面对面学习环境和在线学习环境的破壁。传统的面对面学习环境主要指的是学校教育下的物质环境和精神氛围，它是保障课程有效实施的现实环境。在线学习环境主要是指利用信息技术及在线课程资源，为学习者创造的基于网络的学习环境。线上的学习环境更有利于新课改学习模式的开展，如自主学习与协作学习，接受学习与发现学习，理论讲授学习与实践演练学习，线下师生讨论交流与线上师生讨论交流等。如"幼儿园课程概论"注重学生自主学习能力的培养，在课前，通过学习任务推送，循序渐进地引导学生完成课前任务清单；在课中，依据学生的课前任务完成情况，及时调整教学内容，做到精准教学，活动形式多样，鼓励学生完成相应的课中活动，目的是培养学生的团队合作精神，帮助其解决重难点，达成教学目标；在课后环节，一方面利用课程平台推送课后作业，另一方面让学生在幼儿园见实习过程中完成相应实践作业，并以视频或者图片、文字的形式上传到平台作业库。这样做有利于拓展教学时空，重在巩固课堂所学，引导学生适时进行自评与互评，培养学生的思辨能力。

(3) 以变革为驱力重塑课程资源形态

在"互联网+"时代，随着以信息技术为载体的数字化课程资源的发展，传统形式的课程资源日渐式微，专业课程资源的形态正在朝着立体化的方向发展，为教学的变革提供强有力的驱动。

首先，专业课程平台上的课程资源呈现多种形式，既包括传统的文本资源，也包括影音、图像，甚至是应用程序和软件，这给学习者提供了多种感官通道的体验，也为教学目标的实现拓展了更多的途径。例如在"幼儿园教育活动设计与指导"中，教师利用平台中的智慧远程连接，让学生直接在课中观摩"校-园共同体"所在幼儿园的活动现场，身临其境，在获得知识技能的同时，实现情感态度的升华。同时，平台课程资源的可多次利用性为实现学生教学情境反复观察、教学现象细致解读、讨论和评价提供了可能。

其次，专业课程平台使课程资源由静态封闭演变为动态更新，随着专业课程平台以及电子媒介在教学中的普及，教师和学生可以通过线上问答、在线研讨和小组协作学习等方式实现跨越时空的交流与互动，在这种交流互动中，丰富的过程性课程资源应运而生。此外，课程平台在汇聚课程资源的同时也建立了同步更新的机制。以云课程为例，在云课程开发过程中考虑了符合规律性和目的性的章节安排设计与变化，目的是构建起学科基本知识结构，确保课程内容的基础性、整体性和结构性。同时，借助云技术构建的云课程，完全可以基于社会需要、学科发展及学生需要，及时更新知识内容，适度调整知识结构，并持续提供相应视频、文本、图片、案例集等课程资源。

(4) 依托课程平台精进课程评价

受限于搜集和分析信息资料手段的匮乏，传统的课程评价其作用发挥有限。以课程平台为载体的课程评价方式更多样，评价更具科学性。传统的评价方式主要是书面测评，评价方式较为片面，无法完全反映课程目标的达成情况。而在专业课程平台背景下，教学评价的形式和内容更为丰富和全面。例如"校-园共同体"对学生线上作业、测试、线上讨论、团队合作参与度、自主探究与团队协作探究学习成果的评价，同学之间作业、作品的互评，在幼儿园见实习的态度、实践活动效果等，都可以成为专业课程教学评价的内容和形式。根据不同专业课程的特点，将上述不同评价方式有机地组织起来加以运用，将能够更加全面、有效地反映学生的学习效果和教学目标的实现程度。

基于"校-园共同体"的五年制专业课程平台建设本质上是互联网信息技术与学前教育专业课程深度融合的结晶。学前教育专业课程平台的开发、利用与管理不是一蹴而就的，而是一个长期的、不断循环的过程，我们应该以开放、动态的方式，推进平台与课程、平台与教师、平台与学生、平台与幼儿园的互动，在促进专业课程目标、教学结构、课程资源等发生变革的同时，通过组织培训学习、鼓励实践探索、政策引导、制度规范等方式促使其在变化中不断得到完善与发展，并转换成一种内生力量，成为学生、教师、学校和幼儿园专业成长的助推手。

第四部分　实践成效

常州幼儿师范学校积极探索学前教育专业校、园合作协同育人的新模式，与幼儿园取长补短，在教学改革、课程设置、学生实习等方面进行合作，以"强化专业、注重技能、突出重点、全面发展"为原则，坚持"园校共建、人才共育、过程共管、资源共享"，实践课程的实施以实现毕业要求为具体目标，以落实与培养目标相关的实践课程内容为手段，在实践课程评价中实现培养目标的达成，再以课程评价反馈改进课程教学，全面提高教学质量，目前已取得初步成效。

一、创新机制，增强校、园协同培养的认识

为了更好地培养幼师生，我校与政府和企业合作，开办了6家附属幼儿园，成立了"常幼幼教集团"，并与15家实践基地签订友好合作协议，建立长期的紧密型有效合作机制，同时与100多家幼儿园建立合作关系，在校、园合作开发教材，课程制定，人才培养方案的修订，实习管理，双师型教师的培养，以及科研项目研究等方面尝试深层次合作。学校与幼儿园定期开展学前教育科研交流，课题组专业老师下园进行园本课程建设的指导，并参与课程开发；定期派遣幼儿园业务园长、骨干教师到学校参与授课；定期安排学生到幼儿园开展见习、研习和实习活动；每学期安排专业教师到幼儿园挂职锻炼、听课学习。一项项活动的开展，增进了相互的了解，提高了师生的积极性，增强了协同培养的认识。

二、创新模式，构建"1346"全程化实践体系

学校坚持以校、园协同育人为切入点，以培养实践性应用型幼教人才为目标，创新开展"1346"实践教学体系。一条主线，即专业能力（环境的创设与利用，一日生活的组织与保育，游戏活动的支持与引导，教育活动的计划与实施，激励与评价，沟通与合作，反思与发展）的培养。三个"注重"，即注重思想教育的实践性，引导学生树立正确的专业思想；注重理论教学的实践性，强调课程实践在理论教学中的比重；注重技能教学的实践性，增加实际动手与操作的时间和空间。四层能级，即专业理论素养、专业技能技巧、幼儿教师职业道德素养、岗位实践应用能力。六个模块，即启蒙实践模块（专业教育、认知幼儿园环境等）、课程实践模块（课程实验、课堂练习、教学实训、课堂观摩等）、活动实践模块（主题活动、模拟活动、研究活动等）、教育实践模块（教育见实习、顶岗实习等）、假期实践模块（到农村幼儿园支教，调查县区的学前教育发展状况等）、专业技能训练与竞赛模块。

1. 设计系统化、线片连接的培养方案

在培养方案中，突出实践性教学，形成了第一学年以启蒙实践教学为主，如专业教育、参观幼儿园等，第二、第三、第四学年将课程实践、活动实践、教育实践、假期实践、专业技能训练与竞赛等实践内容分层结构化，第五学年毕业实习和撰写论文的五年实践不断线、六个模块连成片的"五六制"实践教学模式。

2. 完善内涵式、资源共享的实践基地

以"双方优势互补、资源共享、互利双赢、共同发展"为目的，把附属幼儿园、紧密型合作的省优质幼儿园作为主要的实践基地，成立学校管理的"幼教集团"，定期开展教研活动。校内有智慧教室、科学发现室、游戏活动室、幼教模拟室、语音实训、演播厅、手工制作、艺术实训等20多个功能实训室。

3. 培育创新型、双师互补的教师队伍

每年派出多人参加国家级、省级教学实践培训。选派老师参加"市名师工作室"，聘请幼儿园园长、特级教师等担任实践性教学、传播幼教先进理念等工作，每月开展"我与名师有约"活动，教师定期下园挂职锻炼

成常态，努力培育优秀教师。

4. 开发具有针对性、培养融合能力的校本课程

根据《幼儿教师专业标准（试行）》提出的幼儿教师七项专业能力要求，以"理实一体化"为理念，园、校教师合作编写出版了《学前教育现代教育技术教程》等5本教材，编写了《幼儿园教育活动设计与实践》《幼儿行为观察与分析》《学前教育科研方法》《幼儿歌曲弹唱》等8本校本教材，满足了学校实践教学的基本需要。同时，学校专业教师与幼儿园骨干建立团队，通过调研，开发制定了五个专业方向的课程标准（幼儿音乐、幼儿美术、幼儿舞蹈、体育与游戏、幼儿园信息技术应用）。

5. 采用"双导师"、互动提升的教学方法

在实践教学中，明确了以"双导师制"为实习指导模式，即由学校和实习幼儿园分别安排指导教师，共同指导学生的实践实习。过程中，突出"做中学"思想，师生以平等的身份，创设"问题情境"，采用案例教学、项目教学等多种教学模式，开展各种互动形式，借助情境导入、案例分析、课堂演练、岗位实践等四个环节的学习，增强了学生对教学的兴趣与主动性，培养了学生观察、分析、归纳能力及自我反思的能力。在"双导师制"下，培养院校与用人单位双向互动，促进幼师生培养工作的开展。

6. 开展具有针对性、富有实效的基本功训练

课内外实践能力训练的指导，以校内专业教师为主，幼儿园骨干教师为辅。此外选拔高年级优秀学生担任低年级学生基本功训练指导的助理员，每学年组织技能节，结合岗位能力要求和省师范生教学基本功大赛的精神设置赛项，展示和检验基本功训练的成果，每学期对学生的基本功逐项进行考核，每届学生教育实习后进行基本功汇报演出。

7. 完善发展性、可操作性的评价机制

制定实践教学考核内容及标准，采用多样化考核方式，突出过程性评价。建立专业课程考试题库，构建包括课堂评价、期末考试、技能抽测、技能统考、会演展示、实习考核等的全方位、多途径的考核体系。实行师评、生评、幼儿园教师评、幼儿评等多元化评价模式，着重考查学生的学习能力、创新能力、解决实际问题的能力，了解学生的发展、变化。

8. 搭建生态化、共同探讨的研究平台

围绕实践教学难点，系统设计由10个课题组成的课题群。与幼儿园教师、专家纵横联动，立足于真实的教学情境，建立平等的、持续的、具有共同诉求价值的教科研合作关系，在相互学习、共同提高中进行科研活动，为提高实践教学质量奠定基础。设计的课题主要有"基于幼师生人格类型的差异教学研究""儿童美术欣赏教育中的幼师对话研究""基于问题解决的'学前儿童发展心理学'教学方式创新研究""提升幼师生故事讲演能力的综合课程开发研究""五年制学前教育专业即兴弹唱应用型教学的改革研究""幼儿园教师美术教育核心素养模型建构及培养实践研究""幼师生非遗美术特色课程的开发研究"等。

9. 营造开放性、包容融通的实践文化

利用校园宣传阵地对实践教学先进人物、实践教学成果等进行宣传和展示，使学生全面系统地了解实践教学。创造实践教学环境，在潜移默化中引导学生形成热爱实践、崇尚实践的风尚。在校园开展平等对话，挖掘学生实践教学的"灵感"。

三、创新思路，提高专业实践成效

1. 优化校内外实践实训基地

为了给学生创造良好的实践实训环境，学校不断加强校内外实习实训基地建设，如建立校内钢琴房、舞蹈房、画室、音乐教室和实训功能室，增建科学发现室、游戏活动室等专业实践功能室，而新建的智慧教室则实现了与幼儿园的实时在线视频连接。此外，与数十家幼儿园签约挂牌，建立校外合作基地，并保持长期稳定的合作关系，为学前教育专业提供见实习保障。

2. 合理安排实践实训的时间

校内实训依据课程需要订好计划，有序组织。校外实践按不同阶段分为教育见习、教育研习和教育实习，再划分出观摩实践、体验式参与实践、研究实践、顶岗实践等四个子目标，体现教育实践的系统性和层次性。教育见习主要安排在一、二年级，目的是让学生对幼儿园有初步了解，增长感性认识；教育研习主要安排在三、四年级，主要结合课程开展情况，深入幼儿园开展有针对性的研习活动；教育实习则安排在五年级，

让学生进入幼儿园进行为期一年的实习,全方位了解、熟悉、掌握幼儿园工作的相关要求。

3. 不断丰富实践课程的形式

除常规性的实践实训活动之外,我校还积极探索新的途径,丰富实践课程的形式。一是我校创新开展了"二十四节气"送课进园活动。围绕二十四节气,组织学生团队进行主题活动的设计、磨课,并组织他们到幼儿园开展活动,让幼儿在学和玩中收获有关节气的知识,让学生在活动组织中得到锻炼,提升能力。二是主动与幼儿园对接,组织师生参与幼儿园的环创布置。师生按照幼儿园环创的主题和要求,从设计、制作到布置全过程参与,受到幼儿园的欢迎与好评。三是创新开展援疆实习支教活动。充分发挥我校服务社会的作用,实现资源共享,优势互补,为我校学生提供服务社会、提升素养、积累经验、锻炼能力的学习平台,更好地把所学的知识与技能应用于实践。

4. 跟踪指导实践活动的开展

学生入校就进行小组划分,定期到幼儿园实践实习。学校指派教师对学生开展见实习指导,学生到幼儿园后,跟随幼儿园教师学习,提倡学生与小朋友"一对一"结伴学习模式,观察幼儿的成长与发展,渗透参与结伴孩子的保育工作。参与幼儿园一日活动,参与幼儿园保育活动和游戏活动的教育教学工作、班级管理等。整个过程让学生从观察者到保育员再到配班教师最后成长为主班教师,真正形成校、园深度合作,校、园一体的协同育人培养模式。

我校在校、园深度合作协同育人培养机制建设和运行方面已经取得了阶段性的成果,尤其在实践课程方面明显提高了成效。学校在江苏省师范生基本功竞赛、技能大赛、首届长三角师范生教学基本功大赛以及教师资格证考试中均取得优异成绩。毕业生的就业率达到100%,多年来毕业生一直供不应求,为常州及周边地区输送了大量人才,并获得了用人单位的广泛好评。

四、总结凝练，形成典型案例

案例一："学前儿童行为观察和分析"项目化教学实践

项目化教育实践活动体现了课程创生取向，课程实施是师生在具体的情境中共同合作、创造新的教育经验的过程。学校提供的课程方案是相对笼统的，它包括实践主题、具体安排的学期、累计完成项目的时间、学生分组建议、师资配备、对接幼儿园以及实践的具体方式等，更为具体的内容则需要师生共同体在幼儿园具体情境中共同制定、实践、反思、再实践，具有很强的生成性和个性化特点。

（一）以"做"配师

陶公特别重视教师培养，推广"艺友制教育"，强调"以朋友之道教人艺术或手艺"，推崇"小先生制"，借鉴其思想，"校-园共同体"在项目实施中配备的本校教师、幼儿园教师应具有对应项目的科学教育方法和实践经验，校、园双方在课程实施之前须对相应师资进行培训，鼓励老师躬亲实行。合作的艺友并不局限于教师，而是拓展至保育员、优秀学长、行业人士及家长等。

（二）以"做"促学

在具体的教育项目中，以"做事"为核心，建立实体小组和网络虚拟小组，鼓励学生合作学习，自学和教他人学相结合，鼓励学生阅读，开展主题式研讨，及时分享学习心得和反思。实体小组组额不宜过大，以5~6人为宜，其中艺友2~3名，学生3人，以便于组员的集中交流和教师的针对性指导。根据师资情况，虚拟小组可与2~3个实体小组进行合并式分享交流。在教育实践中，力图体现"发现情境—制定项目任务—实践项目—对比方案（互学互帮）—链接经验（拓展阅读）—改进学法—迁移应用（提炼模式）"这一学习过程。在此过程中，教师应充分考虑学生的学习个性，因材施教。

(三) 以"做"定时

根据项目的内容和难度，与合作单位共同协商具体的实践课时，包括在园实践、在校主题学习以及自学时间。一般项目累计在园实践时间不低于 2 天，高难度项目累计在园实践时间不低于 5 天，用于发现和实践具体教育项目以及与共同体的即时交流。模拟操作、虚拟在线分享、汇总交流、反思撰写等均可在校完成。

(四) 以"做"学思

在实践操作的过程中，不仅关注解决该项目的技能方法，更要注重心智模式的学习和提升，满足组织的期待。学生在实践时，应注重思维方式的练习，如采用 5W1H 观察、解决、反思问题 [5W1H 指原因（why）、事件（what）、地点（where）、时间（when）、人员（who）、方法（how）]，或采用"现有现象、问题发现、策略解决"的思路撰写研究反思，警惕形成思维定式。

案例二："幼儿园教育活动设计与实践"实践操作优化

(一) 在观察中了解

学前教育专业学生学习"幼儿园教育活动设计与实践"课程的第一步就是要明确标准，建立规范性。首要任务就是学会观察，在观察中了解教学对象（3~6 岁幼儿）、掌握教学内容（幼儿园健康、语言、科学、艺术、社会等五大领域教育的具体内容）、明确教学要求（五大领域教育的目标、设计组织原则与步骤、评价）、理解教学方法、学会教学评价等内容。

每学期结合教学进度，把课堂迁移到幼儿园教学现场，由园、校精密合作共同体一起执教学生入园见习的实践性教学。活动前，园、校紧密合作共同体一起商定见习内容和要求，学生明确见习要求，做好见习准备（了解见习幼儿园的概况和特色、执教教师和上课内容、上课班级幼儿的年龄特征等）；活动中，学生认真观摩、及时记录、不断思考。活动后：园、校紧密合作共同体组织学生进行现场教研（先由授课教师说课，然后学生提问,授课教师或幼儿园骨干教师答疑,最后幼教专家现场剖析点评)。学生通过教学设计、组织、实施和评价等一系列活动现场体验、感悟幼儿园活动组织实施的全过程,从而深刻认识和感受幼儿园教学的特点,深入理解幼儿园教师和幼儿之间的互动关系,掌握不同年龄段幼儿的身心特点和认知规律,促进教学活动的设计和组织能力的提升。

(二)在实践中提升

在观察的基础上,学生尝试在课内模拟教学实践、在课外见实习中实战演练,在仿真情境中模拟教师与幼儿的角色,进行不同的心理、语言和行为的模仿,将枯燥的理论转化为生动有趣的课堂教学实践活动。通过模仿和实战,学生所学知识不断地得到巩固和应用,其活动设计与实践能力不断提高,专业技能也得到了强化。

案例三:五年制学前教育专业"即兴弹唱"校本课程的研究

(一)五年制学前教育专业"即兴弹唱"校本课程的目标研究

基于埃利奥特教授的实践音乐教育观,课题组认为即兴弹唱的教学要让学生在各种幼儿歌曲的听赏和范奏下,通过思考、讨论、自我演奏尝试等途径来达到相应的能力要求。课程坚持以生为本,发展学生的认知能力。在即兴弹唱教学中,应重视即兴弹唱能力过程的体验式学习、学习实践中的创造性思维的发展。学生学习观念的转变和自主学习能力的提升是坚持以生为本的关键。

(二)五年制学前教育专业"即兴弹唱"校本课程的结构研究

根据即兴弹唱的学科特点,对校本课程的结构进行了分阶段研究。

第一阶段:和声理论知识的积累。几乎所有的学前教育专业学生对于即兴弹唱的学习都是从零开始,因此要从基本的和声知识开始学习,对于这类知识,不仅要识记,更要学会运用。值得强调的是,所有的知识都是由学生通过自行弹唱,在教师的引导下总结出来,这样的知识掌握方法比单纯的教师讲授更为深刻。曲目均选择幼儿园音乐活动的曲目,这样做一是考虑到曲目较为简单,学生比较容易掌握,二是与幼儿园音乐教学挂钩，为学生今后的工作做准备。

第二阶段：伴奏音型的知识总结。注重选择伴奏音型较为典型的儿童歌曲，其中渗透和声知识，教师引导学生分析具有典型意义的曲目，将各种伴奏织体与和声选择交由学生付诸弹唱实践，并让学生自行总结出伴奏和弦和伴奏织体的呈现形式。这样在课后的练习中，除了掌握基本的曲目之外，学生还可以举一反三，将之运用到类似体裁的不同儿童歌曲中，既锻炼了探究能力，还锻炼了学习能力。

第三阶段：不同主题和风格儿歌的弹唱练习。通过听课观摩，发现幼儿园的音乐教学基本都是按照各种主题来进行的。例如，以"四季"为主题，当相应季节来临的时候，音乐课就进行当季主题活动教学；以"幼儿园"为主题，在幼儿刚入学阶段进行较多，使幼儿尽快地适应幼儿园的生活，在幼儿园里多结识小朋友。这样的教学不仅教授幼儿音乐知识，更是通过音乐培养幼儿的文化素养。以此为鉴，在本阶段的即兴弹唱教学中，教师让学生进行相关主题的弹唱训练，一来可以巩固、提高学生的钢琴弹奏技巧和键盘和声知识，帮助学生深入理解和分析作品的内涵，加强学生的音乐文化修养，二来可以让学生熟悉幼儿园的音乐教学，体现岗位和专业特点。

第四阶段：弹唱技巧拓展和总结。以往有些教师习惯让学生一曲多调性，即一首儿歌用多个调性弹唱。教学实践发现，学生对调性的转换反应较慢，尤其是面对简谱的时候，因此，可尝试先让学生以最简单的、无升降记号的C大调和a小调弹唱，在他们熟悉和声知识，会选择较为合适的伴奏和弦和伴奏音型后，再进行其他较为复杂的、一升一降以上的儿歌弹唱。这样做是基于学生知识的积累，考虑到学生的学情，一步一步培养学生的弹唱能力。

（三）五年制学前教育专业即兴弹唱校本课程的教材研究

在课程曲目的选择上，教学内容以幼儿园曲目为主，作为基础曲目，所有的学生都要掌握。相应的理论知识均通过实践曲目，让学生自行总结和归纳。另外，选择较难曲目作为高年级和基础较好学生的拓展训练内容。学校将加强与幼儿园之间的交流，针对幼儿教师岗位技能的需求变化不断改进课程的内容，并在现有教材基础上开发相应的辅助学习资料。

通过对常武地区幼儿园的调查和咨询发现，部分幼儿园，尤其是以音乐特色为主的幼儿园对教师即兴弹唱能力有较高要求。而五年制学前教育专业即兴弹唱课程的缺陷也是显而易见的。通过教学实践与研究相关课程，优化课堂教学质量，提高学前教育专业学生利用即兴弹唱进行幼儿园音乐活动教学的能力是学前教育专业弹唱教师应努力的方向。

案例四："校-园共同体"背景下的幼师生专业情意培养

（一）制订幼师生专业情意培养计划

在"校-园共同体"中，幼儿园和师范学校要充分认识到培养学生专业情意的重要性，根据学生的身心发展特点和教学计划安排幼师生进入幼儿园开展见实习活动，幼儿园方面进行有针对性的指导。例如，在美国的学前教育专业，一、二年级的学生，可以与幼儿园的某一幼儿结成一对一的特殊朋友关系，在与幼儿的日常交往中观察幼儿的行为、了解幼儿的心理特征等；二、三年级的学生到幼儿园担任学生教师，走进幼儿园进行实地考察和教学实习；三、四年级的学生加入一些慈善机构和社会服务组织，担当志愿者为社会服务。通过循序渐进的参与见习活动，学生会逐步树立科学的保教观念，对幼儿教师的工作有更深刻的认识和体会，并产生积极的自我体验和自我评价，提升专业情意。

（二）专业实践导师的遴选与培训

教育具有潜移默化的特性，会通过指导教师的言传身教进行模仿学习。对于刚刚进入幼儿园见实习的幼师生来说，所在班级的带班教师就是他们进入实践的启蒙老师，带班教师将给予他们最初的暗示、鼓励，引导他们真正认识幼儿和幼儿园工作，对他们的专业发展和专业情意起到关键性的引导作用。因此，专业实践导师的遴选至关重要。尤其是在"专业理念与师德"方面，实践导师自身要对幼师职业有正确的理解与认识，并且要具备良好的个人修养与行为习惯。遴选专业实践导师，是通过"校-园共同体"培养幼师生专业情意的关键环节。

在确定专业实践导师之后，要对其进行专门的培训，明确通过"校-园共同体"培养幼师生对学生、自身和幼儿教育的意义。在对待幼师生方面,"校-园共同体"以开放和负责的态度对待来到班里见实习的幼师生,使学生感觉到被接纳和被关注,从而以积极的热情投入最初的工作;同时,"校-园共同体"也要认识到这是学生进入职业生涯的初始阶段,一定会有很多不成熟的地方甚至错误,要根据幼师生自身的情况给予积极的鼓励和适当的指导,帮助幼师生正确认识自己的工作,顺利开展工作,提升专业情意。要避免由于导师疏于管理导致的学生放任自由和学生达不到过高要求而产生挫败感这两种情况的发生。

(三) 加强专业实践过程中的专业情意培养

在教育实践的过程中培养专业情意是幼师生专业情意培养的重要途径,幼儿园和学校应及时关注学生在实践过程中的状态和实习情况,给予有针对性的指导。首先,幼儿园的专业实践导师应充分发挥幼师生的主动性,引导其积极参与幼教实践。当学生遇到困惑时应及时给予帮助和指导,并利用一切契机提升其专业情意。比如,刚到幼儿园实习的学生一般都比较积极,这时,导师应给予他们足够的信任,让他们去做一些力所能及的工作,并结合具体情境指出其在工作中存在的问题,提出更好的解决建议,这样会让幼师生明显感到自己的提高和进步,从而提升自我体验,提高自我效能。其次,师范学校的教师也应及时结合学生的实践情况,利用科学的教育理论调整学生的一些想法和意识,解决学生在理论与实践结合的过程中遇到的问题,帮助学生树立科学的儿童观、教育观,同时使学生更理性地认识教育教学工作,认识教师职业,也更明确自己的专业意愿,提升专业情意。

(四) 重视专业实践评价

总结和反思对教师的专业发展具有举足轻重的作用。在"校-园共同体"背景下,在专业实践后,只有及时进行总结和反思,才能更加清楚地意识到自己在教育教学活动中的行为和观念,认识到自己的优势和不足,也才能有提升的机会。在评价形式上,要注重过程性和动态性评价,全面反映学生的学习经验,发现和激发学生多方面的潜能,提升其专业素质。在评价主体上,可以从自身和外界两个方面来进行。一方面,学生自主评价。学生是学习的主人,也是评价的主体。自我评价是通过自我认识进行自我分析，从而达到自我提高的过程。幼师生只有对自己的专业实践有了最全面、最深刻的了解，也只有通过内省，才能对自己的表现和行为做出有效的评价，从而促进自身的专业发展，而发展的内在需要正是其专业情意提升的持续动力。其次，园、校共同评价。通过"校-园共同体"，学生、实践导师、在校专业课教师可以集中在一起，对理论与实践中的一些问题进行探讨，集思广益，帮助学生形成正确的认识，树立自信心，提高自我效能感，从而提升专业情意。由此可见，在幼儿园专业实践一个阶段结束时，做好评价环节，对提升幼师生的专业情意是十分必要的。

下 编
成果集锦

职业院校提供"适合的教育"的改革和行动策略

自 2010 年以来,教育界有关"适合的教育"的讨论愈来愈热,为每个学生提供"适合的教育"已成为各个阶段学界和实践界讨论的焦点和热点议题。广义上讲,"适合的教育"与古今中外诸多思想家、哲学家以及教育家所倡导的理念颇有几分相似。从柏拉图倡导的"彻底的正义"到夸美纽斯的"适当阶段以适当职业教育"再到陶行知的"生利主义",或多或少都蕴含了"适合的教育"的理念和思想。当然,孔子的"因材施教""有教无类"与"适合的教育"理念更是一脉相承,且广为人知。可以说,"适合的教育"理念源远流长,其外在文字表述只是因为时代的变迁与时俱进地发生了一些变化而已。然而,具体到实践的操作层面,"适合的教育"的实施往往有力不从心之感。教育是一种有目的地培养人,由多个主体交织进行,主体之间又相互影响的复杂的社会活动。教育的主体至少涉及国家、社会、教师以及学生,因此在实施的时候,既要有国家层面的政策,又要符合社会需求,还要满足学生的发展,以及考虑教师队伍建设的现实问题等。具体到职业教育,"适合的教育"自然体现为"适合的职业教育"。关于"适合的教育"问题,江苏省已经较早启动了"适合的职业教育发展模式与路径研究"项目的研究,并取得了一些理论性的研究成果。那么,具体到职业教育实践,职业院校又该如何为每个学生提供"适合的教育"呢?本文以常州幼儿师范学校开展的"适合的职业教育"实践为例进行研讨。

一、准确理解，精准定位：提供"适合的教育"

《国家中长期教育改革和发展规划纲要（2010—2020年）》指出，学校要尊重教育规律和学生身心发展规律，为每个学生提供适合的教育。这一精神既反映了以人为本的时代主旋律，也是我国各级各类教育，尤其是职业教育改革与发展必须遵循的行动纲领。什么是"适合的教育"，能否准确理解"适合的教育"的实质，影响甚至决定着职业教育能否为学生提供"适合的职业教育"。笔者认为，所谓"适合的教育"，就是指遵循青年学生身心发展和教育的内在规律，尊重和基于学生差异而进行的能够让每个学生都能得到最好发展的教育。这样的教育就是最好的教育，具体来说，"适合的教育"包含以下几个层面的含义。

其一，"适合的教育"就是符合学生需要、让家长满意的教育，是能够体现职业教育"人本性"的教育。"适合的教育"应该能够充分反映和满足学生发展的需要，包括能够让学生根据自身特点，尤其是兴趣爱好自由而灵活地选择专业和课程，能够让每个学生的个性得以充分展现，从而使学生通过合适的职业教育提升自己的发展自信，更加热爱生命和生活，并使家长满意，进而提升职业教育对学生和家长的吸引力。

其二，"适合的教育"是遵循学生身心特点和教育发展规律的教育，是能够体现职业教育"差异性"的教育。捷克大教育家夸美纽斯曾说："只有受过一种适合的教育之后，人才能成为一个人。"[①] 人的成长有其客观规律，因此，"适合的教育"首先应该遵循学生作为一个生命体的发展规律；与此同时，由于个体发展的差异性，因此，要提供合适的职业教育，就必须研究学生整体和个体的"最近发展区"，特别是要基于加德纳的多元智能理论，为学生提供不同的教育与发展"菜单"，由此有效激发学生的潜能，让每个学生都能在现有基础上尽可能得到最好的教育。

其三，"适合的教育"是与经济社会发展保持吻合性的教育，是能够体现职业教育"工具性"的教育。为人的发展和幸福服务是职业教育最重要、最根本的价值追求，但与此同时，也应该看到职业教育还具有为经济社会发展服务的功能定位，即职业教育具有"工具性"特征。职业教育正

---

① 吕建. 用适合的教育助力学生个性化成长 [J]. 江苏教育, 2017 (24): 67-70.

是在科学技术发展以及经济社会发展需求的推动下，不断完善与发展的，因此，适合的职业教育应该能够与经济社会发展保持良好的动态适应性，也就是能够基于经济社会转型、升级的需要，培养相应的应用型人才。

二、理念为先，把控源头："零门槛"选择专业

（一）大类招生，自由分流

职业院校，尤其是中等职业学校的很多学生在选择专业时，并不一定是基于自身专业学习的兴趣和个人特质，更多的是父母以自身社会经验、人脉关系和工作前途将自己的意愿强加于子女。这类一开始就对专业不感兴趣的学生，往往学习兴趣不浓、学习动机不强，不愿、不会调整学习策略，整个求学过程十分痛苦，学业情绪也以消极体验为主。为了有效解决专业志愿先天缺陷导致的学习初始动机不足的问题，学校实行了先大类专业招生，后二次专业选择，自由分流的专业学习模式。专业大类招生为这类学生提供了一种变被动学习为主动学习、变无趣的为有趣学习的可能。这里的大类招生不同于普通本科招生，而是入学时按学生意愿预先选择专业，低年级进行通识教育，高年级进行专业特色培养。如果有学生在进入高年级之前想换专业，可自由选择转到自己更感兴趣、更适合个人特质的专业。

大类招生的可行性已被很多研究证明[1][2]，具有更符合学生意向，体现了"以生为本"的办学理念，在人才培养、提高学校效率方面更具优势等特点。当然，要有效实施这一专业招生分流模式，院校层面就必须更新办学理念，设计好课程体系，改革人才培养模式，做好专业选择指导等方面的工作。自由分流也并不是随心所欲任意变换专业，而是要研制科学的自由分流流程和标准，也就是说这种自由分流是建立在科学性基础上的自由分流，是为了更好地保障学生有一个稳定的学习动力，使学生获得更好

---

[1] 满都拉，卢晓东. 通识教育背景下的大类招生与专业分流——以东京大学为例［J］. 高校教育管理，2018，12（03）：21-27.
[2] 任喜伟，马令坤，宋安玲."大类招生，分流培养"模式下高校专业大类分流过程探究［J］. 高教论坛，2018（01）：61-65.

的发展。

（二）全面发展，凸显特长

"合格+特长"是冯恩洪在教育界率先提出的办学理念[①]，自提出至今，20多年来都不失为一种理念先进、操作性较强的培养模式。"合格+特长"的人才培养模式在基础教育领域经过多年的改革试验，已经被证明其价值和意义。余丹[②]论述了湖北工业大学以"合格+特长"为核心的素质发展模式是实现大学生素质和谐发展的现实路径，并证实了成果的科学性及有效性。

在职业教育中，这种理念是"适合的教育"的一种体现。以五年一贯制学前教育大专为例，"合格"指幼师生的专业理念与师德、专业知识和专业能力等符合《幼儿园教师专业标准（试行）》要求，体现全面发展；"特长"就是根据幼师生个人特长、优势而形成的"人无我有，人有我精"的专业技能和能力。如，在幼师专业分设一些学前教育美术、音乐、舞蹈、体育和信息技术等方向的特色班，根据学生的个人爱好、兴趣和特长，院校统一对学生进行自我认知、职业性格、能力倾向等的测验，帮助学生选定方向。

三、搭建平台，注重过程："供给侧"进行改革

要实施"适合的教育"，自然就要解决谁来提供"适合的教育"这一问题。"适合的教育"首先是一种教育，教育的提供者与"适合的教育"的提供者理论上应该重合。就学校教育而言，"适合的教育"的提供者也只能是学校。所以，"适合的教育"一定是学校按照"适合的教育"的内涵和实施要求提供的自认为"适合"的教育。按照经济学领域供给侧结构性改革这一概念，职业院校"适合的教育"供给侧包括院校的课堂教学、社会实践、师资配备、校企合作、课程建设等。

[①] 王柏玲."合格+特长"：发展学生个性[N].文汇报，2013-10-25（014）.
[②] 余丹.大学生素质和谐发展研究[D].湖北工业大学，2011.

（一）立足课堂，夯实基础

现代意义上的学生，既是一个集体概念也是一个个体概念，职业院校的教学组织形式大部分是班级授课制，而班级授课制正是为了扩大教学群体效率而诞生，主要是面对班集体而言的，所以，它存在着难以照顾到学生个体差异的先天缺陷。因此，寻找一种既适合作为集体的学生又能尽量适合作为个体的学生的教学方法，是提供"适合的教育"的有效路径之一。张燕①等人针对学前教育大专某些专业理论课教学，用两年的时间，通过调查访谈、设计方案、教学实施、量化分析、学生自评、档案袋评价等方式，研究了基于 MBTI 人格类型的差异教学的可行性及效果，结果显示，其有效提高了学生的学业成绩、学习兴趣和自我评价。尽管这种基于 MBTI 人格类型差异教学的有效性没有在文化基础和专业技能课上进行验证，但至少在集体教学的大前提下，为职业院校如何提供"适合的教育"给出了一些可行而有效的操作性建议。刘瑞平②从理论上提出将探究性学习融入职业教育的教学与实训，以丰富教学方法，提升学生能力。职业院校可以针对不同专业，立足课堂，基于有效的分类标准进行差异教学、探究性学习等的实证研究，从"适合的教育"的核心处着手改革。

（二）搭建平台，多元发展

许多职业院校教室门口的墙上都挂有班级手机袋，目的是希望学生上课不玩手机、认真听讲，这样的出发点固然可以理解，但在"信息化""互联网+""移动终端"时代，学生获取信息、知识的方式至少和他们的授课教师那一代有了极大差别，在没有升学压力的情况下，职校学生学习特点的改变是在适应时代，而班级手机袋却不是。从"适合的教育"角度看，职业院校面对这种改变，在表示理解、尊重之余应作出相应的调整。另一方面，很多基层老师、研究者认为，职校学生存在行为习惯差、对学习不感兴趣、学习能力不强等不好的情况。从"适合的教育"角度看，这种评价的标准是"不适合的教育"。职校学生对学习不是不感兴趣，也许

---

① 张燕. 五年制幼师学生人格类型调查及教学建议［J］. 江苏教育，2016，(36)：63-66.
② 刘瑞平. 职业教育应重视受教育者的个性发展［J］. 中国成人教育，2014 (17)：17-19.

是对知识呈现的方式不感兴趣、对老师不感兴趣；学习能力不是不强，而是不擅长某些方面。按照加德纳"多元智能"理论的说法，我们不能说谁比谁聪明、谁比谁成功，只能说在某一方面，谁比谁更聪明、更成功。基于以上两点考量，职业院校要提供"适合的教育"，就应搭建更适合学生学习的平台，从而促进他们的多元化发展。

1. 完善网络学习平台。如可以借助超星学习通、蓝墨云班课、微助教等开展信息化教学，寻找更适合老师教学风格、适合学生学习风格的信息化手段，用更娱乐化的方式丰富微课资源，为学生提供多样化的网络课程。

2. 搭建创新创业平台。李克强总理早在2014年9月的夏季达沃斯论坛上就提到"大众创业、万众创新"。职业院校更强调实用性，因此，应该培养学生的创业能力。首先，教育主管部门和学校应该与行业、企业共同设立创业基金；其次，学校应积极营造创业氛围，定期举办创业讲座、论坛，邀请名家为学生提供实践指导，完善创业课程体系，做好创业基地建设，尽一切力量促进创业项目孵化。

3. 优化校企合作平台。企业是利益驱动，学校则是公益推动，这种矛盾渗透到校企合作的方方面面也是目前职业院校校企合作问题的根源所在。要提供"适合的教育"，就要充分认识利益与公益这对矛盾，在经济新常态、工业4.0的时代大背景下，重新认识这一矛盾，拓宽校企合作共赢的渠道。这就需要学校科学研制校企合作规划，树立"以服务求支持、以贡献求发展"的理念；同时企业不能一味追求利益和回报，而应树立长远发展目标，发挥市场调节机制，实行双方淘汰制，企业与学校共同打造高品质校企合作平台。

平台的重要性和成效在很多行业、学校均已成为共识。多元发展的成效也有研究证实，如徐兵等人[1]证明"多元发展、项目学习、协同创新"人才培养模式明显提升学生综合职业能力，得到学生和企业的高度认可，在期末评教中，学生对教师教学的满意度达到99%。

---

[1] 徐兵，盛丽梅，胥加美. 高职院校"多元发展、项目学习、协同创新"人才培养模式实践研究[J]. 高等工程教育研究，2017（02）：180-183.

(三) 完善课程，丰富选择

课程是学校教育活动的一个重要因素，学校主要是通过提供各类显性、隐性课程达成人才培养目标。"为每个学生提供适合的教育"必然涵盖"为每个学生提供适合的课程"。然而怎样的课程才是适合的呢？有学者[①]主张通过进一步加大经费资源投入，打造课程超市，设置学生可选择的丰富课程，满足学生个体需求。就职业教育目前的规模而言，这种建议不太现实。

目前职业院校的课程大体可以归为三类——基础课程、专业课程和技能课程，每一类中又有各不相同的科目。在现有课程体系中，通常保留那些专业核心及基本满足未来职业需求的课程，同时根据学校特色尽可能多地加入可供学生自由选择的多样化课程，提供实施"适合的教育"的操作性建议。不过，加入的课程必须经过学校专门部门的充分论证。这与"适合的教育是学生自我选择的教育，必须赋予学生选择的权利"[②]的观点一致。

(四) 培训师资，助推发展

教师是学校发展的基石，是学生成长的引路人。无论是课堂教学、搭建平台还是丰富课程，都离不开教师的参与，没有了教师，一切皆为空谈。所以，提供"适合的教育"，师资的水平、结构、素养亦是关键。

1. 当务之急是加强有针对性的在职培训，有效评价培训效果。参加在职培训的教师多数是奔着职称、继续教育学时、管理和考核的目的而去的，这样的出发点导致培训的效果往往不理想。职业院校要提供"适合的教育"，就必须尽快完善校本培训评价机制，联合培训部门制定针对"适合的教育"的培训内容和效果评价办法。

2. 长远来看要进行教师培养供给侧改革。如，在职前教师培养中增加创新创业教育方向，提升职前教师的信息化水平，基于人口变化趋势、

---

① 马健生，李洋. 为每个学生提供适合的教育：何以不可能或何以可能——基于课程的教育功能的分析[J]. 北京师范大学学报（社会科学版），2016（06）：22-31.
② 冯建军. 适合的教育是学生满意的教育[J]. 上海教育科研，2018（03）：1.

产业结构调整优化专业设置。再如，积极推进"双师型"教师职前培养和职后培训的改革。

四、灵活评价，淡化结果："间隔年"体验就业

有人在综合梳理"适合的教育"不同主张的基础上，提出"适合教育评价"作为新的教育评价理念，主张每位学生主体教育需要的达成在教育评价中具有核心地位。① 然而，科学合理的教育评价涉及教育价值观、教育目标、教育的方法手段等，即使教师对学生进行评价教育，更多也是基于方法和手段，对教育目标的整体把握、所依据的教育价值观、评价的专业性都难以在短时间内达成。再者，让学生在接受"适合的教育"后就对其做出恰当的评价也不现实。所以，把教育评价权完全交给学生，无论是理论上还是实践上都不成立，而且也有失草率。

传统的教育评价有学校、教师、学生、家长、主管部门以及用人单位等多元化主体，然而这些都或多或少与评价对象有隶属或利益关系，评价结果的信度、效度难以保障。2010年和2015年，国家多个文件中提到"职业教育第三方评价"，学术界对职业教育第三方评价模式的研究也论证了其诸多优势，如科学性、必然性和客观性等。②③ 然而，不管哪种评价，其评价的对象都是职业教育的质量，而且是整体的质量，较难体现个体的发展，不完全符合"为每个学生提供适合的教育"的理念。

笔者认为，对"适合的教育"的评价既要有整体的也应包括个体的，应该以一种更灵活的方式进行评价，即无论是第几方都可以参与评价，且重要的不是评价结果，而是主管部门、学校、老师对评价结果的反思、改进，并适时对"适合的教育"做出调整、改善；是家长对子女、学生对自己更准确的定位，理想化的状态就是能以"间隔年"式的心态，体验不同

---

① 王祥. 关于"适合的教育"的两点思考 [J]. 教学与管理，2018 (15)：61-64.
② 梁卿. 论高职教育质量第三方评价的必要性——一种教育经济学的解释 [J]. 职教论坛，2014 (22)：35-38.
③ 邱磊. 职业教育第三方评价模式的困境与出路 [J]. 中国职业技术教育，2018 (15)：61-66，86.

的生活、工作方式,培养积极的人生态度,学习生存技能,增进自我了解,从而找到自己真正想要的、更好的工作,更好地融入社会。这里不是鼓励学生都去"间隔年",而是用"间隔年"式的心态,对待职业生涯、自己、家庭,毕竟"间隔年"是一种奢侈品。

(肖加平)

全人教育理念下学前教育五年制幼师职业能力重构的探讨

一、全人教育理念下学前教育五年制幼师职业能力重构的原则

（一）扬弃性原则

在重构全人教育理念下学前教育五年制幼师职业能力时，既要有抛弃又要有保留，既要有克服又要有继承。这里的"扬弃"是通过原有职业能力体系与全人教育理念下职业能力体系的内在矛盾运动而进行的自我否定，是职业能力体系发展和联系的环节。联系的环节体现了全人教育职业能力体系对原有职业能力体系的发扬、保留和继承，这是"扬"的过程。发展的环节体现了全人教育职业能力体系对原有职业能力体系的抛弃和克服，这是"弃"的过程。在学前教育五年制幼师职业能力重构过程中，应总结本校和其他院校幼师正面、积极的经验，反思教训和问题，结合教育发展、地区发展、学校发展、学生发展对学前教育的时代要求，在客观分析的基础上重构出符合全人教育理念下学前教育五年制幼师职业能力，避免在职业能力重构过程中简单地肯定一切或否定一切，犯片面性和绝对化的错误。

（二）整体性原则

学前教育五年制幼师职业能力应从部分到整体、从目标到关系、从结构到过程、从等级到网络，重心应从理性到感性、从分析到综合、从线性思维到非线性思维。应从不同的视角分析多个子系统，形成一个网络，了解它们之间如何以复杂的方式相互作用，同时了解系统在多大程度上可独立、自动地整体运行。[1]

---

[1] 刘宝存. 全人教育思潮的兴起与教育目标的转变［J］. 比较教育研究，2004（9）17-22.

（三）特色性原则

学前教育五年制幼师职业能力重构，要体现本校的教育核心理念和价值追求，反映学校办学目标，并与学校的专业设置、学校的现代化、社会发展的时代性相联系，经过师生共同讨论，形成全校共识并最终得到认可。要构建具有专业特色、鲜明个性品牌，真正凸显学前教育特点的职业能力体系。

（四）发展性原则

学前教育五年制幼师职业能力重构，要以学生的"专业发展"为主要目的。由于学生整体素质的提高依赖于学生个体的专业发展，因此，幼师职业能力重构应从学生全面发展、职业专业化和社会不断进步的角度来考虑，从而促进学生不断对自己的教育教学观念与活动进行反思，并从个人的专业发展需求出发，制订个人未来的专业发展目标，朝着专业发展的方向努力，体现当前社会求才、学生成才、学校育才等多方面的需要。

（五）多元性原则

全人教育包括以下方面：个人价值观和道德判断的建立，人生观的形成；知识、技巧和良好学习习惯的获得，理解、思考、推理能力的发展，创造力、新思想和新观点的形成；身体的成长、体能的发展，良好饮食和卫生习惯的养成；能有效、从容地与来自不同背景的人进行交往，且能达到融洽相处和彼此满足，人际交往的效能和礼仪、沟通的技巧、理解能力、潜能的发挥及领袖才能等方面素质的培养；学生具有对美、艺术、大自然乃至人生的欣赏能力和对各种艺术、文化修养活动的积极参与能力，以发展学生自身的审美素质；个体对自己的兴趣、价值、能力和天赋有正确认识，对自己未来职业有计划，做好从校园向工作岗位转变所要求的各种技能和心理的准备，以及各种职业领域信息的获得；能够认识和妥善管理自己的情绪，感受他人的情绪，建立自信心、管理人际关系、处理压力等。[1] 由此可见，基于全人教育理念的学前教育五年制幼师职业能力也应

---

[1] 石铁峰，黎品良．"全人发展"教育理念对高职院校职业素质教育的启示［J］．南宁职业技术学院学报，2012（2）：52-54.

该是多元的。

(六) 动态性原则

动态性即重在开放性而非封闭性、重在适应性而非被动性、重在发展性而非既定性，也就是要做到与时俱进。学前教育五年制幼师职业能力始终处于生长、变化、发展中，而不仅仅是学生毕业获取工作，具有明显的阶段性特征。职业能力是一个培养、实现和继续发展的过程，包括学生接受高等师范教育培养职业能力的阶段、搜寻职业岗位实现职业能力的阶段和职业能力不断提升的职业生涯阶段。在不同阶段，职业能力的影响因素和影响特征是各异的，是先天因素和后天因素的结合，是适应性和发展性的集合。

(七) 终身性原则

职业能力首先是一种学习能力。古人云："授人以鱼不如授人以渔。"就学前教育五年制幼师职业能力的培养而言，"授人以鱼"是指向学生传授各种知识和技能，而"授人以渔"则是指向学生传授获得知识的能力。仅仅依靠高等师范教育阶段所获得的知识和能力已无法适应和满足一个人的职业生涯需要，因此，终身学习也应该是学前教育五年制幼师职业能力的内在因素之一。

(八) 生态性原则

在学前教育五年制幼师培养系统中，存在着由教师、学生、教学环境、校园环境、社会环境等要素构成的生态系统，他们在同一的动态运行中不断进行物质循环、能量转换和信息交流，以追求和谐平衡为目标，维持系统各要素协调均衡发展。职业能力在强调知识、技能掌握的基础上，更加追求人的素质的多元性与精神世界的完满，由此构成一个完整的具有生命意义的人，而不是学习的机器。学前教育五年制幼师培养出的学生应是可与自己、与他人、与世界和谐相处的人，从而实现教育引导人、发展人、发展社会的价值功能。同时，一切处于教育实施中的个体都是平等的，包括教师与学生，知识的教学成为教师与学生围绕知识资源进行双向建构的平等活动，尊重生命，意味着尊重生命个体的多样性与差异，要尊重教师，更要尊重学生在教育实施过程中的智慧的火花，尊重他们的创造力，只有这样才意味着对生命的真正尊重。另外，要注意职业能力评价的平衡性：讲究过程评价，但并不否认结果评价的重要性。评价最终指向长远发展，而非眼前的奖励与惩罚。在评价过程中应充分尊重学生的个体差异。鼓励学生从事自己感兴趣的探究活动，体验知识的原创过程，感受知识生成的激动与欢欣，学会学习、学会探究、学会创造。

二、全人教育理念下学前教育五年制幼师职业能力的重构

日本近现代著名教育家小原国芳说："制度也好，理想也好，课程也好，教科书也好，设备也好，方法也好，一切的一切均归之于'人'——教师。"为培养满足幼儿园需要的合格幼儿教师，幼儿师范院校必须在全人教育理念下重构学前教育五年制幼师职业能力。

全人教育的核心思想在于教育培养目标的转变，它对传统教育只重视知识传授和技能习得的培养目标提出批评，倡导教育培养完整的人，使人在身体、知识、技能、道德、智力、精神、灵魂、创造性等方面都得到发展，成为一个真正的人、一个具有尊严和价值的人、一个有作为的人，而不仅仅是一个雇员、一个国家的人力资源、一个政治或经济的工具。全人教育并不是要幼儿师范院校教育放弃自己作为高等教育特殊类别的固有特点，而是在"重技能、抓实践"的基础上，同时重视受教育者人文精神的塑造与身心的成长和全面发展，即在幼儿师范院校教育中引进和渗透"全人"教育思想，构建"全人"教育模式。① 到目前为止，国内外有关职业能力的研究还没有统一的认识，我们认为，在全人教育理念下学前教育五年制幼师职业能力包括基础能力、专业能力、适应能力、发展能力等四个维度，这四个维度循序渐进、相互映照、紧密联系。

（一）基础能力

基础能力是指学前教育五年制学生适应社会生活应该具备的基本素

---

① 田新蕊，杨保华. 高职教育中"全人"教育模式的探索［J］. 中国成人教育，2009（22），83-84.

质,是每个学生经过幼儿师范院校教育应当达到的基本能力。它是学前教育五年制学生就业后能否迅速成长的根本所在,具体包括:具备良好的思想素质,较强的事业心与责任感,基本的知识素养和道德修养;热爱幼儿、尊重幼儿的人格和权利,容忍和尊重幼儿的差异,尊重并促进每个幼儿富有个性的发展,支持幼儿学习,促进幼儿认知和智力发展,促进幼儿的社会性、人格的积极性和谐发展,对幼儿的学习发展负责;树立正确的教育观和儿童观,正确地认识儿童和儿童发展,关爱幼儿,将自己的人生观、世界观与未来的职业相统一;具有基本的人文素养和科技素养,拥有完善的知识结构,具有较强的口头表达能力与文字表达能力,能有效地与人沟通,能清楚地用文字表达自己的思想,能比较规范地写作各种应用文体;具有一定的外语应用能力;具有健康的身体素质,达到大学生体育锻炼标准,并具有一定的竞技能力;具有熟练使用现代多媒体设施的能力,能用多媒体获取信息;具有基本的判断推理能力。①

(二) 专业能力

专业能力是指学前教育五年制学生在校期间通过系统的专业学习,掌握专业知识并能运用所学知识解决本专业领域相关业务问题的能力。它是学前教育五年制学生可持续发展的基础,是学前教育五年制学生实现就业的核心竞争力。

《幼儿教师专业标准(试行)》明确指出,幼儿园教师是履行幼儿园教育工作职责的专业人员,必须经过严格的培养与培训,具有良好的职业道德,掌握系统的专业知识和专业技能。② 幼儿园教师要掌握最新的知识和理论动态;掌握幼儿身心发展基本规律、幼儿教育基本原理和相关知识。掌握开展幼儿教育活动所需要的体育、艺术知识;掌握各种教学法知识;掌握组织幼儿活动所必需的基本知识;掌握幼儿卫生保健基本常识和相关知识;掌握较丰富的幼儿园组织管理的基本常识和知识;掌握基本的幼儿教育科研的相关知识。掌握对幼儿进行恰当保育、护理的方法;掌握

---

① 郑庆文.高职学前教育专业人才素质结构分析 [J].职业教育研究,2008 (4),40-41.
② 刘冬梅.高职院校学生职业能力的定位研究——以学前教育专业为例 [J].河南科技学院学报,2013 (6),7-9.

幼儿园管理方法和技能，具备从事幼儿园教育管理工作的能力；具备良好的幼儿园教育活动指导与设计的技能；具备良好的幼儿游戏指导与设计的技能；能够针对幼儿身心发展特点，较好地进行幼儿教学活动设计，能根据实际教学需要，随时创设与布置幼儿园环境，开展形式多样的教学活动；会观察、了解、记录幼儿的心理发展状况，在教学实践中观察、记录和分析幼儿行为活动；会激发幼儿的好奇心和学习兴趣，会促进幼儿自信心和独立性的发展，培养幼儿良好的生活习惯，促进幼儿身心健康发展，会促进幼儿良好品德行为的形成，会采取不同的方式对待不同的幼儿，会设计探究性的游戏活动，会运用多种方法有效地导入活动，会运用开放式的问题组织指导活动和结束活动及迁移活动；能与幼儿进行灵活有效的交流、沟通，包括非言语沟通方式的表情动作或体态手势等（如微笑、点头、适时的抚摸、搂抱幼儿等）；懂得营养学和常见病、传染病和外伤的简易处理知识，维持卫生、健康、安全的教室环境和幼儿园环境；会利用家长和社区等有效的教育资源，完成幼儿园的教学任务；能及时把握时机对偶发事件进行随机处理；会制订教学计划、开展主题班会；具有良好的与家长沟通、协调的能力，能帮助家长树立正确的家教观念，正确认识家长的作用，要尊重、理解、平等对待家长，很好地为家长服务；会歌唱、即兴伴奏、表演与编排幼儿舞蹈；掌握良好的绘画与手工的能力；能够设计、编导"六一""十一""新年"等重要节日的演出活动；设计教具和玩具，会绘画、剪纸、折纸、泥塑等技能技巧；① 会根据季节变化和教学要求，创设与布置幼儿园的环境，制作幼儿园的教具；会观察、记录幼儿的活动和行为，学会形成、提炼研究问题，掌握收集资料的正确方法和途径，能够比较规范地撰写文献综述；能说一口流利的普通话，并达到国家普通话考试二级甲等以上水平；能运用计算机处理日常工作及开发幼儿智力，并会制作幼儿园的教学课件，能运用网络化教学资源，具有网上学习与获取信息的能力；具有听课评课的能力。

（三）适应能力

适应能力是指学前教育五年制学生善于根据社会生活中的变化及时反

---

① 邓霁岚，周端云．高职学前教育专业学生职业能力分析［J］．教育教学论坛，2011（3），152-154．

馈，随机应变并与社会达到和谐状态的一种能力。适应能力是学前教育五年制学生保持相对稳定就业的智能条件。它包括：适应环境能力；良好的心理品质，有较好的心理素质与人格特征，即积极、主动、自信、灵活、宽容，能勇于面对竞争的压力和工作挫折，善于化解人际沟通中的矛盾，努力改善日常生活的氛围，调节紧张、压抑的情绪等；具有良好的社交能力与处事能力，掌握人际交往的效能和礼仪、沟通的技巧、理解能力；具有良好的社会认知和判断能力，能用道德约束自己的能力；具有抗挫折能力，顽强的毅力，在困难面前能够百折不挠，知难而进；具有合作意识，能与同事积极沟通，互相学习，分享经验，分享智慧。

（四）发展能力

发展能力关系到学前教育五年制学生前途和发展空间。它能使学生获得终身发展的源泉、动力，具体包括学习能力、创新能力和预见能力。学习能力即自我学习能力、自我完善能力。自我学习、自我完善的能力是个人发展能力的基础，只有不断学习、不断自我完善，形成终身学习的习惯，才能适应新时期学前教育的需要。[①] 创新能力是创造性思维能力、开发教学材料的能力、教学法变式能力、创设最佳教学情境的能力、探索思想教育新形式的能力等的合成[②]，同时要形成创造性的人格特征，使自己成为未来具有创造性的幼儿教师。培养具有创新能力的人是时代赋予全社会的职责，是个人迎接新世纪、新挑战和职业生涯必备的基本能力。要创造未来，首先要能面向未来、预测未来、构想未来。在信息社会中，人们必须学会根据现在预测未来，形成预见能力，这是社会对教育，也是对幼儿教师提出的新要求。[③]

（彭才根）

---

① 钟雪梅. 多维视角对高职学前教育专业学生职业能力的定义及启示［J］. 红河学院学报，2013（4），70-73.
② 何金明，宋波. 师范专科生教师职业能力的内涵与结构初探［J］. 萍乡高等专科学校学报，2011（2），80-84.
③ 郑琰. 高职学前教育专业学生职业能力存在的问题与对策［J］. 中国成人教育，2013（14），100-101.

五年制高职幼师生专业情意现状的调查与思考
——以常州幼儿师范学校为例

近年来,随着我国教育事业的发展和二胎政策的实施,学前教育受到了越来越多的关注。2017 年,《国家教育事业发展"十三五"规划》指出,要提高幼儿园保育教育质量,着力提升学前教育教师、保育员素质。幼儿园教师是履行幼儿园教育教学工作职责的专业人员,需要经过严格的培养与培训,具有良好的职业道德,掌握系统的专业知识和专业技能。而在幼儿教师必须具备的各种素质中,专业情意对其专业发展和职业生涯具有重要的影响,也影响到幼儿教师队伍的专业化和稳定性。作为培养幼儿教师的专门教育机构,幼儿师范学校在学生的职前培养中应该关注其专业情意的培养。

一、教师专业情意的内涵及维度

关于教师专业情意的内涵,目前还没有统一的概念。教育部师范教育司在《教师专业化的理论与实践》一书中提到教师专业情意,指出教师的专业情意表现为教师个体把教育教学工作当作生命的一部分,有强烈的责任感和认同感,愿意终身奉献于教育事业。① 这是对教师专业情意比较权威的论述。"专业情意",这是一个和我们常说的"专业态度"相近的概念,但它比"专业态度"更人文,更内蕴,更深刻。教师的专业情意是教师对教育事业的情感态度与价值观的融合,是教师职业道德的集中体现,

---

① 教育部师范司. 教师专业化的理论与实践 [M]. 北京:人民教育出版社,2001:105.

也是教师专业持续发展的根本动力。① 除此之外，一些研究者根据自己的研究内容，从不同的角度概括了教师专业情意的内涵，主要有："教师的专业情意是教师个体对自我从事教育教学工作的感受、接纳和肯定的心理"②"专业情意是一种外在于专业知识的自我意识、价值观等具有人文内涵的情感体验状态。"③"专业情意是指教师对自己所从事的行业的认同度以及在本专业中自我感知度。"④ "专业情意是基于对所从事专业的价值、意义深刻理解的基础上形成的奋斗不息、追求不止的精神"⑤"教师的专业情意是教师把教育教学工作当成了生命的一部分，具有强烈的责任感和认同感，愿意把毕生的精力奉献于教育事业。"⑥ 可见，研究者们大多从情感的角度解释了专业情意的内涵，专业情意更加强调的是愿不愿意，强调教师的认识、体验和感受。还有的研究者从教师专业情意的表现上进行定义，认为教师的专业情意是教师对教育、教学专业的一种深厚的感情，教师专业发展成熟境界意味着专业情意的健全。⑦ 有的研究者从"教育情意"的角度将教师的专业情意概括为"教师在教育教学实践过程中所形成和沉淀的一种情感倾向，它包括教师对待教育的意识、态度和专业精神。"⑧ 也有的研究者探讨了幼儿教师专业情意的问题，认为幼儿教师的专业情意素养就是指幼儿教师对其所从事的幼儿教育这一职业的情感态度。⑨

参考已有文献，本研究将教师专业情意界定为：教师的专业情意是教师对待教育教学专业的意识、态度和专业精神，是教师愿意终身奉献于教

---

① 陶西平. 教师的专业情意 [J]. 中小学管理. 2007 (07)：54.
② 王燕霞，严弋琴. 小学教师专业情意状况调查与分析 [J]. 江西教育学院学报（综合）. 2006 (3)：126.
③ 冯龙芝. 高师院校教学改革与师范生专业素养发展 [J]. 中国高教研究，2004 (5)：88.
④ 王港. 邹保禄. 论我国高校体育教师的专业素质结构 [J]. 西安体育学院学报，2005 (6)：113.
⑤ 王秀香，都晓娟，全海英，孙慧. 对辽宁省中学体育教师专业素质现状的调查与分析 [J]. 辽宁师范大学学报，2005 (93)：373.
⑥ 张丽莉. 乌鲁木齐思想品德教师专业情意研究 [D]. 新疆师范大学，2014：10.
⑦ 胡东芳. 教师形象：从"公仆"到"专家"——创新教学呼唤教师专业化 [J]. 教育发展研究，2001 (11)：50-53.
⑧ 文雪. 教师的教育信念及其养成 [J]. 当代教育科学，2010 (9)：30.
⑨ 盖丽娜. 幼儿教师专业情意素养的优化策略 [J]. 科教文汇. 2015 (11)：16.

育事业的一种深厚的感情。据此，本研究将"教师专业情意"划分为以下三个维度。

（1）专业意识

专业意识是指研究对象对待教育教学工作的认识和观念，包括对幼儿教师职业及价值的认识、幼儿观、教育观等，是对教师这一职业的客观的理性看法。

（2）专业态度与信念

专业态度与信念主要指向研究对象对于教师职业的个性化的看法，包括专业意愿、专业意志、专业发展等方面的问题。

（3）专业自我

专业自我是指研究对象在职前学习或职后工作中对教师职业的主观感受，包括自我体验、自我效能这两个主要方面。

二、幼师生专业情意调查设计及过程

（一）调查问卷的设计

本研究借鉴已有研究成果中教师专业情意的调查问卷，结合幼儿园教师的实际情况，自行编制了"幼师生专业学习情况调查问卷"。问卷除指导语外，主要包括两部分：第一部分主要是调查对象的基本信息；第二部分为本研究的具体调查问题，其中，"专业意识"15题，"专业态度与信念"21题，"专业自我"14题。问卷采用李克特（Likert-type Scale）量表的形式，将每个问题分为"完全符合""比较符合""不确定""不太符合""完全不符合"等五个等级。

为使本研究的调查问卷更具有普遍性，在问卷正式发放之前，研究者首先选取一个自然班作为样本，发放48份问卷作为预调查，回收有效问卷46份，回收有效率为96%，在预测数据的基础上对问卷的信度进行分析。本问卷总表（50项）的克伦巴赫系数 α（Cronbach α）为0.883，在0.8~0.9，说明本问卷具有非常好的信度。

（二）调查实施过程

本研究采取随机抽样的方法，以学前教育专业在校生为研究对象，共发放问卷183份，回收有效问卷179份，回收有效率为97.81%。具体情况如下（表1）。

表1 调查对象年级、性别分布情况

			年级				合计
			2013级	2014级	2015级	2016级	
性别	男	人数	25	22	17	22	86
		占总人数的百分比	14.0%	12.3%	9.5%	12.3%	48.0%
	女	人数	21	24	29	19	93
		占总人数的百分比	11.7%	13.4%	16.2%	10.6%	52.0%
合计		人数	46	46	46	41	179
		占总人数的百分比	25.7%	25.7%	25.7%	22.9%	100.0%

（三）调查结果的处理

问卷调查实施后，进行数据的编码、整理和录入，并采用spss18.0软件进行统计、处理和分析。

三、幼师生专业情意调查结果

（一）专业意识

在对幼儿教师这一职业的理性认识上，98.3%的幼师生认为幼儿教师是专业性很强的职业，96.6%认为这个职业对社会贡献巨大，同时认为幼儿教师需要很强的创造力。可见，幼师专业本身的价值和重要性是幼师生非常认可的。

在儿童观方面：99.5%的幼师生认为幼儿有自己的想法，老师也应该听听他们的意见；96.1%的幼师生认为在以后的工作中自己会让幼儿参与班级的环境创设；97.2%表示幼儿交谈时，自己会尽可能地蹲下来倾听。这表明，幼师生普遍是尊重幼儿的，愿意以平等、对话的方式与幼儿相处和交流。在"幼儿就是一张白纸，你画上什么他就是什么"这一问题上，58.1%的幼师生选择了"完全符合、比较符合"，14%的幼师生不确定，16.2%的幼师生选择了"不太符合"，11.7%选择了"完全不符合"。从这个结果可以看出，幼师生对儿童心理和个性发展的认识还存在不足。

在教育观方面，95.6%的幼师生认为对于性格不同的幼儿要采用不同的教育方法，95.5%的幼师生认为在一日生活中要为幼儿提供充足的游戏时间和空间，这两个基本的认识还是正确的。但对于具体的教育内容和方法，如"幼儿园一日活动中集体教学活动最重要""对幼儿严厉一些能够树立教师威严"和"我认为在学前阶段对幼儿的培养目标是让他们学习一些基础的知识和技能"这几个问题，大部分幼师生还是比较模糊。具体情况如下（表2）。

表2 幼师生关于"集体教学""幼儿管理""教育目标"问题的回答情况

问题	完全符合	比较符合	不确定	不太符合	完全不符合	合计
幼儿园一日活动中集体教学活动最重要	71 39.7%	52 29.1%	25 14%	27 15.1%	4 2.2%	179 100%
对幼儿严厉一些能够树立教师尊严	35 19.6%	50 27.9%	39 21.8%	44 24.6%	11 6.1%	179 100%
在学前阶段对幼儿的培养目标是让他们学习一些基础的知识和技能	69 38.5%	64 35.8%	18 10.1%	23 12.8%	5 2.8%	179 100%

（二）专业态度与信念

在专业意愿方面，88.8%的幼师生认为做幼儿教师是很有意思的工作；92.2%的幼师生喜欢和幼儿相处。24%的幼师生选择学前教育专业主要是形势所逼；82.1%的幼师生十分乐意毕业后从事幼师工作，并且对工作充满期待。当幼师群体被指责时，78.8%的幼师生对这种侮辱感同身受。可见，大部分幼师生还是比较喜欢这个职业的，也有一定的归属感，进入专业学习后主观意愿还是比较强的。

在专业意志上,89.4%的幼师生想努力成为一名优秀的幼师;83.3%的幼师生表示能够自我监督,为将来成为优秀幼师而努力。在"我愿意将幼儿教师作为终身职业"这一问题上,54.2%的幼师生表示"完全符合"或"比较符合",36.9%的幼师生表示不确定,9%的幼师生表示"不太符合"或"完全不符合",对于"如果能重新选择,我会选择其他的职业"这个问题,20.7%的幼师生选择了"完全符合"或"比较符合"。由此可以看出,幼师生的专业意志还不够坚定。

在专业发展方面,对于"我对将来的幼师工作有明确的职业生涯规划"这一问题,完全符合的占32.4%,比较符合的占35.8%,不确定的占25.7%,不太符合和完全不符合的占6.1%。这说明有一部分幼师生没有明确的专业发展目标和中长期或短期计划。对于"希望自己将来能向幼儿园管理者方向发展"这一问题,81.5%的幼师生有这方面的意愿,13.4%的幼师生表示尚不确定。对于未来工作中的学习,90.5%的幼师生表示会对自己的工作进行反思,86.6%的幼师生表示愿意经常和同学进行专业方面的交流与分享,93.9%的幼师生表示愿意去参加各种培训和学习,这表明,他们专业学习的愿望还是比较强烈的。

(三) 专业自我

自我体验是伴随自我认识而产生的内心体验,是自我意识在情感上的表现,即主我对客我所持有的一种态度。它反映了主我的需要与客我的现实之间的关系。客我满足了主我的要求,就会产生积极肯定的自我体验,即自我满足;反之,客我没有满足主我的要求,则会产生消极否定的自我体验,即自我责备。在自我体验方面,有94.4%的幼师生愿意告诉别人将来自己会是一名幼师;认为"在专业学习中,我自信、积极、乐观"完全符合或比较符合的占87.7%;77.1%的幼师生感到自己很适合做幼师;93.9%的幼师生能感受到家长很支持自己将来做幼师。总体来说,幼师生的自我体验比较积极,主观上的需求大部分能够满足。

自我效能是指人们对自身能否利用所拥有的技能去完成某项工作行为的自信程度。它与一个人的个人能力水平相关,但并不代表个人真实的能力水平。自我效能感决定人们对行为任务的选择及对该任务的坚持性和努力程度,同时也影响人们在执行任务过程中的思维模式以及情感反映模式。在自我效能方面，有96.1%的幼师生感觉在专业学习中自己的能力不断提升；95.9%的幼师生认为，如果自己尽力去做的话，一定能够解决未来幼师工作中的大多数难题；对于"我相信自己将来能在幼师职业中有出色表现"这一问题，90%的幼师生认为完全符合或比较符合。可见，幼师生的自我效能感还是较强的。

四、幼师生专业情意现状分析

（一）幼师生专业情意水平整体较高

从本次问卷调查的结果来看，幼师生的专业情意水平整体较高。如，在专业认识方面，98.3%的幼师生非常肯定幼儿教师作为一项专门性职业的价值和重要性；在专业态度与信念方面，88.8%的幼师生认为做幼儿教师是很有意思的工作，89.4%的幼师生想努力成为一名优秀的幼师；在专业自我方面，96.1%的幼师生感觉在专业学习中自己的能力在不断提升，90%的幼师生相信自己将来能在幼师职业中有出色表现。从这些数字可以看出，绝大部分的幼师生非常认可自己的专业，有一定的责任感和使命感，愿意将自己的未来投入这份事业，并且通过专业学习，得到了能力的提升，对自己的学习和将来的工作也很有信心。

（二）男幼师生与女幼师生的专业情意未见明显差异

在性别上，男幼师生与女幼师生的专业情意没有表现出明显差异。除个别题目外，如：84.9%的男生希望自己将来能向幼儿园管理者方向发展，这一比例略高于女生的78.5%；94.1%的男生相信自己将来能在幼师职业中有出色表现，比例高于女生的86%；89.6%的男生能感受到家长很支持自己将来做幼师，这一比例低于女生的97.9%；90.7%的男生认为如果努力去做，一定能解决未来幼师工作中的大多数难题，这一比例高于女生的81.5%，考察其专业情意的其他题目，男幼师生与女幼师生的回答结果都不相上下。由此可以推断出，男生比女生对于自己的学习和工作能力表现出更多的期望和自信，想要在这一职业中有更多的发展。但是，尽管如此，问卷中所有的题目通过显著性检验，都没有呈现出显著差异。

(三) 幼师生的儿童观和教育观有待完善

在儿童观和教育观方面，总的来说，幼师生对儿童教育的基本原则还是了解的。但在具体问题上，如"幼儿就是一张白纸，你画上什么他就是什么"，关于儿童观的这种"白板说"，虽然承认了后天教育的作用，却忽视了儿童发展的主动性，是不符合当代儿童观的一种观点，而只有 11.7% 的幼师生能够正确认识这一问题；再如，"幼儿园一日活动中集体教学活动最重要""对幼儿严厉一些能够树立教师威严"和"在学前阶段对幼儿的培养目标是让他们学习一些基础的知识和技能"这几个问题，大部分幼师生的观念还很模糊。这说明学生的儿童观和教育观更多的来自自身的经验和期望，还不科学，他们对于儿童的平等尊重和对于教育的美好设想还具有朴素主义的色彩，专业学习和思考尚存在不足。

(四) 幼师生在专业选择和发展方向上还存在迷茫

在选择专业的时候，24% 的幼师生选择学前教育专业主要是形势所逼，可能受到中考分数、家长要求等因素的影响，同时 20.7% 的幼师生认为"如果能重新选择，我会选择其他的职业"，这种客观且消极的专业选择动机势必会影响到其专业情意。虽然对于青春期的学生而言，"终身职业"确实有些遥远，但科学合理的职业规划对专业情意和专业发展的作用是不容忽视的，从"是否有幼师工作的职业生涯规划"和"我愿意将幼儿教师作为终身职业"这两个问题的回答结果可以看出，还有近一半的幼师生专业发展目标不明确，专业意志不够坚定，在这种情况下，他们的专业情意更容易受到外界因素的影响。

五、对策与建议

(一) 增设特色课程，提升幼师生整体竞争力

马斯洛的需要层次理论认为，自我实现的需要是最高层次的成长需要，是关于成长与发展、发挥自身潜能、实现理想的需要，是一种强大的内驱力。专业自我实现的需要是专业情意发展的内部动力。从本次问卷调

查的结果来看，男幼师生和女幼师生的专业情意没有显著差异。那么，在未来的工作中，如何发挥各自的优势，使其在自己的岗位上更好地实现专业自我是职前教育应思考的问题。笔者认为，可以通过开设特色课程、分层培养等方式，帮助幼师生获得一些特长，提升幼师生的整体竞争力。如有的幼儿园需要男幼儿教师专门开展体育活动，那么，在男幼师生的培养过程中就可以增开幼儿健康教育相关课程，使其比普通的活动设计课程中的学习更加深入；有的女生比较擅长环境创设，可以增加一些美工、艺术类的选修课，以满足学生的兴趣和特长需要；有的幼儿园需要教师做一些科学实验或科技相关的工作，可以开设理科综合课程等。通过特色课程的学习，幼师生在走上工作岗位的时候就会更加自信，在工作中更能发挥自身的价值，实现专业自我，这样也有助于其专业情意的稳定提升。

（二）开展丰富多彩的校园活动，促进专业学习思考

学生是学习的主体，只有学生积极参与、主动建构，课程才能内化为他们的学习经验，促进其专业发展。在职前教育阶段培养幼师生的专业情意，一个重要的方面就是强化专业意识，使学生对学前教育有更深刻的认识和思考，在学前教育事业迅速发展而又存在一系列困境的今天，肩负起自身的责任和使命。在整个学习过程中，专业理论课的教学只是最基本的途径，要对幼师生产生由外而内的影响，仅有专业理论课还远远不够。而丰富多彩的校园活动，则可以更好地激发学生自身的学习和思考。因此，可以从学校各层面开展如图书阅读交流会、知识竞赛等活动，提倡专业书籍的阅读和专业理论知识的学习；可以通过学生讲坛、个人风采展示等校园活动，树立优秀的榜样，给热爱专业学习的学生展示的机会；可以针对学前教育出现的热点事件组织讨论、辩论等活动，帮助学生在思维的碰撞中形成自己的观念；也可以组织像"诗词大会""成语大会"这样的大规模活动，营造良好的学习氛围，掀起学习的热潮并传承下去。通过各种校园活动促进学生的主动学习思考，可以提高其专业意识，提升其专业情意。

（三）增加专业实践机会，使幼师生更加全面了解自己的专业

罗曼·罗兰曾说："世上只有一种英雄主义，就是在认清生活真相之

后依然热爱生活。"这种形容用在幼师生的专业情意上依然合适。虽然本次问卷调查结果显示的幼师生的专业情意水平整体较高,但这种较高的水平应是建立在幼师生对幼儿园教师工作方方面面的了解之上,而不应是一种一厢情愿的热情和盲目的乐观。因此,在职前培养过程中,要增加幼师生专业实践的机会,让他们有更多的时间或整段的时间在幼儿园里见实习,也可以通过和幼儿园建立结对班级的方式,深入班级内部,跟踪幼儿成长,充分了解幼儿园教师的工作和生活,体会作为一名幼儿教师的真实感受,并通过与幼儿的接触和交流,了解自己的兴趣和需要,真正认识到幼儿园教师工作的价值。通过专业实践,幼师生如果能够在全面了解和理性思考的基础上依然热爱这个职业,这才是真正的热爱,也只有这种热爱,才能够将专业情意内化为自身成长的力量。

(四) 加强专业引导教育和职业生涯规划教育

五年制大专幼师生比同龄的高中学生提前三年选择了自己的专业方向,而这些处于青春期的学生们,很多兴趣和想法并不成熟,也会产生迷茫,且很大程度上受到家长、老师和学长学姐的影响。尤其是学长学姐,由于熟悉和亲近,幼师生更愿意相信他们接地气的经验,但这些仅比他们年长一点点的新教师,可能有些人自身的专业情意就不是很稳定,因此难免给在校生来带一些不良影响。这时,正确的引导就显得尤为重要。在幼师的职前专业情意培养中,包括专业课教师、班主任教师和其他任课教师在内的所有老师都应明确培养目标,把幼师生培养工作看成一个整体,有计划有目的地引导幼师生正确认识自己和所学专业,形成合力,加强专业引导教育。专业部门也要做好教育规划,在幼师生入学后的不同阶段开展相关的专业教育工作,如入学初的专业认识、学习过程中的专业引领或毕业时的就业指导等,帮助其形成正确的专业态度。同时,针对每个学生的不同情况,相关教师应及早指导他们做好职业生涯规划,树立短期目标和中长期目标,强化专业信念,关注学生专业发展中遇到的问题,积极做好引导工作,巩固专业情意。

(马 辉)

五年制学前教育专业见实习的路径探索
——基于"校-园共同体"深度合作的实践背景

随着国家对学前教育的高度重视，对学前教育工作者的要求也越来越高。如国家出台了一系列的政策文件：2010 年 7 月出台了《国家中长期教育改革和发展规划纲要（2010—2020 年）》，提出要积极发展学前教育，到 2020 年基本普及学前教育。社会对幼教师资的需求日益增多，这种需求不仅包括迅速增长的量的需求，也包括日益提高的质的需求。[①] 2011 年 10 月，教育部发布了《关于大力推进教师教育课程改革的意见》，提出课程标准要凸显"儿童为本""实践取向"和"终身学习"三大改革原理。2016 年《教育部关于加强师范生教育实践的意见》明确提出要采取观摩见习、模拟教学、专项技能训练、集中实习等多种形式，丰富师范生的教育实践体验，强化教育实践效果。

全国幼儿园教师资格证考试从 2016 年开始正式实施，实施"国考"后考试的内容更加倾向于考查申请者的实践能力。如面试采取结构化面试和情景模拟相结合的方法，主要从职业认知、心理素质、仪表仪态、言语表达、思维品质、教学设计、教学实施、教学评价八方面进行评分，从而考查考生应具备的新教师的基本素养、职业发展潜质和教育教学实践能力。[②] 通过以上分析，我们发现国考把考试内容与考生未来工作岗位紧密结合，考试内容专业化、工作任务化，并且注重对考生教学实践能力的考查。

而见实习是五年制学前教育专业实践教学的重要一环，也是提升学生

[①] 中华人民共和国教育部. 国家中长期家中长期教育改革和发展规划纲要（2010—2020 年）[Z], 2010.

[②] 伍小梅, 吴阳, 刘晓芳. 教师资格证国考背景下师范生教学实践能力培养研究[J]. 素质拓展, 2018（8）: 50-51.

职业能力的重要方法。为此，五年制学前教育专业培养的目标应该是加强学生专业实践能力的培养，夯实学生的见实习能力基础，以确保学生考试的通过率，提高人才培养的质量。

一、见实习中存在的问题

一直以来，由于学校经费、师资、实践基地建设、评价与监管的设置等因素是复杂而多变的，所以五年制学前教育专业见实习过程中出现了很多问题。这些问题阻碍了学前教育专业学生见实习能力的提升。

（一）专业理论教师重理论教学而轻实践教学

很多专业理论教师重理论教学而轻实践教学，教学中往往存在理论不能联系实际、从理论到理论的现象。还有些教师只关注所教理论课程体系的完整性，而对当前学前教育改革重大理论和实践的关注不够，课程资源窄化、开发不力，难以及时补充与整合学前教育发展的新成果和新型应用学科内容，不利于学生的专业发展。

（二）学校层面学前教育专业设置尚未完善

一些学校学前教育专业设置尚未完善，实践教学体系及相关设施（软硬件）准备不足，在校内也没有成立独立的部门规划与管理实践教学，在人员分配上也不合理，缺少多元化的形式，点式、块式的实践课程设置不连贯。目前学前教育专业的实践课程是以集中见实习为主要形式，可以称为块式的实践课程安排。此外，还有散布在各门专业课程中的见习活动，可称为点式的实践课程。[①] 而各个点与块之间虽然有不同的要求，但更应有共同目标，两者之间应该存在统一性，但是现实是这种散点式的课程设置，各点或块的主要负责教师之间一直还存在着如何进行衔接与配合等问题，导致学生缺乏对职业生涯发展的整体规划。

---

① 王长倩. 五年制学前教育专业教育实践课程的设置与改革 [J]. 江苏教育学院学报（社会科学版），2007（3），53-54，57.

（三）学校与见实习机构合作停留在表面不够深入

一方面，有些学校在安排学生参加见实习活动时流于形式，不能为学生提供较好的实习机会，忽视了与幼儿园等机构的合作，导致学生教学实践能力得不到培养，同时，教师在实习中对学生采取放任自流的态度，没有给予有效的指导，实践教学脱离了理论教学的支撑。另一方面，有的幼儿园对顶岗实习的认识不足，未能配合学校制定和执行顶岗实习计划，仅仅把实习生当成处理杂事的廉价劳动力，根本不愿指导实习生的教学工作。

（四）学校指导学生实践教学的师资力量不足

指导学生实践教学对高校教师而言要求比较高，不仅要求教师能深入幼儿园一线进行教学研究，亲自组织幼儿园教育活动，还要求教师有很高的活动指导能力。目前而言，一些学校学前教育的教师达不到以上要求。有的学校在见实习指导教师配置上人数不够，就把音乐、美术、计算机等其他科目的老师充数担任见实习指导老师，这些老师熟悉自己专业领域的知识，但是不懂学前教育，自身缺乏丰富的幼儿园一线工作经验，指导见实习时往往脱离幼儿身心发展特点，偏离科学的幼儿教育理论，难以对实习生进行有效的指导。另外，由于实习学生过多，实习生实习场所过于分散，学前专业指导教师身兼其他教学任务不能兼顾。

（五）教学条件及实训基地保障问题

大部分高校学前教育专业的教学条件有限，无法给实践教学提供良好的保障。校内的实训室不完善，难以保障学生课程试教或模拟教学的有效开展；实训基地数量不够，难以保障学生校外见实习的效果。实践教学和真实的幼儿园教育存在较大的差距。

（六）实践教学评价系统尚未完善

受传统教学评价模式的影响，当前的实践教学评价体系存在偏向理论知识掌握、教师评价为主、统一考试是评价的主要依据等问题，学前教育专业见实习中的实践教学评价系统还有待完善，评价实践教学过程程序化严重，实践教学的管理安排不合理，没有充分考虑理论与实践的联系。

综上所述，五年制学前教育专业见实习存在着诸多问题。基于此，本文提出相应改进建议，探索五年制学前教育专业见实习的路径，以提升学生的见实习实践能力，保障专业人才培养质量。

二、五年制学前教育专业学生见实习路径的探索

建构主义学习理论认为，学生的知识不是通过教师传授而获得的，而是学生在一定的情境中，借助教师和学习伙伴的帮助，利用必要的学习资料，通过意义建构的方式获得的。建构主义理论教学的原则包括关注知识的背景（让学生的学习尽可能接近真实的情景），注重建构知识，教师给学生提供以案例为基础的真实世界学习的环境，倡导合作学习，注重控制学习者的水平。

见实习环节是教师职前培养的必要环节。以常州幼儿师范学校为例，该校在夯实见实习活动上继承、创新，精心打造更具针对性、实效性的园、校合作共同体，提升学生见实习质量。以"现场教学"作为一个重要的活动载体，将体验式、对话式的案例教学与主题研讨、专家引领相结合，注重专家名师成功经验与学生经验的有效链接与互动，注重学生间的知识与经验共享，激发实践深度合作共同体的深层次思考。

（一）精建"基地"——落实园、校深度合作实践平台

学校全面整合全市优质学前教育资源，截至 2019 年 6 月，学校共吸纳常州市 15 所省优质特色幼儿园为深度合作的校外实践教学基地，建立 6 所附属幼儿园，与全常州市幼儿园建立良好关系，从而打通园、校合作协同共育人才的通道。以专业建设共同体为平台，学前教育专业与幼儿园专家、名师、骨干教师共同确定培养目标，共同设置课程体系，共同实施课程改革，共同开展实践教学，共同开展课题研究，资源共享，人才共用。

（二）精聘"导师"——组建园、校深度合作共同体

在精建园校合作基地的基础上，学校围绕学习主题，精心选择既有较

高理论造诣，又有丰富实践指导经验的专家名师组建园校合作共同体。本文中"园-校共同体"中的"校"指开设学前教育专业的五年制高职师范院校，"园"指各类幼儿园。"共同体深度合作"是指五年制高职师范院校的教务部、专业部、"幼儿园教育活动设计与实践"任课教师和学前幼儿专家、一线幼儿园园长、骨干教师一起依据共同目标，积极研讨，相互协作，夯实过程，优势互补，把高校教师的理论优势、幼儿园一线教师的实践经验优势和学前教育专家的专业引领发挥到极致，在合作互动过程中建构深度合作关系的共同体，从而促进五年制高职师范院校、幼儿园、教师和学生的共同发展。

园、校合作是学前教育专业实践教学体系的特色，深度园、校合作是指学校不仅把幼儿园作为学前教育专业见实习基地，更多的是将专业课程教学、评价、教研等相关活动与幼儿园教学结合起来，形成幼儿园与师范学校深度、紧密、双向、共赢的合作模式，让幼儿园一线教师参与进来成为学生课程学习的合作者、学习结果的评价者，让幼儿园真实情境成为学生课程学习的主要内容。同时，学前教育专业的学生和教师也成为幼儿园教研和科研的一分子，加入幼儿园日常教科研活动，成为其引导者与合作者。这种双向共赢互利的园、校深度合作方式，对提高幼儿园教师自身教研水平，丰富幼儿园教研内容，提升学生在真实情境中的见实习水平、解决问题能力和教育教学能力有重要作用，是学生获得幼儿园教师资格证不可缺少的重要实践环节。

（三）精心"组织"——落实全学程见实习实践路径

依托深度合作共同体，学校学前教育专业构建了从入学到毕业全学程、"入门实践：知岗——参与实践：跟岗——研究实践：顶岗"三阶段由深度合作共同体协同培养的"双导师"实践教学体系，确保见实习实践教学的全程化。

学校实施"知岗—跟岗—顶岗"三阶段全过程培养，分段设定培养目标。

第一、二学期在校外实践教学基地和附属幼儿园开展为期各一天至一周时间不等的深入幼儿园的知岗见习，通过参观幼儿园、观摩集体活动组织、体验幼儿园一日活动流程，初步了解幼儿园岗位职业要求，熟悉幼儿园教育教学环境。① 如以幼儿园"真、善、美、进"的校园文化为切入点，帮助幼师生树立正确、积极的价值观和职业认同：真——对幼儿有真诚的爱，对待工作要认真；善——关爱和善待每一个幼儿；美——形成符合教师身份的审美观，树立正确的价值观；进——对工作抱有热情，对工作尽职尽责，从而帮助他们加深对职业的认识和认同。为了稳固学生的专业思想，培养其幼教情怀，每月的"我与名师有约"系列讲座都会安排现场互动交流环节，从而增强学生的专业认同，形成职业信念。

第三、四、五、六学期在校外实践教学基地和附属幼儿园开展为期各一天至两周时间不等的深入幼儿园的跟岗实习，在高校教师和幼儿园指导教师的"双导师"指导下观摩集体活动教学和区域活动、游戏活动等，了解幼儿的学习活动及其身心发展特点，自觉地检验、反思自己的专业理论知识和专业技能掌握情况。在此期间，深度合作共同体会针对学前教育专业的各类专业理论课程制定相应配套的一日见习、讲座和沙龙等实践活动，如根据实践基地特色和学生课程进度安排"奥尔夫音乐"观摩活动、幼儿园绘本教研活动和区域活动之沙水游戏微视频展评活动等，让学生参与幼儿园正在开展的教研活动，了解专业第一线的真实情况。

第七、八学期在校外实践教学基地开展为期两周或一个月的跟岗实习，进一步提高独立开展教育教学的能力，为下阶段的顶岗实习打下坚实的基础。在跟岗实习期间，要求学生参加所在实习幼儿园的所有活动，并针对自身情况进行针对性实践练习，如"幼儿园教育活动设计与指导"课程在学生跟岗实习期间布置根据以下三种不同层次的学习情境：② 给完整方案的活动设计与实施、给目标和素材的活动设计与实施、仅给素材的活动设计与实施，使学生的学习实现"模仿—迁移—创新"的螺旋上升。并在每一项工作任务中结合一个集体教学关注的专项技能（如教学方法的选择、有效维持幼儿的注意力、师幼互动的技能等）与幼儿园指导教师进行学习。

第九、十学期为顶岗实习阶段，学生在校外实习基地的教师岗位上能

---

① 张华. 五年制高职免费男幼师生实习模式研究——以常州幼儿师范学校为例[J]. 江苏教育，2018（20），69-71.
② 马玲. "幼儿园教育活动设计与指导"课程模拟实践教学法研究初探[J]. 课程教育研究，2015（19）：25-26.

相对独立地完成幼儿园带班工作，初步具备实践岗位独立工作能力。在此期间，深度合作共同体针对学生实习的共性问题开展实习返校交流活动，如请幼儿园骨干教师在周日与实习一学期的幼师生来分享家长工作的有效沟通策略等。经过规范化的、递进式的三个实习阶段，学生在真实工作环境中实战实练，迅速成长。

（四）精设"主题"——深度合作问题解决式贯穿始终

两条主线：第一条，"问题解决式培训"贯穿始终，突出"以问题为中心"，围绕学生学习过程中的困惑与问题；第二条，紧扣幼儿园教师专业标准，以幼儿教师环境的创设与利用能力、一日生活的组织与保育能力、游戏活动的支持与引导能力、教育活动的计划与实施能力、激励与评价能力、沟通与合作能力、反思与发展能力等七种专业能力为基础。从学生的认知规律和学习规律出发，对三阶段实习分阶段、分层次、分项目提出明确的要求，设计序列化的实践主题，制定项目化的实践内容。

（五）精选"案例"——深度合作演绎特色案例

围绕学前教育专业课程精选基地幼儿园特色案例，全方位、深度解读各课程的经典案例，深入幼儿园活动现场，零距离对话园长、教师、幼儿，破解理论瓶颈，提供问题解决的成功经验与思路，展现不一样的思考问题的方式，让学生站在更高的平台上集众家所长，助力学生、教师专业成长。如各幼儿园骨干教师给学生执教各自特色幼儿园的经典示范活动，活动后有说课，阐述活动设计的理念和方法，同时有学生和执教者现场互动交流，互动交流后有针对板块教学的专题讲座。双课堂、双导师教学模式把幼师生学习的课堂搬进了幼儿园真实课堂，把幼师生教学技能培养与一线教师教学课程融合起来，给幼师生创造真实的教学环境，促进幼师生真学、真练，习得真本领。

（六）精制"机制"——深度合作规范见实习路径

学期初由深度合作共同体根据学前教育专业的课程进度，一起负责提前制订见实习计划，联系幼儿园和专家，一一落实每次见实习的内容与流程，合理安排每一次的见实习环节。

学期中加强对幼师生的见实习管理，制订见实习方案和计划，印制《见实习手册》，明确见实习任务和考核要求，实施高校教师、幼儿园、指导教师三方考核制度，由幼儿园指导教师对学生个人实习成绩进行评定，由幼儿园园方对实习总体情况进行评价，而校内则实施幼师生实践活动的档案袋管理制度，将学生的听课记录、评课记录、教案、教育典型案例和实习总结一并纳入实习考核。同时，学前教育专业在见实习前召开动员会，由深度合作共同体的专家名师给学生做见实习讲座。见实习期有严格的检查监督，见实习后收集主题发言、研讨观点、点评专家观点和幼儿园反馈意见进行归纳与梳理，并形成本专业实习总结。

由于社会、国家对人才培养质量的要求越来越高，学前教育专业幼师生的培养工作一定要与时俱进，打破传统的"重理论、轻实践"的思想，倡导理论与实践并重，知识与能力共进。幼师生深入幼儿园"现场教学"，真实地体验教育教学工作，对形成良好的师德素养和职业认同、掌握扎实的教育教学能力起着重要的作用。在此基础上，合作共同体积极调动、集合人才培养的各个行为主体，建立深度合作共同体模式下的伙伴合作育人机制，充分发挥共同体的作用，用好共同体，实现共建共享，互助互惠，将实践教学落到实处，在实践中树立职业信念，培养职业精神，提高职业能力。

（张　华）

"校-园共同体"
培育幼师学生的策略选择

一、"校-园共同体"的内涵分析

共同体是基于共同目标而构建的成员之间及所有成员的关系的总和。由于共同体具有不同的存在形式和组织结构,因此,在共同体之中所有成员的存在方式和自由程度会存在一定的差异,共同体中所有成员也会有不同需要和身份认同。一般而言,共同体有两个基本功能,一是生产和再生产功能;二是教化和培育成员的功能。①

"校-园共同体"是指幼儿师范学校和幼儿园在共同目标指引下,合作双方在相互了解、相互配合、相互协作的基础上,建构平等、互补、互动的伙伴关系的联合体,它将实现幼儿师范学校、幼儿园、教师和学生的共同发展。该共同体有以下几方面的含义。

(一) 共同性

在"校-园共同体"中,虽然每个成员的身份不同,但为了保证"校-园共同体"的有效运行,必须建立共同的目标,使每个共同体成员成为具有"同质性"的个体。"校-园共同体"的共同目标是以人才培养为纽带,以提高各自的特色和能力为目的,实现教育的目的。"校-园共同体"的共同组织是实现校、园合作共同体共同目标的有力保障,"校-园共同体"组织由组织委员会、专家委员会等机构组成,成员包括校、园合作双方的领导、专家、教师、家长等。"校-园共同体"共同建设是共同培育"双师结构"的教学团队,共同制定人才培养方案和课程标准,共同管理

---

① 斐迪南·滕尼斯著,林荣远译. 共同体与社会 [M]. 北京:商务印书馆,1999:53.

教学，共同培养学生，共同建立实习实训基地，从而实现幼儿师范学校和幼儿园共同发展。四是共同管理。"校-园共同体"的共同管理是指校、园合作双方通过共同制定管理制度，共同组织教学，共同开发教材，共同评价教学质量，进行"校-园共同体"的协同管理，提高"共同体"的建设水平。五是共享成果。"校-园共同体"的共享成果是校、园合作双方共同享有高质量的人才和科研成果。

（二）互补性

校、园合作既不同于同行业之间的竞争性合作，也不同于大小单位之间的重组性合作，而是双方资源共享、优势互补、互动共赢的互补性合作。"校-园共同体"在长期深度合作，逐步建立并完善校、园合作相应机制后，学校作为幼儿园的"人才培养基地"和幼儿园作为学校的"实训实习基地"功能互补，学校"双师"素质教师和幼儿园教师"两支队伍"共同提升，学校、幼儿园"两种精神"互补，学校理论与人才优势和幼儿园实践与应用优势互补，从而促进校、园合作共同目标的实现。

（三）互动性

"校-园共同体"在合作过程中，是一种交互作用和相互影响的互动过程。它不是单向、线性的影响，而是双向、交互的影响。[①] 在双方合作过程中，既有幼儿园与幼儿师范学校共同制定人才培养方案、共同开发课程、共同组织课程实施与评价等，也有幼儿园为幼儿师范学校学生提供实习、见习场所、为幼儿师范学校教师提供研究素材和资料。幼儿师范学校则通过教师挂职锻炼、研究成果的推广与应用、参与幼儿园教育教学研究等，为幼儿园的发展和幼儿教师的专业成长提供专业指导和服务。

（四）长期性

"校-园共同体"的交互作用和影响，不是一次性的或间断的，而是一个链状循环的连续过程。[②] 不管是幼儿园为幼儿师范学校提供实习、见习

---

① 姜珊珊，蔡东霞，仝新霞，贾庆莉. "园校协作互动"模式中幼儿教师素质结构优化探析[J]. 世纪桥，2010（17）：129-131.
② 姜珊珊，蔡东霞，仝新霞，贾庆莉. "园校协作互动"模式中幼儿教师素质结构优化探析[J]. 世纪桥，2010（17）：129-131.

场地，还是幼儿师范学校为幼儿园的发展和幼儿教师的专业成长提供专业指导，都必须通过长时间的运作，才能体现出其效果，才能实现校园合作的目标。

（五）情境性

"校-园共同体"从本质上讲，是一个发生在多情景中的共同体。也就是说，幼儿师范学校与幼儿园的互动情景既可以在幼儿园，在学校教室、图书馆、体育馆、实训场所，也可以在博物馆、科技馆、电影院、敬老院、少儿活动中心等社区场所。如果说幼儿师范学校是幼儿教师专业发展的直接理论学习机构，那么幼儿园则是幼儿教师实践的场所。

二、"校-园共同体"培育幼师学生的策略

（一）锻造"校-园共同体"的价值

幼儿师范学校和幼儿园是社会组成单元中不存在竞争关系的社会组织，尽管各自的培养目标、培养人才层次、理念等有所不同，但一个客观存在的事实是，幼儿师范学校以培养高素质幼儿教师为目标，而幼儿园需要高素质幼儿教师培养出具有健全人格的幼儿，从社会分工的纵向角度看，二者是前后道工序的关系，一个是"出口"，一个是"进口"，两者之间存在合作的必然。① 从横向角度看，幼儿师范学校要有"双师"素质教师才能培养出符合幼儿教育需要的教师，而幼儿园为适应教育发展的需要，也需要对幼儿教师进行再培训，因此，两者之间存在合作培养的可能。从本质上看，学校和幼儿园这种天然的依存关系就构成了校、园合作的共同基础和价值所在。

"校-园共同体"是一个温暖而舒适的场所，一个温馨的"家"，在这个家中，不仅要有利益的一致性，更要有价值的一致性，这样，成员之间才能彼此信任、互相依赖、共同发展。所以，"校-园共同体"首先要形成

---

① 杭瑞友，葛竹兴，朱其志. 高等职业教育校企合作价值认同的思考 [J]. 教育与职业，2012（12）：18-20.

共同的核心价值体系，它必须是校、园"共同"承认、理解、信奉、遵循的思想和观念。这种思想和观念的价值趋向不应该是局部或个体的，也不是被外在力量强迫或强加的，而应该是共同体所有成员发自内心和自觉自愿的，它能够唤醒和凝聚"校-园共同体"所有的力量。只有共同承认和信奉的思想和观念，才能转化成校、园共同的职业行为和社会性行动。①

（二）建构"校-园共同体"的机制

1. 组织协调机制。校、园合作双方应在各自内部先行建立"校-园共同体"的组织协调机构，明确各自一方在"校-园共同体"中享有的权利和承担的义务。② 此外，校、园合作双方应联合建立"校-园共同体"管理委员会，并以合同的形式明确双方的权利义务关系，以保证校、园合作行为有章可循，使校、园合作能够持续地发展下去。

2. 约束机制。有约束才有规范，才有校、园合作的健康发展。幼儿师范学校与幼儿园都要完善相应的管理制度，强化制度约束的力度，如实习实训基地管理制度、兼职教师管理制度、学生实习实训管理制度、学生实习期间劳动管理制度、学生实习期间违规违纪管理制度等，通过完善制度规范校、园合作行为和学生实习实训行为。

3. 情感机制。校、园合作过程始终是人际交往、感情沟通的过程，情感永远是校、园合作的动力源和润滑剂。要加强"校-园共同体"的信息交流和沟通，涉及幼儿师范学校改革发展的重大事件、重要政策调整和人事变动等信息应及时向幼儿园发布，使幼儿园感受到学校的重视。同时，关注幼儿园的发展变化，并及时给予信息回应，将幼儿园作为学校的一员，在其遇到困难时积极帮助解决。要重视相关人员的相互交往，学校要通过定期或不定期召开校、园合作相关人员的座谈会，经常走访校、园合作的相关人员，听取他们对校、园合作工作的意见和建议，采取有效措施，积极改进校、园合作工作。一旦幼儿园的相关人员对校、园合作工作产生了感情，校、园合作就有了稳固的基础和较高的质量。

---

① 杭瑞友，葛竹兴，朱其志. 高等职业教育校企合作价值认同的思考 [J]. 教育与职业，2012 (12)：18-20.
② 黄斌，曾东升. 关于国家骨干高职院校校企合作体制机制建设的思考 [J]. 职教论坛，2011 (30)：22-24.

(三) 明确"校-园共同体"的内容

1. 共建校、园立交式的人才培养方案。幼儿师范学校依托"校-园共同体",遵循幼师教育规律和人才成长规律,以提高人才培养质量为核心,树立"全人"培养理念。根据幼儿园教师岗位要求,确定人才培养目标、培养规格、课程体系、课程标准、实践教育内容、考核评价标准等,建立立交式的人才培养方案,满足学生就业、升学等不同需求,突出人才培养的针对性、灵活性和开放性,使教育促进人的可持续发展。

2. 共建校、园职业化的课程结构体系。幼儿师范学校在充分利用"校-园共同体"各种资源的基础上,基于幼儿园的实际工作过程,根据岗位素质和技能要求以及学生的智能发展基础,由幼儿教育专家参与重构课程体系,将岗位标准与课程标准、工作过程与教学过程进行有效对接,形成开放性的课程体系,与幼儿园教学工作过程形成良性互动,实时接纳学前教育发展的新动态、新变化,使课程内容紧跟时代步伐。在厘清课程间关系的基础上,根据"全人"培养的要求设计基础课程体系、专业课程体系、实践课程体系和专业拓展课程体系,并确定各课程课时比例。从职业能力分析入手,明确社会能力、方法能力和专业核心能力要求,确定课程目标。依据幼师职业标准,编制核心课程的课程标准。按照幼儿教师成长规律,整合课程内容,灵活采用合作教学、案例教学、情境教学等教学方法和手段。[1] 同时创建联合网站,提供优秀教案、课件和教学录像等,既可为实习生备课和组织活动提供帮助,也可以实现校、园资源共享。

3. 共建校、园交互式的实践教学体系。实践教学是幼儿师范学校教育人才培养过程中的难点和关键点。"校-园共同体"要基于幼儿教师岗位对职业能力的要求和学生自身实践能力的形成规律,根据专业特点重构专业实践教学体系。实践教学体系既要有校内外的实训实习环节,更要有校内外实践项目,使学生在完整的项目和环节中得到有效的能力培养,提升其综合素质与岗位能力,在实践教学中实现理论与实践、专业教师与幼儿园教师、幼儿园课程与校内课程、校内实训室与实践基地四个方面的交

---

[1] 蔡东霞.园校协作互动:学前专业学生专业能力培养的有效途径[J].教育探索,2009 (5):60-61.

互。在交互合作中，校、园合作编写实训教材、设计实训方案、制定评价标准。实践教学体系还必须包括实训实习制度、实训实习教学文件、实施环节质量标准等内容，在实施过程中要将实训实习教学文件阶段性目标落实到具体的实训课程、实训项目上，同时根据考核标准严格考核，有效解决实践教学随意性、走过场等问题，确保实践教学的整体性、计划性、可控性和有效性。

4. 共建校、园兼容式的专业教学团队。幼儿师范学校选派专业教师直接到幼儿园挂职锻炼或顶岗实习，参与幼儿园的管理过程与运转过程，更好地感受幼儿师范学校与幼儿园不同的工作环境。与幼儿园教师共同研讨幼儿教育问题，提高教学能力，不断提升与更新自身的技能，进而增强其改进课程与教学的意识，更好地反思和研究幼儿园教师教育，衍生新的课程资源，改进教学策略，并在对鲜活生动、丰富多元的教育实践理解的基础上，获得理论提升和实践感悟。同时，学校教师辅助、引导、参与幼儿教师的科研工作及师资培训工作。幼儿园教师到幼儿师范学校进修并兼职授课，在合作共同体中，选修学校开设的选修课程，更新知识和观念，使自己处于持续不断的专业发展过程中。师范学校也可以直接聘请幼儿园教师为兼职教师，共同制定学前教育专业课程方案，共同实施教学过程，全程参与教学活动，直接教授与岗位能力相关的课程，将生动的教学实践经验带入幼儿师范学校课堂。通过教学岗位的培养，帮助其提高教育教学的管理水平。这样，为校、园合作双方的教育注入新鲜血液和活力，形成校、园对接的互聘"双兼"机制，充实专业教学团队。[1]

（四）培育"校-园共同体"的文化

在"校-园共同体"中，校、园合作双方通过认知、选择，在自身反思和体验与社会文化、幼儿园文化、学校文化、传统文化发生持续冲突、碰撞，进而主动进取的过程中，走向共融、自愿、自然生成和谐健康的校、园合作文化。它能使共同体内的管理者、教师和学生超越纯粹个人的反思或者依赖外来的专家，转向幼儿师范学校与幼儿园之间、教师之间的相互学习，一起分享和交流各自的专长，增强彼此的自信和探索实践的勇

---

[1] 王振洪. 基于校企利益共同体的高职育人机制探索[J]. 教育研究，2011（10）：59-63.

气，从而促进多方的共同发展。

在校、园合作发生冲突时，要积极掌控冲突，使其在双方的控制下发生、发展，为校、园合作双方的深度合作提供动力。通过冲突中问题和矛盾的解决，让校、园合作双方从新的角度、层次、深度和广度去认识校、园合作的职责、价值、内容、方式、途径等。通过冲突管理，使校、园合作双方能够采取更加科学有效的措施避免合作中潜在问题与冲突的发生。同时，冲突、矛盾的发生，还可以使校、园合作双方消除分歧、统一认识、协调行动，从而大大增强校、园合作双方的互动，使双方加强沟通了解，增进互信。① 另外，校、园合作双方要建立沟通平台，鼓励向对方表达自己的合理利益诉求。还可以让第三方来审视校、园合作中存在的问题与症结，以客观、中立的立场，通过外部的干预来激发校、园合作中的冲突。这样做可以使其所指出的问题更具有信服力，也能够使校、园合作双方更加理性地对待问题。

（五）构建"校-园共同体"的生态管理

生态管理旨在倡导一种将决策方式从线性思维转向系统思维，思维方式从个体人转向生态人的方法论转型。"校-园共同体"的管理考验校、园合作双方的管理智慧，"校-园共同体"管理要以"校-园共同体"的工作目标为基础，以研究"校-园共同体"相关因素的自生、共生和再生为原理，以主导性与多样性，开放性与自主性，灵活性与稳定性结合为原则，通过相互信任、默契工作，构建新的"校-园共同体"管理工作路径。② 要建立以人为本，将"校-园共同体"工作融入双方全员、全过程、全方位的管理原则，以此来提升"校-园共同体"管理水平。要用价值观来引领"校-园共同体"的生态、工作的导向行为，凝聚力量，调适心态，使每个部门、每位员工，都能明确"校-园共同体"的主攻方向、战略方式，使"校-园共同体"的工作能有的放矢。同时，要重视并加大"校-园共同体"管理的硬件和软件投入，保证投入的计划性、时效性、稳定性和有效性，为"校-园共同体"目标的实现提供物质保障。要抓好"校-园共

---

① 马俊峰. 马克思社会共同体理论研究 [M]. 北京：中国社会科学出版社，2011：4.
② 周晚田. 略论生态化思维的培育 [J]. 湖南师范大学社会科学学报，2010 (3)：19-22.

同体"制度的建设和落实,实行从严管理、依规管理、依法管理,使"校-园共同体"工作步入法治化、人本化和科学化的轨道。使组成"校-园共同体"的人、资源、信息技术、合作战略等,形成相应的"生态链",在"生态链"中的每一个因素最终都要与整个"校-园共同体"共命运,使其对外界反应灵敏,能根据外部的变化迅速做出决策,从而达到社会生态法则的要求。①

(彭才根　钱丽萍)

---

① 周晚田. 略论生态化思维的培育 [J]. 湖南师范大学社会科学学报,2010 (3): 19-22.

"校-园共同体"背景下的幼师生专业情意培养

教师是教育活动的主要实施者，其专业素质直接影响到人才培养的质量。教师的专业情意表现为教师个体把教育教学工作当作生命的一部分，有强烈的责任感和认同感，愿意终身奉献于教育事业。[①] 教师的专业情意是提高教师专业素质的核心动力，对于即将成为幼儿教师的幼师生来说，专业情意是其从事幼儿园保育和教育工作的情感和动力基础，决定着其在教育教学过程中的情感、态度、价值观，也决定着教育教学的行为和取向。本文试图以"校-园共同体"为背景，探讨幼师生专业情意的培养方法，以更好地推动幼师生的专业发展。

一、"校-园共同体"的内涵及目标

"共同体"一词，源于古希腊语 koinonia，原意是具有城邦意义的市民共同体。亚里士多德在其著作《政治学》的开篇指出：所有的城邦都是某种共同体，所有共同体都是为着某种善而建立的，这种共同体就是所谓的城邦或政治共同体。[②] "共同体"一词发展至今，衍生意义非常宽泛，日渐使用在诸如学术共同体、教育共同体等多种语境中。综合来看，所谓共同体，是指基于共同目标而构建的成员之间及所有成员的关系的总和。

在幼儿教育领域，幼儿师范院校与幼儿园都是培养发展幼儿教师的主要阵地，具有相同的目标和价值追求，二者形成"校-园共同体"，以教育

---

① 教育部师范教育司. 教师专业化的理论与实践 [M]. 北京：人民教育出版社，2001：105.
② 亚里士多德. 政治学 [M]. 颜一，秦典华，译. 北京：中国人民大学出版社，2003：1.

合力推动幼师生的培养是促进幼儿教师专业发展的重要途径。这里"校"指开设学前教育专业的五年制高职师范院校,"园"指各类幼儿园。"校-园共同体"是指开设学前教育专业的五年制高职师范院校与幼儿园基于共同目标,双方积极主动,相互了解、相互配合、相互协作、优势互补,在合作互动过程中建构的平等合作伙伴关系的联合体,其目的是为了促进五年制高职师范院校、幼儿园、教师、学生共同发展。

二、基于"校-园共同体"培养幼师生专业情意的必要性

(一)理实结合,优势互补,提升幼师生专业情意

"实践出真知",幼师生经过在校的专业学习,获得了一些感性知识和经验,而教育是一个实践性很强的领域,教师从新手成长为成熟的专业人员,不仅需要专业知识与能力的支撑,更要通过大量的教学实践与反思,使之内化为对待教育教学的一种基本态度,形成自身专业发展的动力。在"校-园共同体"中,师范学校与幼儿园可以建立共同的培养目标,制定培养计划,各自发挥自身的优势给予学生更好的指导,更加高效地帮助学生解决专业发展中遇到的各种问题,增强幼师生对专业的认知,并引领其顺利实现学生到教师的身份转换,获得自身的价值感和成就感。因此,通过师范学校与幼儿园优势互补,理实结合,来提升幼师生的专业情意是十分必要的。

(二)沟通交流,配合协作,规避可能出现的问题

"实践是检验真理的唯一标准",但是,刚刚进入幼儿园工作的幼师生常常会觉得幼儿园的实际工作与在校学的完全不一样,由此进入"理论不适用""学校学的没有用"的误区,对专业产生动摇和迷茫,从而影响其专业情意和专业发展。其实,并不是理论不适用,而是自己没有学习理解透彻,在学校学到的理论在实践中没有得到很好的运用。这种情况下,就需要通过"校-园共同体"的方式,幼儿园与师范学校进行交流对接,针对幼师生的常见问题和幼儿教育的热点问题,形成统一的意见与指导方向,通过教育合力,帮助学生树立科学的专业态度,巩固专业信念。通过

沟通交流，配合协作，帮助幼师生树立科学的专业认知，并规避幼师生专业情意发展中可能出现的问题。

三、幼师生专业情意培养的不足

当前，幼师生的专业情意培养还存在一些不足，主要体现在以下三个方面。

（一）对专业情意重要性的认识不足

教师的专业情意是教师对教育事业的情感态度与价值观的融合，是教师职业道德的集中体现，也是教师专业持续发展的根本动力。① 在当前的幼师生培养过程中，学校和幼儿园普遍更关注学生的知识、技能，在乎学生到工作岗位之后的"上手能力"，很多学校与幼儿园的对接都只是关注了幼儿园实际工作的需要，甚至采取"订单式"培养，只根据幼儿园的工作需要来培养学生。而实际上，教师与其他专业技术类的职业是不同的，师范学校对幼师生的培养应是高于实际要求的，不仅要关注其知识技能的培养，更要注重情意因素。这与当前对学生核心素养的培养也是不谋而合的。

（二）缺乏相关的培养方案

无论是专业课教学还是专业见实习，都较缺乏关于专业情意培养方面的内容。《幼儿教师专业标准（试行）》指出，幼儿教师应树立"幼儿为本""师德为先""能力为重""终身学习"的基本理念，而幼师生专业情意中对幼师工作的认识、态度、信念、自我发展等维度也与这一理念十分契合。但是，专业情意这一层面并未在课程方案和课程标准中有独立的体现，导致很多老师和幼儿园没有对学生在相关方面进行专门的培养，这在一定程度上影响了幼师生专业情意的发展。

---

① 陶西平. 教师的专业情意 [J]. 中小学管理. 2007（07）: 54.

（三）难以对专业情意进行科学评价

专业情意作为情感态度价值观的体现，难以进行科学评价。一方面，缺少可操作、可量化的指标来衡量专业情意，无法得到标准化的考察结果，使学校和幼儿园忽略了这一方面的评价；另一方面，情意因素具有很强的内隐性和变化性，某些情感可能被隐藏起来无法在短时间内被察觉，而且，随着情境的变化，或者特定事件的刺激，情意还会产生相应的变化。失去了评价机制，没有明确的导向，专业情意培养的目标也就难以达成。

四、通过"校-园共同体"培养幼师生专业情意的组织实施要点

（一）制订幼师生专业情意培养计划

在"校-园共同体"中，幼儿园和师范学校要充分认识到培养学生专业情意的重要性，根据学生的身心发展特点和教学计划安排幼师生进入幼儿园开展见实习活动，幼儿园方面配合给予针对性的指导。例如，在美国的学前教育专业中，一、二年级的学生，可以与幼儿园的某一幼儿结成一对一的特殊朋友关系，在与幼儿的日常交往中观察幼儿的行为、了解幼儿的心理特征等；二、三年级的学生到幼儿园担任学生教师，走进幼儿园进行实地考察和教学实习；三、四年级的学生参加一些慈善机构和社会服务组织，担当志愿者为社会服务。[①] 通过循序渐进的见实习活动，学生会逐步树立科学的保教观念，对幼儿教师的工作有更深刻的认识和体会，并产生积极的自我体验和自我评价，从而提升专业情意。

（二）专业实践导师的遴选与培训

教育具有潜移默化的特性，指导老师的言传身教会对学生产生影响。对于刚刚进入幼儿园见实习的幼师生来说，所在班级的带班教师就是他们

---

① 万莉. 我国高师院校学前教育专业课程设置与优化研究［D］. 赣南师范学院，2013.

进入实践的启蒙老师，带班教师会给予他们最初的暗示、鼓励，引导他们真正认识幼儿和幼儿园工作，对他们的专业发展和专业情意的培养起到关键性的引导作用。因此，专业实践导师的遴选至关重要。尤其是在"专业理念与师德"方面，实践导师本身就要对幼师职业有正确的理解、认识和良好的个人修养与行为习惯。遴选专业实践导师，是更好地通过"校-园共同体"培养幼师生专业情意的关键环节。

在确定专业实践导师之后，要对其进行专门的培训，明确通过"校-园共同体"培养幼师生对学生、自身和幼儿教育的意义。在对待见实习的幼师生方面，保持开放和负责的态度，使学生感觉到被接纳和被关注，能够以积极的热情投入最初的工作；同时，也要认识到这是学生进入职业生涯的初始阶段，一定会有很多不成熟甚至错误，"校-园共同体"要根据幼师生自身的情况给予积极的鼓励和适当的指导，帮助幼师生正确认识自己的工作，顺利开展工作，提升专业情意。要避免由于导师疏于管理，使学生放任自由，或由于导师要求过高，学生因达不到要求而产生挫败感两种情况的发生。

(三) 加强专业实践过程中的专业情意培养

在教育实践的过程中培养幼师生的专业情意也是有效且重要途径之一，幼儿园和学校应及时关注学生在实践过程中的状态和实习情况，给予有针对性的指导。首先，幼儿园的专业实践导师应充分发挥幼师生的主动性，引导其积极参与幼教实践。在学生遇到困惑时，应及时提供帮助和指导，并利用一切契机提升其专业情意。比如，刚到幼儿园实习的学生一般都比较积极，这时，导师应给予他们足够的信任，让他们去做一些力所能及的工作，并结合具体情境指出其工作中存在的问题，提出更好的解决建议，这样会让幼师生能够明显感到自己的提高和进步，提升自我体验，提高自我效能。其次，师范学校的教师也应及时结合学生的实践情况，利用科学的教育理论调整学生的一些想法和意识，解决学生在理论与实践结合过程中遇到的问题，帮助学生树立科学的儿童观、教育观，同时使学生更理性地认识教育教学工作，认识教师职业，也更明确自己的专业意愿，从而提升专业情意。

（四）重视专业实践评价

总结和反思对教师的专业发展具有举足轻重的作用。在"校-园共同体"背景下，在专业实践后，只有及时进行总结和反思，才能更加清楚地回顾自己在教育教学活动中的行为和观念，认识到自己的优势和不足，也才能有提升的机会。在评价形式上，要注重过程性和动态性评价，全面反映学生的学习经验，发现和激发学生多方面的潜能，提升其专业素质。在评价主体上，可以从自身和外界两个方面来进行。一方面，学生自主评价。学生是学习的主人，也是评价的主体。自我评价是通过自我认识进行自我分析，从而达到自我提高的过程。只有幼师生本人对自己的专业实践具有最全面、最深刻的了解，也只有通过内省，才能对自己的表现和行为做出有效的评价，促进专业发展，而发展的内在需要正是其专业情意提升的持续动力。其次，园、校共同评价。可以通过"校-园共同体"，将学生、实践导师、在校专业课教师集中在一起，共同对理论与实践中的一些问题进行探讨，集思广益，帮助学生形成正确的认识，树立自信心，提高自我效能，从而提升专业情意。由此可见，在幼儿园专业实践一个阶段结束时，做好评价的环节，对提升幼师生的专业情意是十分必要的。

（马　辉）

师范生讲故事技能的训练策略

语言能力是学前教育专业学生各项能力中最基础、最常用的能力，校、园合作背景下，提升学前专业学生的语言能力可以使其更好地适应未来的工作岗位，而培养讲故事的技能无疑是学前教育专业学生训练的重要内容。

江苏省师范生技能大赛到目前为止已经举办了八届，我们可以看到，无论是学前专业还是小学教育专业都对语言表达技能提出了要求，讲故事技能甚至是一个重要的比赛项目。在 2020 年举办的长三角师首届师范生技能大赛中，学前专业的讲故事技能甚至在讲故事、绘画、舞蹈、弹唱这四大技能中排在首位，且占比最重。在师范生讲故事技能的训练过程中，不仅要训练对书面语言的口语化改编能力，还有常规的普通话课程中涉及的语气、语调和肢体语言的训练，以及面部表情尤其是眼神的训练。通过反复的强化练习，提升学前教育专业学生的心理素质帮助其克服羞怯心理也极为重要。

一、重新编排与组织语言文字，使幼儿更易于接受

幼儿的审美心理对于感性形象的依赖性要求幼儿文学作品要特别重视形象性，因此，我们在训练学生的讲故事技能时，要求他们在拿到故事的原版内容之后，在不改变原有情节的基础上，对原故事的语言文字加以适当的重新编排与组织，适度修改、二次加工，使其更口语化，并适当增加故事的动作性和趣味性。有些故事在语言文字方面主要是描述性、叙述性语言，以交代故事情节为主，不能像对话性语言那样可以进行表演，体现出故事的表现力和感染力。因此，在进行故事改编时不必拘泥于故事本身的文字，可以把故事中"不出声的描写"部分改为有声对话，让故事声情

并茂、生动可感，从而进一步激发孩子的学习兴趣。

　　对于幼儿来说，故事讲述语言要尽量口语化，不要太书面语。要想使故事口语化，就应该把修饰成分和连带成分过多的长句转换成言简意明的短句，讲起来既清楚明白，听起来也不费解。如果原故事用的是太深奥、太书面化的语言，可以将之转换成口头语言。比如"老虎看到大家鄙夷的眼光"，"鄙夷"一词对于幼儿来说就过深，可以用"瞧不起"或"看不起"来代替。还有一种方法是，将单音节词改成双音节词语，比如故事《木兰从军》中，"木兰告别了家人，披战袍、跨骏马、渡黄河、过燕山……"将"披"改成"披上"，将"跨"改成"跨上"，将"渡"改成"渡过"，将"过"改成"翻过"，就更适合幼儿来听了。

　　根据孩子的心理特点和接受规律，在讲演故事时多用短句，多使用叠音词、象声词、拟声词，可以让故事语言更加生动、鲜活，有利于加强语气、突出效果。比如《小猪奴尼》中原句："妈妈看见脏兮兮的小猪后吓得打了一个喷嚏……"加入象声词后改为："妈妈看见脏兮兮的小猪后吓得打了一个喷嚏，啊、啊、啊——阿嚏"，讲演者边讲边配合表情和动作进行表演，引得孩子们捧腹大笑。另外，不同感官类型的孩子对词语的敏感度不一样，视觉型的孩子对跟视觉相关的词语更为敏感，比如"看到""看见""瞧到""瞥见""远眺"等，运用这些视觉描述的词语能够更好地刺激孩子的视觉感官；而听觉型的孩子则对"听见""听到"等跟声音相关的词语及拟声词如"咚咚""叮铃""簌簌"等更为敏感，在讲故事时如能运用这些声音描述的词语和拟声词，往往更能刺激孩子的听觉感官；感觉型的孩子对"抓住""觉得""闻到""撞到""踢到"等跟触觉、嗅觉、味觉等相关的词语更为敏感，运用嗅觉、感觉、味觉等描述的词语更能刺激他们的感觉感官。把描述性的语句用具体的视觉、听觉、感觉及拟声词、味觉词语等进行讲述，并用声音模拟讲述，更容易有声有色、形神兼备，可以让听众调动想象，有身临其境般的真切感受。

二、巧妙配合声音和肢体动作，使讲述更具感性

　　20世纪50年代，专门研究肢体语言的代表人物阿尔伯特·麦拉宾发

现，一条信息对受众产生的影响力7%来自语言文字（仅指文字），38%来自声音（包括语音、音调以及其他声音），最大的影响力来自肢体语言，占55%。讲演者通过对文字的处理和加工，将文字中含感觉、感官的词语（文字）用"讲"和"演"来呈现，将声音和肢体语言巧妙配合，使故事的讲述更生动、更形象，给听者留下深刻印象。

在发声技巧和语音风貌方面，通过控制语调、语气、语速、音量、重音、停顿等来进行演绎，可以增强对听者的刺激；在肢体语言方面，通过眼神、表情、手势、肢体动作或教具的使用等来进行演绎，可以加强对视觉效果形象性的刺激。当然，声音的控制，表情、肢体动作的巧妙配合，还需要经过反复训练并提升心理素质，克服羞怯心理，才能逐渐做到从容、淡定、游刃有余。此外还要注意以下几个方面的基本要求：

1. 发音清晰、准确是基本条件。如专转本考试和师范生大赛对语音风貌方面就有明确要求：语音规范，吐字清晰，语流顺畅属于基本功，讲故事时如果有含糊、吃字的情况就会大大降低故事的质量，影响故事情节的生动性。有些平翘舌不分，有些前后鼻音不明显，有些吐字归音洞成??不完整，有些"n""l"不分，有些有吃字现象，这些都会影响讲故事水平的发挥。

2. 声音抑扬顿挫是重要技巧。如《猴王吃瓜》，这个故事的角色主要是老猴、小猴、猴王、短尾巴猴，它们的年龄层次相差较大小毛猴声调轻松明快，老猴、猴王声调低沉缓慢。猴王的地位较高，所以，说话时的威势和语调、语速就与其他猴子有明显区别。讲演者可以根据这些角色所处的年龄段加以适当的拟音，如：小毛猴的声音清脆，童言无忌，性格急躁，语速可以快些；短尾巴猴年龄稍微大些，少年男孩的感觉；猴王则是一个中年人的形象，声音厚重，装得很有经验；老猴则语速较慢，慢条斯理，动作也较为迟缓。听众依据这些角色的声音就能区分出不同的角色性格。

3. 肢体语言和表情丰富，是提升讲故事精彩程度的有效手段。适当的肢体动作能为故事增光添彩，让故事显得生动有趣。如《小猪照镜子》中的小猪，讲演者可以发出"呼噜呼噜"的声音，表情也可以显得憨乎乎一些。讲到《没有牙齿的大老虎》中的小狐狸和老虎时，小狐狸的眼神灵活，说话谄媚讨好和大惊小怪的动作要表现得比较明显。老虎吃糖时心满意足的样子，牙齿疼时捂着嘴疼痛难忍的表情，被狐狸讨好时自以为是的样子，讲演者最好都能通过适当的表情和动作呈现出来。

4. 眼神灵活生动，体现角色特点，可以起到画龙点睛的作用。"眼睛是心灵的窗户"，讲演者的眼神最能与听众进行现场交流。在讲故事时讲述者最好能与观众真诚交流，让眼神随着故事情节变化。有的人缺乏自信，眼睛习惯向下看着地面；有的人太紧张，眼神一直盯着一个地方不动，给人一种呆板、僵化的感觉。此外，讲演者还要有对象感，可以通过眼神与观众互动。在进行角色表演时，则要假想眼前有"人"，设想跟谁在对话，对方处于什么位置，个头比"自己"高还是矮，视线相应也要略微向上或向下。如故事中的狐狸角色是一个狡猾的形象，要求讲演者的眼神要灵活，在讲到"眼珠子咕噜一转"时，就可以通过眼珠的一转呈现出来。

三、循序渐进、阶段推进，选择适合自己的题材和表现方式

在对师范生的讲故事技能进行训练时，必须遵循训练规律，由易到难，由短到长，反复训练，并要求其在很多人面前进行反复讲演，以锻炼心理素质，最好能做到脱稿讲演，把角色特点揣摩到位，做到语调、语速、肢体语言、表情和眼神的协调配合，将故事的讲述和表演自然巧妙地融合在一起，绘声绘色，以吸引听众。

比如，笔者在师范生专转本班级的讲故事技能辅导中就遵循循序渐进、阶段推进的训练方法。上学期侧重"打基础"，下学期就是"精雕细磨"。上学期由浅入深，循序渐进，笔者共挑选了15则不同类型的趣味性小故事，有的重在刻画角色的憨傻，有的侧重塑造角色的狡猾，有的重在叙述、渲染，有的重在表情、动作，笔者通过分析揣摩按事类型和不同性格角色的特征，激发学生兴趣，提升其讲故事的技巧。寒假阶段就布置学生根据自身特点，寻找适合自己外形、音色、性格特点，便于发挥自身优势的故事题材，开学初对其进行"讲故事"技能检测。下学期开学时，笔者根据他们自己选择的故事进行筛选，不合适的及时推翻重新选定，适合的故事则对其书面内容进行适当修改，转换成适合口头讲述表演的内容。

前阶段让每个学生都在老师和全班同学面前展示了一至两遍,对于相对薄弱一些的学生,笔者再重点进行单独辅导。考试前除原有的课堂授课模式、一模、二模外,又增加了周末分小组互助练习的时间,同学之间以强带弱,提高了训练的效率,受训者在同学面前也更放得开了一些。考试前两周,笔者安排受训者到低年级各班巡讲,以增强他们的心理素质。

当然,依据讲故事对象的不同,在表达技巧方面也还要进行灵活的调整。在师范生讲故事技能比赛及专升本考试时,因为面对的听众主要是评委老师,所以学生在进行讲述时更侧重故事的表现力、角色特点的塑造和把握、动作表情的细腻精致程度。而在实际的幼儿园教学活动中,由于面对的主要是幼儿园的小朋友,讲演者的动作有时可以相对简单一些,甚至允许适当的重复,以加深孩子们的印象。

四、跨界融合、有效整合,在相关学科教学中渗透讲故事技巧训练

在当前师范教育学前专业的课程设置中,已有"幼儿活动设计""幼儿舞蹈创编""幼儿文学""幼儿教师口语""幼师语文素养"等相关课程,我们可以在这些课程的教学过程中有效渗透讲故事技能训练。如:在活动设计和舞蹈创编中结合文字故事,让学生自主设计故事中的动作、表情;在幼儿文学及幼儿语文素养课程中,让学生学会调整整合故事内容,根据不同对象进行故事内容的合理取舍、改编创编;在幼儿教师口语课程中则对学生的语言表现能力进行基础性到综合性的拓展训练。

综上所述,学前教育专业学生的讲故事技能是一种融讲述、表演、故事创编于一体的综合性的讲演艺术,讲演者通过讲故事前的"编"(即语言表达的文字加工)与讲故事过程当中的"演"(即声音与肢体语言的运用),很好地刺激听众的视觉、听觉、感觉,达到吸引听众的目的。在学校阶段对学生进行讲故事技能的有效训练,能让学生更好地开展幼儿园语言类课程,提升学生的实际工作能力,这也许就是校、园合作背景下学前教育专业学生讲故事技能训练的意义所在。

(郝晓霞)

PBL 教学法在"校-园共同体"模式下的教学实践

——以"学前心理学"课程为例

近年来,学前教育教师的社会需求量不断增加,培养适应幼儿园岗位需求的应用型教师成为高职高专学前教育专业建设与发展的关键。"学前心理学"是学前教育专业的核心课程之一,是培养就业岗位所需核心素养的重要组成部分。"基于问题的学习"(problem-based learning,简写作"PBL")是 20 世纪 60 年代在加拿大 McMaster 大学发展起来的、颇受师生欢迎的一种教学方法。"基于问题的学习"模式是以问题为基础,以学生积极参与收集资料、解决问题为目的,以教师引导、小组讨论为形式的教学方法[1]。高职高专学校的学前教育专业以幼儿园岗位需求为导向,在人才培养模式中采用"基于问题的学习"教学法,与幼儿园联手共建"校-园共同体",实现了幼儿园与高职高专学校之间人才共育、责任同担、成果共享的良性互动。

一、"校-园共同体"模式下运用 PBL 教学法的合作平台

(一)建立校外实习实训基地

根据学前教育专业的专业特点,学校先后与市内多家优质幼儿园签订了实习实训教育基地的协议,各教育基地每学期接纳 350 名左右的学生入园见实习。时间安排为间隔进行,见实习 1 周后,间隔两周再回幼儿园见实习 1 周,并为每位学生配备了幼儿园的带教教师。学生在学校学习"学

---

[1] Kanter SL. Fundamental Concepts of Problem-based Learning for the New Facilitator [J]. *Bull Med Libr Assoc*, 1998, 86 (3): 391.

前心理学"这门课程时,很多理论知识只是停留在"知道"层面。因此,如何在幼儿园工作实践中消化理解学前心理学的相关知识内容,并能在见实习过程中灵活运用学前心理学的理论知识,成为学生亟待解决的难题。

校内教师在学生见习、实习前应布置观察幼儿行为的预习作业,使学生在见实习的过程中成为一名"有心人",运用合适的观察方法及时记录幼儿的各类行为表现,并按照学前心理学的理论框架进行分类整理。第一周见实习结束回学校后,学生与老师、全班同学交流自己在见实习过程中看到的感兴趣的或者感到困惑的儿童行为表现,选择与学前心理学课程内容相关的问题进行探讨。如"有的孩子每次美术活动时,总是把画好的画全部涂上黑色"。学生利用两周时间与自己的小组成员共同搜集资料,翻阅学前心理学的相关知识内容,探索儿童行为的心理学原因,向全班同学汇报小组成果,并尝试做出合适的教育行为。间隔两周再次回到幼儿园见实习后,学生把小组交流成果运用于相应的教育实践,通过一周的观察了解教育效果,并及时与小组成员交流,调整教育行为,使每个孩子都能健康快乐地成长。这种"校-园共同体"模式下的课程教学实施,不仅让学生深刻理解了看似晦涩难懂的学前心理学理论知识,同时还给了学生实践演练的机会,极大地帮助其理论联系实际,并在实践中检验心理学的理论,更为幼儿园输送了理实一体的幼教人才,实现了校、园双方的互惠共赢。

(二)完善校内专业实训中心

为了提高学前教育专业的实践水平,引领学科前沿,学校建设了多个实训中心,如智慧实训室、幼教模拟室等。多个实训中心弥补了专业理论课程缺乏对幼儿的观察和实践的短板。在开展学前心理学课程时,教师可以在相应的实训室实时连线幼儿园,观察幼儿一日保育和教育活动中的全部情况,采用 PBL 教学法,由问题出发,小组探索解决问题。同时,通过各个实训室,幼儿园的教师和孩子们也可以实时和学前教育专业的学生进行沟通交流。可以说,PBL 教学法促进了"校-园共同体"中学生和幼儿的共同发展。

(三)建立"双导师制"教师队伍

"校-园共同体"模式下,"双导师"各司其职,使学生获得理论知识和专业实践技能的双向提高。双方互派教师开展教育教学工作,提升了高职高专学校教师与幼儿园教师的专业素养，提高了校、园双方的教师队伍建设水平。每个学期，高职高专学校都有计划地选派骨干教师到幼儿园进行顶岗实践活动，时间为一学期，形式为一人一班。在"校、园共同体"模式下，高职高专学校教师以参与者的身份加入幼儿园教师的各类教育教学活动，特别为专业理论课教师，如学前心理学教师提供了丰富的一线教学素材和案例。教师在实践的过程中，挖掘与学前心理学相关的各类素材，分门别类进行归纳整理，以视频、案例的形式激发在校学生学习心理学课程的兴趣，采用 PBL 教学法，提供问题情境，帮助学生在问题情境中，发现、选择和定义问题，为接下来的自我学习过程提供学习的动力。

学校应邀请幼儿园业务园长及优秀教师到高职高专承担专业核心课程，同时担任学生在园的见实习指导教师。这些幼儿园一线教师在学校开展教学的过程中，更擅于利用 PBL 教学法将他们在一线遇到的相关问题与所教课程内容相结合，由此提高了教学过程的多元化特性，增强了学前教育专业课程的实践性和运用性。

二、"校-园共同体"模式下运用 PBL 教学法的教育措施

（一）树立以就业为目的的职教观

一直以来，社会上都认为高职高专学校培养的幼师生素质普遍不高，但随着国家发展职业教育力度的不断加大，以及二胎政策的实施，社会对幼师生的需求大为增加。这就决定了幼师生职业教育是以就业为导向的，必须准确把握国家、社会和幼儿园对幼师生的要求。高职高专学前教育专业学校结合 PBL 教学法，从问题情境出发，最后回到问题并解决问题，可以大力提升学生学习专业理论课程的兴趣、积极性和实操性，强化学生专业理论基础和专业技能。运用 PBL 教学法开展学前教育专业教学，加深了学生的理论深度，强化了学生解决问题的能力，提高了学生专业技能的水平，使每位学生都能够实现从容就业和高水平就业。

（二）创建"校-园共同体"的共育平台

"校-园共同体"模式借助 PBL 教学法，通过运用这种基于问题的教

学模式，让学校和幼儿园双方共赢。高职高专的学前教育专业和课程体系必须体现市场的特征和变化，教师必须充分了解幼儿园的情况，及时更新教育手段和方法[①]。学校也要依托幼儿园优势，进行校内实训中心的建设。在使用实训中心的过程中，只有基于问题的学习才能更加有效地激发学生的学习积极性，发挥这些实训中心的优势。通过"校-园共同体"共育平台，学校可以与幼儿园沟通交流，共同承担培养学生的责任，为学生提供实习岗位，为学生的专业发展提供更广阔的空间。

(三) 构建有效的评价体系

"校-园共同体"的模式是否有效，还需要通过完善的评价体系来检验。学前教育专业的学生不仅需要掌握相关的理论知识，还需要掌握丰富的实践运用能力。如果不依托基于问题的学习，学生的在校学习和在幼儿园的见实习效果都无从考量。PBL教学法最直观的优势即为，看学生是否能够回到问题情境中，运用所学的相关理论知识来解决实际问题。如果效果佳，则说明学有所得且有效。

三、展望

在应用PBL教学法的教学实践中，我们尝试把幼儿园的一些问题和学前心理学课堂上所学的一些知识联系起来，这样做确实深受教师和学生的欢迎，课堂气氛活跃了，学习效果提升了，知识理解深刻了，学生也能够学以致用了。目前，"基于问题的学习"在"校-园共同体"模式下的教学实践仅仅才是开始，在今后学前心理学的教学实践中，我们还要挖掘一些很难将课堂上的知识与现实生活联系的问题，借助"校-园共同体"平台，把学前教育的专业理论课程开展得更为丰富和有效。

(王小娜)

[①] 周卓华，李兢. 大学生职业适应性教育现状及管理对策研究 [J]. 经济研究导刊，2018 (16)：132-134.

学前教育专业教育实习课程的共建研究

在现代幼儿教师教育中，教育实习课程的建设直接关乎学前教育专业学生专业实践能力和学习能力的提高。目前，我国幼儿师范类院校都安排了大量的实习时间，以帮助学生确立幼儿教师角色意识、澄清教育观，提高学生的教育实践能力。但是，目前学生教育实践能力缺失的现象依然普遍存在。调查表明，当前学前教育专业学生在教育实习中普遍表现出"专业实践能力弱""对专业实践表现出明显不适应"的状况。① 笔者认为，这与幼儿师范类院校自行制定与实施教育实习课程的大纲、计划及教育实习课程体系有关。为此，幼儿师范院校必须以幼儿园为本，围绕"有利于综合素养与能力培养，能满足工作的实际需要，有利于人的全面发展终身发展"的标准，与幼儿园指导教师、高校幼儿教育专家合作，论证并形成共同的课程目标体系、课程内容体系与课程实施体系，从而实现实习课程体系的共同构建。

一、共同构建实习课程的理论框架

教育实习应该给学生提供什么内容？教育实习应该运用哪些核心目标来帮助学生学习？教育实习需要培养学生的学习能力到什么程度？这是决定教育实习效益最重要的三个要素。② 因此，形成实习课程体系的正确共

---

① 王香平. 高师学前教育专业实习生实习适应状况调查及建议 [J]. 幼儿教育（教育科学）2010（12）：66-69.
② 曾本友. 基于教学过程导向的高师实习指导课程开发 [J]. 现代教育科学，2010（2）：136-138.

识，优化组合影响教育实习效益的三个要素，是提高幼师学生实践能力的重要抓手。

(一) 共同的课程内容

教育部在 2012 年 9 月公布的《3-6 岁儿童学习与发展指南》中，从健康、语言、社会、科学、艺术等五个学科领域（所谓"五领域"），对幼儿教育活动的内容和要求进行了具体描述。我国幼儿师范院校所使用的《幼儿园活动设计与实践》课程教材，也一直是按照"五领域"的课程内容和序列编写的。幼师生实习课程的内容体系，自然也是与之一一对应的。但是，实践告诉我们，幼儿教育必须根据幼儿学习的特点，以主题活动为轴线，以幼儿的日常生活及环境为主题设计的基础，在各个活动中有机融合"五领域"的内容。所以，必须以促进幼儿发展为前提，以幼儿教育课程体系为基础，构建起共同的实习课程体系。

(二) 共同的课程目标

如果实习课程内容以"五领域"为轴线，那么，实习课程的目标就会因此发生偏差，很容易偏向学科教学能力的培养。共同的实习课程目标应该是培养幼师学生的专业能力。幼儿园教师的专业能力到底是什么？幼儿园教师应具有六个方面的基本专业能力，这些专业能力是决定教育质量最关键的能力，即"观察能力""作品分析能力""谈话能力""课程设计能力""活动组织能力""评价能力"。[1]

(三) 共同的实施体系

当前，师范院校实习课程的实施过程按照先"知"后"行"的行动模式进行，大致可以分成两个相对独立的部分：第一部分是向幼师生系统传授专业知识；第二部分是幼师生到幼儿园跟随指导老师开展实践学习。实施流程大致是：幼师生先在师范院校学习"五领域"课程的活动设计，以备课、说课、模拟实训为主；然后，带着活动设计到幼儿园进行教育实践，以集体备课教学、课后反思为主。为了促进幼师生的发展，师范院校

---

[1] 虞永平. 什么样的学前教育才是有质量的 [N]. 中国教育报，2013-10-13 (1).

必须选择"知""行"结合的课程实施方式，在"幼儿园教育活动设计与实践"课程学习的起始阶段，就让幼师生带着幼儿教育的任务自主学习，在幼儿教育"五领域"课程活动的设计、组织、实践之中，培养他们幼儿教育的专业能力，并在活动中形成学习能力。所以，构建共同的实习课程理论框架，是实现学前教育专业实习课程体系共建的重要条件。

二、共同实习课程的实践探索

（一）共融的内容体系

在实践课程、模拟实习课程设计中，要以幼儿园为本，以"幼儿园教育活动设计与实践"课程为核心，对专业文化课程、专业理论课程和专业技能课程进行内容的整合，实现课程的共融。具体包括以下三个方面。

实现专业课程内容与幼儿园活动内容的共融。就是把幼儿园活动的内容融入专业理论课程和专业技能课程的案例教学，如在幼师生"幼儿文学"的课程设计中，把幼儿园正在学习的儿歌、幼儿诗、幼儿童话等作品作为有关章节的重要案例，并融入该课程知识鉴赏与创编的教学环节。

体现职前的实践课程、实习课程与职后工作内容的共融。要形成幼师生实践课程、短期教育实习课程、半年顶岗实习课程内容的序列，学习内容既要前后衔接，又要具有一定的层次变化。入职前，幼师学生先学习分科领域课程，再学习幼儿园活动设计的原理和方法，在教师指导下尝试设计、组织实施、评价幼儿教育主题活动，形成课程整合的能力，为入职后融入幼儿园教师团队、合作设计幼儿园活动打下基础。

反映专业课程教学与幼儿园活动方法之间的共融。学生在见实习的时候表现出来的很多行为并不来自学校的学习所得，而是来自自己的受教育经历。因此，师范学生各门课程的学习过程与方法，将对他们在教育实习中教学设计的方法选择、手段使用等产生积极影响。比如，幼儿园将奥尔夫教学法作为音乐学习的方法之一（该教学法适用于幼儿至小学、中学、大学的音乐教学），而师范音乐教学中（培养专业技能）也要根据需要选用。

(二) 共识的目标体系

长期以来,"以教师专业发展为核心来建构目标体系""按照课程开发的原理来确定教育实习目标""从理论与实践融合的角度来设计实习目标"①,是构建教育实习课程目标体系的不同方法和思路。在建构课程目标时,师范院校应该选择哪一种方法和思路,或者如何寻找这三者之间的平衡点,是一个非常复杂的问题。笔者认为,为了促进幼师生的发展,实习课程体系的设计必须以培养幼儿教师的专业能力为主线,综合师范教师、幼儿园、专家队伍的意见,从而形成建构目标体系的共识。要形成目标体系的共识,必须处理好以下几个关系:学术取向和实践取向的有机结合,做到理论知识和实际教学相结合;总目标和具体目标的科学分解,以建构具体的课程目标体系;稳定与变革的协调发展,教育见实习目标体系必须紧跟当前国际教师教育发展的潮流,不断变革教育实践,从而提高教育见实习的有效性。

从广义上看,共识的目标体系包含三个层级:人才总体目标、课程目标体系、行动目标体系。

人才总体目标,是合格毕业生培养目标与优秀幼儿园员工目标的交合。高职学前教育专业人才培养的共识目标应该是:面向学前教育教学一线,培养德智体全面发展、掌握现代学前教育基础理论和专业知识、具有较强的从事学前教育教学工作业务能力的技能型专门幼教人才。这是国家有关文件的规定,也是师范院校与幼儿园的共识。

课程目标体系,是实践课程的分类型、分层次的目标体系。

行动目标体系,是实践课程实施中的分阶段目标,是课程目标的细化。实习课程目标体系是行动目标体系的一部分,它以培养幼师生的六项专业能力(如上文所述)为"经线",以完成幼儿园教育工作目标为"纬线",经纬交织,进而转化成行动目标体系。在构建具体的目标体系时,还要从课程目标的定义、功能价值、来源、标准和表述等角度进行剖析论证,并借助课程理论,分析教育实习课程的目标是否科学合理。

---

① 刘静. 试论教育实习目标的建构 [J]. 心事·教育策划与管理, 2011 (10): 75.

(三) 共管的实施体系

共管的实施体系按作用来分,包括共管的机构、共管的职能与共管的机制等三个方面。要实现三方合作,需要一个统一的管理机构,因为确保幼师生实习课程的完成是三方共同的责任和义务。这个管理机构对各职能部门作用的发挥、实习情况的交流、保障措施和激励机制的形成与落实等,担负着政策扶持、资金投入、管理监督的职能。为此,必须成立由教育行政部门管理,师范院校、幼儿园协同合作的管理组织,形成幼儿教育实践和实习的管理网络,以保障幼儿师范、幼儿园能够协同合作,确保其在教育实习理念、目标、内容、任务方面认识和行动的一致性。

共管的实习课程体系,包括共管的课程实施大纲和方案、课程实施过程与方式等。共管的实习课程实施体系要经历从幼儿园活动主题的生成到幼儿园活动的设计、组织、实施、集体反思、修改完善等,并始终处于动态变化之中。共管实习课程实施体系的实践,是幼师生以"做中学"为主要学习方式,在专家引领、幼儿师范构建、幼儿园认同、幼师生参与的前提下,在不断的行动研究中逐步进行的。

共同的实习课程行动计划,需要幼儿师范教师、幼儿园教师、幼儿教育专家、幼师学生以开放的姿态整合资源,在团队运作的过程中共同制定和实施。其核心任务就是按照幼儿园课程的要求设计主题活动。师范院校、幼师学生、幼儿园教师要共同合作,选择主题,讨论活动如何展开。课程审议是团队合作的基本工作方式。所谓课题审议就是团队成员一起来讨论给出的主题,一方面,要审议主题的构建、内涵、价值;另一方面,要审议以主题设计为核心的教学策略,并讨论对主题进行评价的标准。团队应解决"主题是怎样的""隐含了什么经验""经验是如何关联的""要采取的策略是什么"等问题。一个好的主题的形成,一般要遵循教师示范—学生设计—集体分析—修改设计—实践设计这一过程。①

(四) 共同的评价体系

共同的教育实习评价体系是教育行政部门、高师院校及幼儿园,按照

---

① 虞永平. 学前教育的专业性与优质教育——虞永平教授讲座 [EB/OL]. [2014-03-23]. http://ece.njnu.edu.cn/.

教师专业发展要求共同建立的具体的教育实习考核标准。它对每位实习生的专业精神、教学技能、组织管理能力、合作能力等进行综合的规定。

评价的指标体系包含三个层次：一是高校的要求，包括正确的儿童观和教育观、专业的技能和能力、实习活动的实效及个人素养等；二是学生本身对自己达到要求的评价，包括制定教育活动计划、组织活动、环境创设、保育工作、家长工作及参与幼儿园活动等；三是幼儿园指导教师的评价，包括学习态度、工作态度、沟通能力和合作能力等。[1]

从组成要素划分，评价的指标体系包括以下四个方面：评价标准，指对实习课程的知识掌握、技能水平及情感态度要求的标准，是评价的基础；评价指标，指对课程实践者的具体的评价指标体系；评价方式，主要解决怎样评价问题，涉及评价主体、评价方法、评价过程等；反馈通道，评价的结果反馈是评价的重要环节，是新一轮评价的起点，且形成回路。

对于实习成绩的考核，学校指导教师、幼儿园指导教师、幼师学生必须共同参与，以保证考核信息得到全面、及时、准确的反馈。

（周吉元）

---

[1] 庞建萍. 高职学前教育专业教育实习思考 [J]. 早期教育（教科研版）2012（3）：28-30.

五年制高职学前教育专业见实习课程体系优化研究

随着国家关于学前教育相关政策的发布，我国学前教育专业的发展呈现出欣欣向荣的景象，各地都在实施相关措施以提升学前教育的教育质量，普及学前教育。目前，国家放开三胎政策鼓励生育，出生率将迎来新的高峰，社会对于幼儿教师的需求量将不断增加。在学前教育专业学生的培养过程中，教育见实习是必不可少的重要环节，学校及幼儿园都非常重视。

一、见实习的重要作用

学生虽然在学校接受了五年教育，基本掌握了相关理论知识，但是对于幼儿园教学所需的技能、技巧、经验等的掌握还非常欠缺，而学前教育专业是理论与实践结合非常紧密的专业，为了培养合格的学前教育专业师范人才，学校必须加强见习生教育。

学生在学校接受系统的专业课程培训是必须的，但是这些知识和技能对于一名合格的幼儿教师来说还远远不够，学校必须建立良好的见实习机制，鼓励学生走出学校，深入幼儿园一线，将理论教育应用于一线，并从一线获取教学实践经验，在真实的教育情境中将理论和实践结合，逐步提升自身的幼儿教师职业素质，这对于学校提升教学质量，培养合格的学前教育专业师范生是非常必要的。

二、见实习的现状及存在问题

（一）生源质量不高，理论知识掌握不好

由于现在高校继续扩招，学习成绩较好的学生能够进入高中，并根据自己的兴趣选择相关的大学专业学习，而学习成绩不好的学生没有选择余地，只好选择进入五年制大专院校学习。另外，现在初中的升学率计算是排除五年制大专院校的。上述原因导致进入五年制大专院校的学生基础知识较弱，没有兴趣学习相关理论知识。

（二）前期培训不足，适应岗位能力不足

在学生见实习前，学校都会召开见实习动员大会，向学生介绍见实习的目的和意义，强调见实习纪律，见实习期间的礼仪、安全等问题，并提出殷切期望，但是并没有对学前教育的学生进行系统的岗前培训，学生对见实习的内容、幼儿园的情况等并不了解，心理准备不足，没有认识到见实习的重要性，在见实习过程中无法应对紧急情况，没有积极主动学习，没有较好发挥岗位的作用。

（三）实习时间缩短，无缝对接就业中断

根据相关教育规定，见实习时间由一年改为半年，导致相关见实习内容安排不足。一年的见实习期，能够保证学生整体熟悉幼儿园环境和操作流程，有利于学生对各年龄段幼儿活动设计能力有个全面的了解，正式工作后上手较快，但是将见实习期改为半年后，见实习与就业之间的衔接中断，非常不利于学生掌握实战知识与能力，也不利于见实习课程的开展。

（四）工作热情不足，教学技能欠缺

一些学生对幼教的工作缺乏热情，也没有表现出对孩子的喜爱，对职业缺乏主动探索的兴趣，虽然课程设置丰富，但是并没有激发学生的内在驱动力。由于幼儿园老师要求高，需要学习的东西很多，比如心理学、急救、碰伤处理、烫伤处理等，如果学生缺乏积极主动学习相关工作技能的兴趣，会导致后期工作提升缓慢，甚至出现无法胜任工作的情况。

（五）创新能力不足，综合能力有待提升

为了更好地培养孩子，幼儿园老师不光要会照顾孩子，更要会带领孩子做游戏，开发游戏化情境，让孩子在游戏中学习，寓教于乐，而目前学生设计创新课程的能力不足，很少能够根据孩子的情况开发相对应的课程。同时，现在幼儿园的课程在向高端化提升，需要根据孩子的兴趣来培养，这对老师的综合能力也提出了更高的要求，老师只有不断学习，提升自己的综合能力，才能适应未来不断变化的教学要求。

三、见实习的改进建议

（一）改革教学方法

由于当下学前教育专业学生的生源质量不好，学生的基础较差，因此必须改革目前的教学方法，转变教学模式，多措并举，充分调动学生的学习兴趣，激发学生的学习热情，使学生热爱学习，促进学生主动学习理论课程，提升自己的专业素养。

（二）加强岗前培训

为了确保学生能够更快地适应岗位，较快地完成角色转换，学校应该安排适应性的岗前培训，从幼儿园的工作环境、班级管理、家长接待、语言技巧、紧急情况处理等基础层面入手，全面加强学生的岗前培训，使学生能够从思想上、认识上明确职业定位，制定适合自身的见实习计划，提升自己见实习的效果。

（三）合理安排见实习时间

针对目前见实习时间缩短的问题，要综合考虑现实情况，根据教育部要求和培养大纲适当进行调整。如果见实习时间过短，见实习的效果就体现不出来；如果见实习时间过长，学生容易产生倦怠。因此，学校要统筹兼顾，合理安排见实习时间，尽可能达到最佳的见实习效果。

(四) 激发学生工作热情

幼儿教师不仅是一份工作，更是一份责任，承担着培养祖国花朵的职责，学校应该加强思想建设，激发学生的工作热情，使学生认识到自己肩负的重大责任，以最大的热情投入工作，并有信心去学习更多的技能，从而更好地培育幼儿园的孩子。

(五) 培养学生的创新能力

创新是进步的不竭动力，学校应该引导学生敢于创新，善于创新，能够根据幼儿园的具体情况设计好的游戏模式，设计更适合的学习课题，寓教于乐，使幼儿乐于学，善于学，保证幼儿的学习效果。

由于时代发展的需要，我校对学前教育专业学生的见实习进行了探索和改革，目前已经初见成效，不过也暴露了一些问题。我们应保持清醒的头脑，制定有效措施解决出现的问题，提升学前教育专业学生的综合能力。

（李　娜）

五年一贯制学前教育专业
校本化实习课程要素初探

教育实习是幼儿教师职前教育的重要组成部分，是幼儿师范院校课程设置的重要一环。美国学前教育的职前培养是通过学生的现场经历表现与实习表现来评价学生的实践技能。目前国内有研究者指出，"实践反思模式"满足了新时期学前教育专业学生教育的要求，合理有效地借助这一实践形式能促进学生的自我构建，实现专业成长。[1] 然而实习中的学习是基于工作场所的学习，效果因人而异。五年一贯制学前教育专业（以下简称"学前专业"）学生有其独特性，如若对学习者的学习特点及教师的作用缺乏明确的认识，学生的实习效果会大受影响，难以实现职前教育的延展性。笔者认为，实现教育实习的课程化管理，整合本土的实践性资源为教师、学生所用，能更好地让学生实践、反思，形成问题意识。

一、学前专业校本化实习课程的界定

（一）校本化实习课程的定义

陈幸军在《幼儿教育学》一书中这样定义课程：所谓课程，是指在学校教师的直接作用和间接指导下出现的学习者与教育环境相互作用的学习活动的总体。结合幼师实习活动的特点，校本化实习课程可定义为：在本校学前教育教师与幼儿园教师的直接作用和间接指导下出现的学习者与实习环境相互作用的学习活动的总体。在此，有必要关注该定义的几大要

---

[1] 秦金亮. "全实践"理念下高师学前教育专业实践整合课程探索[J]. 学前教育研究，2006 (1): 47–51.

素。一是校本化实习课程的实施主体是学前教育专业教师与幼儿园教师，即"双师"，他们关系到整个课程能否规范有效地组织与实施，以及课程实践的程度和最终效果。二是校本化实习课程的学习主体是学前教育专业学生，他们应该在不同的实习平台上实践、反思与建构包括知识技能、态度情感、价值观等在内的有益经验。三是实习课程实施的客体因素包括工具与条件，如校本化实习手册、实习单位的软硬件设施和教育环境等。

（二）校本化实习课程的性质、目标、内容

学前教育专业校本化实习课程为实践课程。其课程目标是发现教育实习中存在的生理、心理和教育现象，尝试运用教育规律解决教育实习中的实际问题，提升学前教育专业素养，认同学前教育行业并初步适应学前教育实习机构的文化。课程内容主要包括：了解和适应幼儿园的物质、制度和精神文化；熟悉幼儿园一日常规活动的基本流程；协助幼儿园教师开展幼儿保育活动；观摩学前教育机构的教育活动并尝试组织实施相关活动（教学活动、游戏活动、日常生活、劳动和节日娱乐活动）；参与幼儿园环境设计；尝试与幼儿、家长的对话和沟通，并与家庭和社区合作，以开展相应的活动；使用观察法、谈话法、作品分析法等初步记录和适当评价幼儿的身心发展状况；积极自我反思和初步评价实习成效。

二、校本化实习课程的要素分析

（一）学习者的学习特点

1. 学习者的学习具有建构性和叙述性的特点。学前教育专业的学生到幼儿教育机构实习时大多为分散实习，即不同的学生会到不同的学前教育实习机构去，他们会接触到不同的实习环境、幼儿园不同的课程方案和人际关系，会以自己的知识经验与实习环境互动，建构与幼儿园教育教学有关的新的认知结构。同时，实习反馈可能大多是个人化、具有叙事特点的故事、案例、作品、观察记录和学习感受，因而学前教育专业学生的学习具有建构性和叙述性特点。建构和叙述的主要内容为：学习者是否观察、参与了幼儿园"五大领域"的工作流程，是否发展了相关情感和能力。

2. 学习者的学习具有基于真实环境的做中学的特点。任何一种学习都需要心智的投入，实习中的学习则是全身心的投入。在真实的教育教学环境中，学习者可能会面临很多突发的问题。这就要求实习者不能被动地等着他人解决问题，而应尝试用已有的知识和经验去解决突发状况。可能实习者的干预措施会失败，但是可以通过观察指导教师、反思和再实践的方式不断促进自身问题解决能力的提升。在变化复杂的实习情境中，学习者通过不断练习和运用原有书本上的幼教理论知识，最终将之转化为指导自己教育教学的规则。

3. 学习者的学习具有个体与实习环境的文化互动性的特点。随着近年来国内外各种教育理论和教育理念的传播，幼儿教育机构的教育教学受到不同教育文化的影响。学习者在观察、参与实习单位活动时，不可避免地会与其文化环境进行互动。如实习者在蒙台梭利幼儿园实习时，可以通过活动、对话和合作的方式逐渐融入其富有蒙台梭利教育氛围的文化环境，学习者不仅要慢慢从学生角色转化为教师角色、融入教师的人际关系，还要思考自己作为一名处于蒙台梭利幼儿园中的教师的儿童观、学习观、课程观和教师观等。

(二) 双师扮演的角色

1. 双师的角色定位。教师是联系学习者个性、兴趣、经验与学习领域所组成的有秩序的客观世界的桥梁。教师起着怎样的桥梁作用直接影响学生的学习结果，因此，教师扮演的角色尤为重要。秉持不同教育理念的教师往往对自己在教育活动中扮演的角色有所侧重。行为主义教师往往扮演环境工程师、观察者、日程安排者、教导者、评估者、行为模型及父母咨询者[1]。而建构主义理论者往往强调教师是儿童良好教育环境的设计者、有效的提问者、关注儿童进步的评价者、与儿童一起构建知识的合作者，以及解决发展冲突的协助者[2]。结合我校学前教育专业校本化实习课

---

[1] 贾珀尔·L. 鲁普纳林，詹姆斯·E. 约翰逊主编；黄瑾，等，译. 学前教育课程 [M]. 上海：华东师范大学出版社，2005：185.
[2] 贾珀尔·L. 鲁普纳林，詹姆斯·E. 约翰逊主编；黄瑾，等，译. 学前教育课程 [M]. 上海：华东师范大学出版社，2005：185.

程的性质、目标、学习者的学习特点，双师在该课程中扮演着以下角色：观察者、活动组织者、对话者、合作者、关怀者。

2. 双师的角色分配。当双师作为机敏的观察者时，幼儿园指导教师是与学习者最为直接的互动者，也是最有效的观察者；专业教师则负责与幼儿园对接，帮助幼儿园指导教师观察实习者的保育、教育活动，并及时加以引导、强化、提示和示范。当作为有序的活动组织者时，双师应根据实习任务有效地安排阶段性实习活动，并与学习者沟通，以做好适宜的安排。当作为民主的对话者时，双师应给予学习者话语权，将每个学习者都视为课程的核心参与者。当作为支架式的合作者时，双师特别是幼儿园指导教师应在了解学习者知识经验、能力水平和个性的基础上，发挥脚手架的功用，帮助其走出实际的教育教学困境，形成自己的教育教学的策略性知识；同时也应让学习者有自己的时间和空间进行酝酿、反思、实践，双方在学习者的困难点进行支架式合作。当作为关注人的发展的关怀者时，双师特别是专业教师要认识到每一个学习者有不同的心理诉求，如对于人际关系的情感诉求、职业发展的差异化诉求、解决自我发展冲突的诉求等，应提供制度、空间、时间的多样化选择，帮助学习者实现个性化发展。

三、课程实施的两大工具

1. 加强建设教育实习基地。一是发挥附属幼儿园的特色基地作用，解决学前教育专业学生差异化的实习诉求。附属幼儿园有特色美术教育、奥尔夫音乐特色教育，以及营养特色教育、体育特色教育、蒙台梭利特色教育等，学生在实习的过程中可以形成一些个体化的反思，并在不同的实习小组内分享和交流。二是深化校园合作，扩展实习的范围。除了利用本地区的优势幼儿园资源外，还要加强与生源相关地区幼儿园的合作。三是进一步与早教机构衔接，深化学习者对早期教育的理解。以往，学生主要是在各类幼儿园实习，难以接触到0~3岁儿童的保育和教育工作。在校本化课程中，要加强与这类早教机构的联系，对学前教育专业学生进行菜单式的培养，拓展其实习和就业的路径。

2. 设计以问题为导向的校本化实习手册。以问题为导向是为了培养学习者的问题意识，让学习者带着问题去观察、实践、反思。每个问题都要围绕幼儿教师专业能力的培养进行设计，同时要能反映幼儿教育学和心理学的一些现象与原理。问题设计可如下：幼儿园环境与教育目标是否相一致？幼儿园环境创设是否与幼儿身心发展的特点和需要相适宜？教师是否引导幼儿与环境相互作用？环境是否体现了文化性？这种活动材料是什么用途？是用于教学还是用于游戏？这种活动材料发展了幼儿的什么经验？环境是否整齐有序？给予儿童的一切是否与孩子的体型成比例？与此同时，学习者也可在实习手册上提出自己的疑问，以实现双向沟通。因此，实习手册中的问题在呈现上应具有指向性、开放性、潜在结构性的特点。

四、结束语

学前教育专业校本化实习课程是教师、学习者双向互动的实践过程。教师应通过对该课程的界定和主客观要素的分析，指出学习者具有建构性和叙述性、基于真实环境的做中学、个体与实习环境的文化互动性的学习特点。学前教育专业标本化课程强调教师扮演着机敏的观察者、有序的活动组织者、民主的对话者、支架式合作者、关注人发展的关怀者等多重角色，指出双师的角色分配各有侧重；明确了教育实习基地、以问题导向的校本化实习基地是课程实施的客体要素，突出了特色基地建设和实习手册的指向性、开放性和潜在结构性的特点。因此，学习者可以通过民主沟通、平等对话的方式获得课程信息，参与课程的设计和评价。在实际的课程实施中，双师可在各个阶段与学生民主对话，在适当的可预测情况下，促进校本化实习课程的自发组织。

然则，实习课程的实施仍存在较大困难。一是缺乏专门的实践指导老师，老师们各有专长却难以统合指导。形成一个有机的实习指导团是今后努力的方向。二是师生配比问题。本校的指导教师人数有限，而参与实习课程的学生数量庞大，如何让每位实习者都能得到个性化的指导仍然是一大难题。因而，跨时间、远距离等各类形式的虚拟空间沟通方式还有待进一步整合和发挥作用。

（张　燕）

初中起点五年制学前教育专业校本化实习课程的实施构想

——以常州幼儿师范学校为例

初中起点五年制大专学前教育专业（以下简称"幼师大专"）主要培养幼儿教师。近年来，我国教师职前教育课程改革注重拓展通识课程、加强教育专业课程、重视教育实践课程、丰富自主选修课程，加大实践性教学环节的比重。教育实践课程作为教师教育中理论与实践相结合的重要课程，是帮助学生实现向教师角色转变的关键。教育实践中的实习又是职前教师教育的重要组成部分，它对教师运用、检验、深入理解课堂所学理论，获取实践性知识、形成教师理念和角色认同、培养专业能力有重要作用。[1] 但是，我国目前教育实习的现状却不容乐观，教育实习这一薄弱环节已成为师范教育亟须改革的一个关键环节。构建高质量的适合本土教育教学的"校本实习课程"已成为幼师大专院校解决实习环节问题的关键点。[2]

一、校本化实习课程的内涵

当前世界各国都极为重视教育见实习，并使之成为世界教师教育改革的一个中心问题。从当代教师教育发展的趋势来看，传统的以知识、技能为支撑的幼儿教师教育课程价值取向，正在被专业发展本位取向取代。专

---

[1] 潘月娟, 刘颖, 张丽敏. 如何促进实习生在教育实习中的专业成长 [J]. 幼儿教育, 2011 (1): 41-45.
[2] 王海燕. 五年一贯制学前教育专科课程设置研究 [D]. 长春: 东北师范大学, 2007.

业发展本位的课程价值取向，决定了五年一贯制学前教育专科课程体系应以教育实践为统领。教育实习作为职前教育最重要的教育实践形式，是师范生积累教学实践知识的重要一环。

幼师的教育实习是指幼师生为了解幼儿园教育教学工作内容及特点，巩固、实践所学的专业知识和技能，培养自己初步的工作能力，找到自身职业能力与要求之间的差距，加深对学前教育专业的理解与热爱而进行的一系列教育活动。而幼师大专的实习课程则是指幼师大专院校为实现培养目标，锻炼和促进学生初步胜任幼儿园教师的基本素质和专业能力而选择的与幼儿园工作内容相关的实践教育内容及其过程的总和。其外延包括幼师大专第五学年的校内实践、《幼儿园实习指导》实践教学、校外实习的内容及过程。

校本化是指学校及教师通过选择、改编、整合、补充、拓展等方式，对国家课程和地方课程进行再加工、再创造，使之更符合学生及学校、地区的特点和需要。校本化实习课程是指将国内外幼师大专院校典型的实习模式、内容、方法等再加工、再创造，从而开发出既符合本校定位、培养目标、办学条件、师资力量，又能突出本校特色的实习课程。

二、校本化实习课程的实施理念

教育部于 2011 年 10 月颁布的《教师教育课程标准（试行）》规定，四年制本科、三年制专科、五年制专科培养的幼儿园职前教师的教育实践时长应该不少于 18 周。结合《幼儿园教育指导纲要（试行）》及学生身心发展特点，笔者认为实施校本化实习课程应秉承如下理念。

（一）建构性理念

建构主义者认为，不能对学习者作共同起点、共同背景通过共同过程达到共同目标的假设，学习者是以原有的知识经验为背景接受学习的，不仅水平不同，更为关键的是类型和角度不同，故不能设想所有人都一样，而应以各自背景作为产生新知识的增长点。"知识不是统一的结论，而是一种意义的建构。"由于每个人按各自的理解方式认识客体，因此它是个体化、情境化的产物，也就是说，"学习是指每个学习者从自身角度出发，建构起对某一事物的各自看法，在此过程中，教师只起辅助作用"①。

实习前，学生的认知结构局限于书本化的理论知识；实习时，实践内容与其原有认知结构发生相互作用，使得学生的认知结构丰富化和深刻化。因此，教师在确定课程目标、内容、实施方式、评价方法时更应倾向于让学生去发现实习中的教育教学现象，让学生以自己的经验去建构教育现象的意义，让学生交流自己的个人化经验，而不是局限于被动地完成统一的实习任务和应对实习环境。

（二）情境性理念

情境学习理论强调知识与情境之间的相互作用，学习者在情境中通过活动获得知识，学习与认知在本质上是情境性的。情境学习理论在教学实践中的应用包括认知学徒制、抛锚式教学与学习共同体。

在实习情境下，学生与学生、学生与教师之间可形成学习共同体，在共同体中每个参与者都是核心成员。总之，在校本化实习课程中，学生与实习内容的相互作用方式、师生及生生之间的交流和交流方式尤为重要。

（三）"全实践"理念

所谓"全实践"，就是将幼儿教师专业发展全程中的所有实践环节作为一个整体系统予以定位和统筹安排。杭州幼儿师范学院的秦金亮教授探索开发了"全实践"理念下的实践整合课程体系。在秦教授的实践整合课程体系下，实践整合课程中的实践环节主要包括学前教育专业中通识课、专业基础课、专业主干课、选修课的技能操作，各学期安排的见习实习，短期的社会实践，寒暑假社会实践，毕业前综合实习及毕业论文等所有培养幼儿教师操作技能和智慧技能的课程教学环节。也就是说，"全实践"就是实践要素诸方面在时间上要全程延通，在空间上要全方位拓展，在内容上要全面整合，在课程体系上要全面统整。

"全实践"理念的理想追求在于使学生在步入教学一线之前就获得教

---

① 杨维东，贾楠. 建构主义学习理论述评 [J]. 理论导刊，2011 (5)：78.

育实践性知识和实践智慧。① 学生将书本的、外显的、公共性的知识通过实践性反思转化为内在的、高度个性化的、经验化的个人知识。在就业市场竞争日益激烈的今天，"全实践"理念下受益的毕业生已然供不应求，其实践整合课程实施的效果非常明显。"全实践"理念为校本化实习课程的实施提供了实证依据。

三、校本化实习课程的实习模式

（一）集中分散四位一体实习模式

所谓集中分散，即学校于第五学年第一学期统一安排集中实习，第十学期学生回到生源地按照就近原则选择幼儿园实习，两种实习模式在实习的内容、目标、实施、评价等方面采用共同标准。其中第九学期集中实习时间安排8周，学校在8周外的时间于校内开展相关课程实践教学。

四位一体化是指目标一体化、内容一体化、实施一体化、评价一体化。目标一体化：立足一个目标不动摇，即培养幼师生的专业能力——观察能力、作品分析能力、谈话能力、课程设计能力、活动组织能力、评价能力。内容一体化：集中实习与分散实习内容既前后衔接，又具有一定的层次变化，实习内容为一体化目标服务。实施一体化：共建一个由教育行政部门管理，幼师大专院校、幼儿园协同合作的管理组织，形成幼儿教育实践和实习的管理网络，以确保幼师学生实习课程的完成。评价一体化：教育行政部门、幼师大专院校及幼儿园按照教师专业发展要求共同建立具体的教育实习考核标准。学生最终的实习鉴定根据师范实习指导老师、导师、幼儿园实习指导老师、督导、班主任及同分区学生的多方意见综合评定。

（二）"双导师"制实习模式

第五学年第一学期集中实习时间安排在学期中间8周，该学期其余时

---

① 秦金亮．走进全实践：反思性幼儿教育实践家的成长之路［M］．北京：新时代出版社，2007．

间在校内开展相关课程的实践教学，引入"双导师制"。由学校领导、学前教育教研组、班主任共同提出"双导师制"计划，师范教育专业部确定相关课程实践教学的实习课程内容和要求。集中实习基地为附属园与合作园。

"双导师"中，第一导师为附属幼儿园及合作园的骨干幼儿教师或教育专家，时间由双方灵活安排，指导次数在3次以上，指导内容主要包括（但不局限于）帮助实习生全面了解实习基地情况、校外8周集中实习的职业指导。第二导师为校内专业课教师，指导内容主要是（但不局限于）校内课程实践教学指导、分散实习的区域督导。学生在8周的集中实习前先了解实习基地的教师、幼儿园的基本情况，可能会提高实习效益。

因此，无论是校外8周的集中实习还是校内的课程实践教学，都有导师给予及时的职业指导，实习效果有保障，学生在最后一学期的分散实习中也能更快适应幼儿教师的工作。

四、校本化实习课程分区督导评价机制

所谓分区督导制，是指按照学生的生源地将实习涉及的地区分成若干区，每个区指定一位师范专业教师作为督导，负责该区学生分散实习期间的事务。按照生源地所属区域，可分成15~20个区，每个区选一位实习课代表；每位督导负责的人数不超过20人。同区学生每月开一次碰面会，相互交流实习经验，讨论实习重难点，互帮互助共同提高。遇到解决不了的问题，由实习课代表做好记录汇总，与督导讨论解决，并及时告知其他同学。同时，名师还将以"专题讲座，专业引领"为主题开展教育实习类、职业规划类专题讲座，给幼师生提供专业指导。

校本化实习课程的实施是一项艰巨的工程，涉及教师、领导、学校甚至教育局相关部门以及经费等诸多方面，应建立多层次的组织和保障体系。学校实习课程校本化的探索尚处于初级阶段，尚需改善课程实施条件，充实课程资源，拓展与探究校本化实习课程实施新思路，优化实施构想，加强落实校本培养目标的力度。

（李 铭）

幼师专业故事讲演综合实践课程开发的意义

目前，许多研究者就幼师生的讲故事技巧等作了较多探讨，特别是就幼师生讲故事能力提升的训练策略或方法，或从声音造型、语气语调、节奏、态势语等方面的训练来增强讲故事的效果；或对故事语言进行艺术加工和技巧处理来再现故事的形象性；或按故事改编创作的要求去改编原著，将其改得浅显化、形象化、音乐性、动作化。这些研究都是教授者根据自己的教学经验，研究如何在课堂教学实践中提高幼师生的讲故事技巧。而笔者是从课程的角度，立足于幼师生故事讲演能力的提升提出了故事讲演综合课程的开发。

一、学龄前儿童的成长引领，需要对故事讲演进行综合实践课程研究

故事是孩子们接触最早、最多的文学样式之一。爱听故事是儿童的天性，故事因其独特的艺术魅力、艺术特征而深受幼儿的喜爱。好的故事既能促进幼儿语言表达能力的提升，又能使幼儿的想象、思维、创造等各种能力得到发展，并有利于其健康、积极人格的形成。

朱自强在《儿童文学概论》中提到"儿童的思维是故事性思维"。J. 莫费特说过："孩子在长时期里，其全部思考都是通过故事来进行的。不管那故事是事实上存在过，还是虚构出来的，他们几乎都是通过故事来表现自己，并通过故事理解他人的话语。年幼的孩子既不是将经验普遍化，也不是将经验理论化，他们只是以'登场的人物'和'作为背景的场所（故事的形式）'来诉说。"因此，对尚未识字的学龄前儿童来说，听成

人讲演故事是其接受文学的主要方式。幼儿就是在听故事中关注自己，正确认识自己，从而认识社会、适应社会。

故事还是亲子共读的最佳文学样式，亲子共读即父母或长辈陪着孩子一起读书，是国际阅读界一直提倡的一种阅读方式。在听家长、教师讲演故事的过程中，亲子关系、师幼关系得到和谐发展，幼儿在听故事的互动交流中健康成长。

由此可见，成人必须具备较强的故事讲演能力，才能将文本的"平面"故事"立体"地呈现在幼儿面前，才能将故事的教育功能充分地展示出来。而如何提高成人特别是幼师生的故事讲演能力，是幼儿师范学校进行故事讲演课程研究的核心目标。

二、幼师学生专业技能培养，需要提升故事讲演综合能力

2014年教育部公布的《中小学教师资格考试暂行办法》规定，教师资格考试实行全国统考。其中，故事讲演是申请认定幼儿园教师资格的重要考核项目之一。面试考题则明确要求"模拟给幼儿讲故事"和"模拟为幼儿表演一段故事"，由此可见，我们以往提出的"提高幼师生讲故事能力"目标虽涉及"肢体动作——演"，但目标仍重在"口语表达"。现在，在各级各类的幼儿园教师编制考核中，讲演故事与幼儿舞蹈、幼儿歌曲弹唱、幼儿环境布置等技能成为必考内容之一。在省学前教育专业的"专转本"技能考核、省师范生基本功大赛等各级各类考核或比赛中，讲演故事专业技能都是学前教育专业学生的必考内容之一。

另外，故事教学是幼儿园最常见的一种教育教学形式，它伴随着幼儿的一日生活。再有，在国考中，除自我表演故事之外，对考生还有一项要求：如果请幼儿表演这段故事，你如何组织这项活动？这就要求未来的幼儿教师必须具备组织、指导幼儿进行故事表演的能力。因此，幼儿师范学校在学生能力的培养上必须加强故事讲演能力的训练和提升，只有幼师生自己具备了较强的故事讲演能力，才能在未来具体而有效地组织和指导幼儿讲演故事。

由此可见，讲演故事能力是幼儿教师必备的、最基本的一项从教技

能，更是各级各类师范院校培养幼师专业学生专业能力的重要内容。为确保培养的学生都能获得教师资格证，提升幼师生的故事讲演能力，我们必须进行相应课程的开发。

三、故事讲演有效教学，需要对课程理论与实践进行研究

根据幼师生培养方案，各级各类幼儿师范学校都相应地开设了讲故事课程，复旦大学出版社出版了《幼儿教师讲故事技巧》一书来全面提升幼儿教师讲故事的能力和技巧，常州幼儿师范以选修课的形式开发了校本教材《讲故事》来提高幼师生的讲故事技巧。不过，"讲故事"重点在"讲——口语表达"，虽涉及"演"，但只是"讲"的锦上添花；而"讲演故事"则是"讲""演"并重。因此，开展专业的故事讲演课程研究迫在眉睫，从理论与实践两个方面构建一套综合课程，从而提高幼师生故事讲演能力是我们开展课题研究的出发点。

目前，幼儿师范学校涉及故事"讲""演"的教学内容只在《教师口语》的"说话技能训练"和"幼儿教师职业口语训练"两章中有所体现。如"凭借文字材料的口语表达训练"这一节，就在"描述训练"中着重强调"描述训练的最好形式是讲故事"。"'讲故事'是一种复现性表达，即把看到的、听到的情节用完整的语言文字材料描述给别人听。"教材并就讲故事的注意点作了一段文字说明："讲故事的语言要用通俗易懂的口语，尽量淡化书面语色彩，尤其要避免文言词汇。叙述时要从容不迫地把环境、情节、人物关系交代清楚；描述时要正确表达感情倾向；对话可适当运用拟声造型手段，做到'言如其人'。还要把握好语速、节奏的变化，并适当运用表情、手势、姿态辅助表达。"实际上，讲故事是对故事文本的改编、加工。作为一种再创作的故事讲演，要让学生真正掌握并运用，教师就必须进行理论和实践方面的"教"与"学"的研究。

因此，在有限的课堂教学中，必须采取有效的教学策略来培养、提升幼师生的故事讲演能力，这就对我们幼儿师范学校的幼师生培养目标提出了更高的要求。我们的教学必须以培养造就优秀幼儿教师为目标，根据学

前教育发展和课程改革的要求，加强故事讲演有效教学策略、创编理论与实践教学环节等的研究。

四、故事讲演教学研究不足，需要科学与系统的研究

经抽样调查，并结合近两年幼儿园教师资格考试学生的模拟成绩，笔者发现：对于背诵式故事，学生能够以语调变化、动作编配、丰富表情等辅助故事讲演，但这其中机械添加的痕迹明显，缺乏内在的表现力，缺乏对故事角色的体验，故事讲演的感染力比较弱。对于即兴表演式讲演故事，学生的创编（改编）能力、审美能力、语言表达能力以及肢体语言表现力等，问题就更加明显。

反思当前师范教育学前教育专业的课程设置，我们发现，没有与讲演故事能力培养相对应的专门课程，而现有的相关课程，如"幼儿活动设计""幼儿绘本舞蹈""幼儿文学""幼师教师口语""幼师语文素养"等，除了其自身固有的教育教学目标与功能外，还有发挥或挖掘培养故事讲演能力的教学功能。

如，在"幼儿绘本舞蹈"的学习中，学生学习用舞蹈动作、形体语言、表情来提高故事的表现能力；在"幼儿文学"的学习中，学生具有了适应幼儿教育需要的幼儿故事文本鉴赏能力和创编能力，而这些能力的提升又提高了学生通过故事讲演再现作品的审美品质；在"幼儿活动设计与组织"的课程实践中锻炼学生富有表现力的朗读、讲述、解说、表演等再创作的能力。

虽然这些课程都能提升学生的"讲演故事"能力，但这一目标并不是上述这些课程的第一和核心课程目标。在"幼儿故事讲演"专业课程缺乏的实际情况下，对现有相关课程进行科学与系统的针对性研究就显得尤为迫切。

再有，故事讲演能力是一项综合能力，"故事讲演"课程也不是与"幼儿舞蹈""儿歌弹唱""幼儿绘画"等分科课程并列的课程。另外，综合能力的培养并不是各组成要素的简单相加。所以，在各课程教师分科教学的背景下，如何在选择教学内容、设计和组织教学活动的过程中，共同

关注学生故事讲演能力的培养，实现课程之间的有机整合，从而完成幼师生故事讲演能力校本综合课程的开发，是值得幼儿师范学校科研部门和教研工作者进一步探究的问题。

（王维群）

"尚美乐心"幼儿音乐课程的开发与实施

《幼儿园教育指导纲要（试行）》（以下简作《纲要》）提出，幼儿园的艺术教育应主要在于激发幼儿感受美、表现美的情趣。《3～6岁儿童学习与发展指南》（以下简作《指南》）也强调，幼儿艺术领域的教育活动，关键在于充分创造条件和机会"萌发幼儿对美的感受和体验"。引领幼儿感受美、体验美、表现美，培养审美情趣和创美精神，是幼儿园艺术教育最基本、最重要的目标。近几年来，我校附属幼儿园开发实施"尚美乐心"音乐课程，创出了园本教育特色，对幼儿陶冶情操、发展个性、启迪智慧与个性的和谐发展发挥了积极有效的作用。

一、背景缘起

1. 文化建设的推动。我校附属幼儿园自2007年基于"尚美"核心理念，凝炼铸造"尚美"精神文化，持续建设"尚美"物质文化，动态健全"尚美"制度文化，以"尚美文化"统领各方面的建设力量，办园成效显著。该园以"尚美"精神为总领，以幼儿发展"和谐美"为宗旨，构建面向每个孩子的课程体系，"尚美乐心"幼儿音乐课程是该园课程体系中的一项园本特色课程。

2. 资源条件的优势。该园全体教师对尚美理念拥有亲切、深刻的认同感，自觉把尚美文化理念渗透到日常教学中。作为师范学校附属幼儿园，在师资队伍建设方面，该园凸显专业引领助推个性发展的特点。师范学校音乐特级教师常年带领该园骨干教师参加教育教学研究与实践，大部分教师参与音乐特色教育教学工作。该园还建设了优良完备的乐器体验室和音乐表演厅,形成了开发园本课程的优势资源。

3. 幼儿发展的需求。该园幼儿在尚美文化的熏染陶冶下,内心逐渐产生较为强烈的对美的向往和提升审美情趣的愿望。该园尊重幼儿的学习方式和特点,重视幼儿良好学习品质的培养,依据该园实际情况和资源优势,以课程改革为切入口,开发以游戏化实施为基本特征的"尚美乐心"幼儿音乐园本课程,丰富充实幼儿园整体课程,以满足幼儿发展的需求。

二、课程理念

尚美,即崇尚美,幼儿园用优美的音乐滋养幼儿的心灵,引导幼儿感受美、欣赏美、表现美。乐(lè)心:陶冶性情,使心里快乐;《荀子·乐论》中有"君子以钟鼓道志,以琴瑟乐心",因此"乐(lè)心"也可读作"乐(yuè)心"。幼儿园充分发挥音乐的情感教育功能,引导幼儿在歌唱、舞蹈、演奏中多感官体验、多通道参与,享受音乐,促进其健全人格的养成。

开发本课程,一是坚持课程的基础性和特色性,以育人为本,将幼儿的音乐学习和全面发展教育有机结合,并学习借鉴世界上其他国家著名的儿童音乐教育经验,进行本土化创新实践;二是坚持课程的实践性和体验性,重视听、唱、看、舞、做等多种实践活动,重在亲身经历、实地领会;三是坚持课程的生活化和游戏化,增强音乐教育的趣味性、游戏性和日常化;四是坚持课程的审美性和综合性,坚持以美育人,陶冶审美情操,关注幼儿学习与发展的整体性,重视音乐课程在主题教育中整合的适切性以及与其他领域的相互渗透。

三、阶段足迹

"尚美乐心"幼儿音乐课程从孕育、论证、开发、实施到评价完善,历时10年。在初始阶段仅限于模仿学习,引进的先进经验与原有的基础处于割裂状态。随着实践的积淀和反思的深入,逐渐明晰了研究主旨和园本特征。本课程的开发过程大体可以划分成以下三个阶段。

第一阶段，学习、引进、实践、模仿，2008年9月—2011年8月。师范学校音乐教师带领该园骨干教师学习奥尔夫教学法。奥尔夫教学法强调音乐学习应该从孩子开始，音乐教育应该面向所有的人，突出音乐本体元素的回归，引导儿童在不知不觉中真正学习音乐，有效促进儿童全面、和谐、富于个性地成长。该园逐年累积购买品质纯正的奥尔夫打击乐器，比较系统地使用上海音乐学院陈蓉老师主编的奥尔夫音乐教材《从头到脚玩音乐》。通过这一阶段的实践，骨干教师的音乐教学水平提升显著，幼儿音乐素养和综合发展状况有明显提升，幼儿园音乐教育特色有所展露。

第二阶段，反思、提升、迁移、创新，2011年9月—2015年8月。成立课题组，开展"基于培养幼儿艺术素养创新幼儿园音乐课程的实践研究"。2012年6月该课题获批常州市教育规划重点立项课题，2013年11月获批江苏省教育科学"十二五"规划立项课题，主要研究探索、创新幼儿园音乐课程的实际做法，传承汲取传统音乐教学法之精髓，学习借鉴世界先进音乐教学法之经验，初步产生了园本的幼儿音乐课程，使得全体教师的音乐教学水平都得到了提高，更全面提升了幼儿的艺术和综合素养，该课题通过了省级中期评估。

第三阶段，整合融汇、一体重构，2015年9月至今。前述省规划课题根据中期评估时反思剖析的问题调整修订了后续的研究重点，在尚美文化孕育下，明确了"尚美乐心"音乐园本课程的核心理念，将本地区规定的基础课程中原有音乐课程和该园学习引进的奥尔夫音乐课程整合融汇，准确定位课程目标，重组梳理内容体系，创新园本课程实施，丰富拓展课程资源，科学完善课程评价，从而实现幼儿园的主动发展，实现教师的专业化发展，实现幼儿崇尚美、享受美、心情愉悦、心灵纯净的和谐发展。

四、课程开发与实践

(一) 准确定位课程目标，重组课程内容

课程目标是指一门课程的教育目标，课程内容就是"教什么"和"学什么"。拟开发的"尚美乐心"幼儿音乐课程，怎样将本地区规定的基础课程中原有音乐课程的目标,与该园学习引进的奥尔夫音乐课程的目标统整起来,准确定位本课程的目标?课程内容依照怎样的思路来增删重组呢?主要策略是遵照《纲要》和《指南》精神,凸显园本特点。

1. 课程目标必须贯彻《纲要》和《指南》精神,凸显"尚美乐心"理念,体现园本特色。首先,"尚美乐心"幼儿音乐课程目标的定位不能偏移甚至违背《纲要》精神和《指南》要求,必须遵照《纲要》和《指南》的总则说明以及艺术领域的具体要求。其次,凸显园本特点也不是要超越《纲要》、超越《指南》,而是从本地、本园的条件出发,结合本园幼儿的实际情况,制定切实可行的课程目标。所以本课程目标是在共性基础上紧扣"尚美乐心"核心理念,对感受美、欣赏美、表现美和创造美予以关注和突出。感受美、欣赏美:尽量多地积累对生活美、艺术美的感性经验,培养专心倾听音乐作品、专注观看文艺演出的习惯、修养和能力,提升审美情趣,提高欣赏能力,享受音乐的纯净与高尚。表现美、创造美:积极参加各类音乐活动,激发表现美的情趣和发展艺术潜能的意愿,具有比较强烈的音乐创造性表现意识,能用喜欢的音乐表现方式大胆表达自己独特的审美感受,并获得艺术创造的乐趣。

2. 依据课程目标重组梳理课程内容。根据"尚美乐心"幼儿音乐课程理念和课程目标,对本地区规定的基础课程中原有音乐课程内容进行梳理与精简,对引进的奥尔夫音乐课程内容进行本土化、园本化创新,并适度关注国内幼儿音乐教育科研的最新成果,达到对原有幼儿音乐课程内容的重整与拓展。本课程旨在在儿童幼弱的心怀充盈纯美的音乐,不让其承载劣俗的内容。所使用的音乐主体部分是中国经典幼儿音乐,辅以一些中外优秀古典音乐、民族民间音乐、外国经典幼儿音乐、适合的流行音乐和以专业音乐素养新创作的幼儿音乐。

(二)课程实施的形态

"尚美乐心"幼儿音乐课程内容怎样落实到实践中去?系列的课程内容如何与教育主题同步整合?学科集体教学的分量与游戏活动如何平衡?幼儿园的主要策略是坚持"幼儿一日生活皆课程"基本理念,采用四种基本实施形态。

以教育主题统整集体音乐教学、区域音乐活动和日常音乐游戏,这是本课程最主要的实施形态。幼儿园教育强调关注幼儿学习与发展的整体性，主题教育形式均衡地贯穿整合五大领域的教学内容，避免片面追求特色教育。我们将本课程内容按由易到难的顺序分解到小、中、大年龄班的各教育主题之中，既做到跟教育主题相适切，又遵循音乐课程的本质特点和内在逻辑性。集体音乐教学每周 1~2 节课，区域音乐活动常态化设置固定的半封闭区域，日常音乐游戏则根据需要开展。如小班刚入园的第一个教育主题"我上幼儿园"历时 4 周，幼儿园预设了 5 次集体音乐教学课：歌唱《亲亲》、手指小肌肉活动《给宝宝的礼物》、歌唱《爸爸妈妈去上班》、音乐故事《我的小白马》和歌唱《我爱我的幼儿园》；预设了 5 个音乐游戏："拍手点头""名字游戏""坐姿游戏""我的身体会唱歌"、音色听辨"猫来了"；在区域中投放相应材料引导幼儿玩一玩音高游戏"抛沙包""滑竿"，听一听歌曲《我上幼儿园》、美国民歌《摇篮曲》等。

生活音乐融入幼儿在园一日活动。幼儿的音乐教育需要自然适切地融入幼儿的日常生活来进行，如晨间点名时配上旋律、声势、节奏等变化来应答，使得点名具有审美趣味；午睡时听听中外著名摇篮曲，让幼儿在安静美好的氛围中入睡；早操律动中编入幼儿喜欢的音乐游戏或舞蹈；餐前准备时玩一玩安静的音乐听辨游戏，以愉悦的情绪进餐。

领域综合活动渗透到音乐以外的其他领域或学科活动中。引导幼儿以艺术化的方式进行其他领域的学习，同时获得对音乐的感受与体验，如：在美术活动中通过画画表达自己对音乐形象的联想；探索用餐具发出多种声音再将之组合成作品片段，并了解膳食结构营养知识；运用不同乐器的音色特点在参与性故事中边演奏边讲述；在体育活动中玩起开心祥和的圆圈舞蹈；等等。

音乐专项活动延伸到定期开展的音乐活动中。如通过举办"歌唱祖国""春天真美好"主题歌会，为幼儿大胆表演创建平台；如亲子同乐汇、奥尔夫音乐舞蹈进社区、幼儿园向社区开放、家园社区联动等音乐专项活动，构筑三位一体良性互动机制，把"尚美乐心"课程理念扩散渗透到家庭和社区；如举办毕业音乐会，全体大班幼儿分 AB 组参加演出，用肢体、语言、乐器甚至锅碗瓢盆演绎音乐，场面震撼、格调高雅，带给人视觉和听觉的冲击。

（三）凸显课程实施的创新

1. 课程游戏化。幼儿园教育以游戏为基本活动，幼儿的学习常常在游戏中进行。游戏化音乐教学给幼儿带来趣味化的体验，使得幼儿在轻松自在、心情舒畅的情绪状态下对音乐产生浓厚的兴趣，形成自觉的听觉意识，提高音乐素养，促进全面发展，更好地表现出音乐教育的愉悦性特征，更好地实践本课程的"尚美乐心"理念。课程游戏化主要从三方面切入。一是日常音乐活动游戏化，如小班刚入园的"名字游戏""我的身体会唱歌""坐姿游戏"等都非常富有趣味性；二是区域音乐活动游戏化，投放足够材料，幼儿自主商定游戏规则，选择角色扮演，敲打各种瓶子、盒子、锅子、刷子和乐器，探索提炼节奏类型，尝试演奏创作；三是音乐集体教学游戏化，特别注重创新设计，智慧引领幼儿轻松愉悦地达到活动目标。

案例：中班音色听辨"盲人找路"，活动主要目标是听辨音源，排除干扰找到目标音色，培养幼儿的听辨能力。

游戏化过程设计如下：

一是"听辨音源"。在一个大圆圈中摆放几张小椅子作为树木、车辆等障碍物，请一名幼儿戴上眼罩扮演盲人。"盲人的耳朵可灵敏了！盲人先生，您就跟着三角铁的声音到我们家去做客，好吗？"老师轻轻敲击三角铁，当需要避开障碍物时立即改变演奏方位，在引领"盲人"慢慢走到目的地后，全体幼儿齐唱《欢迎来我家》。

二是"干扰听辨"。老师说："路上有很多人很多车，还有很多别的东西会发出声音。"出示串铃、沙锤、咔吧撒、刮胡、手鼓，请几名幼儿到圆圈中间来演奏。"现在游戏重新开始，谁来扮演耳朵最灵敏的盲人朋友？"示意所有乐器同时轻轻演奏，老师演奏三角铁，"盲人"要在同时发声的所有乐器声中听辨出三角铁的音色，跟随指引走到目的地。之后换一名幼儿扮演盲人，将三角铁交给另一名幼儿演奏，游戏再次开始。

2. 教学情境性。在幼儿音乐教学活动中创设适宜的教学情境，以音乐审美为核心，实践本课程的"尚美乐心"理念，对提升幼儿音乐素养，促进其全面、和谐发展具有重要作用。教师创设童话情境激发幼儿的积极情绪，诱导其主动学习，创设游戏情境培养规则意识引导幼儿专注学习，创设问题情境启发探究尝试引导幼儿学会学习，创设任务情境促使幼儿与同伴互助劝导合作学习，创设开放情境激励独特想象指导幼儿创造性学习，有效发挥音乐艺术的独特功能，使幼儿在情境性的音乐教学活动中获得审美体验和愉悦享受，并适时巧妙地提升教学技能与技巧，使幼儿逐步养成认真专注、敢于探究、大胆想象和乐于创造等良好的学习品质。

案例：大班韵律活动"快乐洗衣"A 段，教师始终紧扣大班幼儿应该且能够学习的音乐核心经验，精心设计层层递进、环环深入的问题情境，适时适当地引领幼儿根据音乐听觉感受和生活经验，积极创编洗衣韵律动作表现音乐中的重音、跳音和连贯的旋律，教学非常成功。

情境性过程实录如下：

"引子"。今天我们在一起，要来开家洗衣店，听音乐创编"快乐洗衣"的舞蹈。首先请听录音声效，说说要干些什么？（开门、放进衣服、加洗衣液、关门、放水、慢慢转动、衣服漂浮）这些事情你能用舞蹈动作来表示吗？

"洗涤"。现在洗衣机就开始第一次"洗涤"了。滚筒转呀转，衣服在滚筒里会怎样？……衣服在滚筒里的这些样子我们统一几个说法——转、抖、漂、绕。大家会用舞蹈动作表示吗？我想看看"绕"每个孩子都是怎样做的？创编动作要有自己的想法！衣服要洗干净是轻轻地绕，还是用力地绕？（用力！）配合的音乐应该是重重的还是弱弱的？请你仔细倾听洗涤音乐（《快速波尔卡》），哪里做绕的动作合适？……音乐中重重的一下就是重音。再听一次，能不能抓住重音？数数重音有几次？四次重音衣服绕几下？这四次绕可以有什么变化？（幼儿尝试表演）

衣服还会抖和漂，怎么抖？怎么漂？抖应该配跳跃的音乐还是连绵的音乐？漂呢？洗涤音乐哪里是跳跃的哪里是连绵的？仔细倾听音乐，舞蹈创编才能成功！

现在动作顺序搞清楚了，先练习一下，接着挑战配乐！

（四）教师音乐素养和教学能力的提高

"尚美乐心"幼儿音乐课程实施的质量，师资是关键的影响因素，教师除了必须具备相关的音乐专业知识外，还必须具备较高的授课艺术。而幼儿教师的音乐素养普遍不够专业，缺乏音乐分析的敏感性，对于音乐核心经验认识不足，对幼儿的音乐学习心理特征把握不够。本课程是面向该园所有幼儿实施的园本特色课程，如何较快地提升全体教师的音乐素养和教学能力呢？

教育内化尚美理念。幼儿园重视全员教育，以理念激励行为。以尚美理念提升教师观念，以家乡名人、身边榜样、同行事迹教育人和鼓舞人，使全体教师深化对尚美含义的理解、亲近对尚美追求的情感，消除职业倦怠，自觉接纳、长久铭记统一的价值观，逐步自觉地外显为主人翁的姿态，积极参与课程改革和课程建设。

导师垂范培育骨干。师范学校音乐特级教师带领几名实验教师，系统学习《音乐教育的研究与实践》《奥尔夫音乐教育思想与实践》《李吉林与情境教学》等专著；选派骨干教师长期跟随上海音乐学院陈蓉老师学习国际先进的音乐教学法；选派实验教师赴上海、南京、成都等地参加音乐教育教研培训；成立以导师为课题负责人、实验教师为核心成员的研究共同体，发挥各自擅长的领域和个性特征，从计划到措施，从理念到行为，共同协作、相互支持，有计划地开展课程开发研究，担纲先锋，锤炼能力。

研、训一体示范辐射。组织全体教师开展理论学习和实践研究，开展多种形式的观摩学习和研讨活动，使老师们在思想与观念的碰撞中，在探索、实践和创新中产生共鸣。完整开展案例研究，对本课程的系列课例、某则段落进行反复的研讨、实验、反思和论证，细化分析教学目标的适切程度，理解接受教学内容的调整组合，通过改革创新使教法学法易实施、易变通，教学结构易展开、易调控，完善本课程的易操作性，给予实施的具体方法和手段。

五、评价与反思

课程评价主要包括以下方面。一是对课程建设的动态评价，在"尚美乐心"幼儿音乐课程开发的初期、中期和后期，通过阶段性自我反思、专家论证指导等方式修订改善相关课程。二是通过查阅资料、现场观摩、家长访谈、成果展示等方式，对教师开发实施本课程的实绩进行考核评价。

三是对幼儿学习与发展的观察评价。研究制定本课程幼儿发展评价指标，分解整合到幼儿全面发展逐月评价表之中，由带班教师负责观察记录幼儿在日常音乐活动、集体音乐教学、专项音乐活动等过程中的学习行为和学习成果，每月综合分析做出一次星级等第评价，存入幼儿成长档案。

"尚美乐心"幼儿音乐课程的开发与实施还需要更紧密地依据《纲要》和《指南》精神，反思修订目标设计，完善策划整体建构；提升教师音乐素养和教育情怀；创设品质上乘的音乐教育环境。音乐教育是幼儿全面发展教育的重要组成部分，具有其独特的作用，在今后的课程开发与实施中需要进一步深入体会与探索。

（吴彩娟）

新时期深化五年制高职学校课堂改革的思考

2019年初，国务院正式颁布《国家职业教育改革实施方案》，拉开了新一轮职业教育综合改革的序幕。国家职业教育改革的全面推进，无疑为职业教育发展注入了一股新的动力。但是同时也必须清醒认识到，在以往历次职业教育改革中，我们往往将重点放在专业建设、课程开发上，却没有对课堂改革给予足够重视。教育部原部长陈宝生曾经提出，要把质量作为教育的生命线，回归常识、回归本分、回归初心、回归梦想，掀起新时期教育领域课堂改革的浪潮。对于职业教育而言，我们所倡导的课堂与普通教育既有相同之处，又有相异之处。职业教育课堂在强调第一课堂（传统课堂）的同时，还特别强调发挥第二课堂（课外拓展）的作用，这是职业教育"类型"特色的重要体现。在本研究中，笔者将基于自身在五年制高职院校的工作经验和实践，结合五年制高职教育的办学特点，深入探讨当前阶段我国五年制高职教育课堂中存在的突出问题，以及可能的改革思路。

一、五年制高职教育办学模式的优势

五年制高职全称为"五年制高等职业技术教育"，它是我国高等职业教育体系的重要组成部分。五年制高职面向初中招收应届毕业生，学制为五年，旨在为生产、建设、管理、服务一线培养高素质技能型专门人才。20世纪80年代中期以后，我国开始试办五年制高职。在经历了"四五套办""三二分段""二三分段"等多种办学模式的尝试之后，2002年，《关于进一步办好五年制高等职业技术教育的几点意见》明确将五年制高职定义为实行五年一贯制的高等职业教育。

作为一种独具特色的办学模式，五年制高职教育在技术技能人才培养中发挥着重要作用。技术技能人才的成长是一个漫长的过程，对某些专业领域的技术技能人才而言尤其如此，这批人才的培养特点可以概括为"宜早培养""宜长期培养""宜贯通培养"。比如日本的五年制高等专门学校，主要是为工业领域培养人才，包括机械电器、工业化学、土木工学、建筑学和金属工学等。

而且，对于技术技能人才的培养而言，这也是一个渐进的过程，不可能一蹴而就。正如杜威所言，"如果教育是生长，这种教育必须循序渐进地实现现在的可能性，从而使个人更适合于应付后来的要求"。因此，对于技术技能人才的培养必须遵循其成长的自然规律。根据舒伯的职业生涯发展理论，人的职业生涯可以划分为五个阶段：成长阶段（出生～14岁）、探索阶段（14～25岁）、建立阶段（25～45岁）、维持阶段（45～60岁）与衰退阶段（60岁以后）。也就是说，从14岁起，人就进入职业生涯的探索阶段。根据我国学制，14岁大概是学生初中毕业的年龄。这个年龄的学生可塑性强，也更容易产生对技术技能的学习兴趣，养成良好的职业意识，学习专业性较强的技术技能。对开设五年制高职技术教育的相关专业而言，技术技能的培养时长往往长于一般专业。实施五年一贯制教学，可以根据特殊的人才培养目标，整体设计五年一体的课程体系，统筹安排教学计划，兼顾理论教学和实践教学，从而保证学生在知识与技能学习上的连贯性，并有效解决中高等职业教育的衔接问题。

与三年制中职教育相比，五年制高职教育的人才培养目标定位更高。由于进入职业教育体系的学生本来学习能力就相对较差，经过短短三年的中职培养之后，很多学生在没有做好知识与技能准备的情况下，就不得不进入劳动力市场，后续职业生涯发展空间十分有限。在产业结构转型升级的背景之下，五年制高职教育由于人才培养的层次更高，与三年制中专相比，优势也就更加明显。另外，不可忽视的一点是，五年制高职教育也为一些学习基础较差的学生提供了接受高等教育的机会，在无形之中增强了职业教育的吸引力。与三年制高职教育相比，五年制高职教育的优势在于它培养技术技能人才的起点时间更早。对于某些专业领域的技术技能学习而言，初中毕业学习与高中毕业学习效果差异明显，起点较早的技能学习更有利于深化学生对技术技能的理解。而且，与三年制高职教育学生相比，五年制高职教育学生可以节省一年的宝贵时间和相应的学费，但在毕业之后一样可以拿到大专学历，因此也更受学生的欢迎。

当然，五年制高职教育发挥优势的关键，不仅包括第一课堂，还包括第二课堂。没有第一课堂的高效开展，学生很难养成良好的学习习惯，也很难从课堂中真正获得提升。而没有第二课堂的丰富多彩，学生将很难实现理论与实践的有机结合，也不利于自身职业能力的提升。而且，如今看来，职业教育发展的外部环境瞬息万变，智能制造、机器换人、"互联网+"在影响我国传统产业、传统生活方式的同时，也在深刻影响着职业教育的发展思路，这意味着五年制高职教育必然要孕育一场革命性的彻底变革。在上述背景之下，打造一个更加具有活力的五年制高职教育课堂体系，从根本上提升五年制高职教育质量，就显得更加迫切。

二、以打造活力第一课堂为抓手，稳固五年制高职教育优势

对于职业教育改革而言，校本实施的重点在教师，而难点则在课堂。在校本实施问题没有解决的情况下，五年制高职教育的课堂仍旧十分糟糕，尤其表现在文化课与专业基础课上，学生在课堂上睡觉、听音乐的现象仍旧屡见不鲜。

（一）五年制高职教育课堂缺乏活力的原因分析

1. 学生学习基础差，没有养成良好的学习习惯

进入五年制高职学校学习的学生，多数经历了教育分流的筛选，而筛选的重要依据就是学业成绩。与普通高中学生相比，五年制高职学校学生往往基础薄弱，且学习能力参差不齐。知识的习得与技能的训练都需要一定的学业基础，否则就会出现"学不会、听不懂"的现象。学生行为习惯的养成往往经历了较长时间，一旦形成，就难以在短时间之内改变。由于本身学业基础较差，不良的行为习惯使得这些学生无法安心学习，更别提主动参与课堂教学了。另外，由于职业教育是与经济社会发展联系最为密切的教育类型，五年制高职学校课堂也不可避免地会受到经济产业结构转

型升级的影响。经济产业结构转型升级对技术技能人才的素质提出了更高的要求，这就间接提高了五年制高职学校课堂教学的难度与复杂程度，学生学习基础薄弱、行为习惯不良的缺陷往往会被进一步放大。

2. 教师专业素养不足，教学方法落后

由于我国特殊的职业教育教师招聘制度，五年制高职学校教师大多数是从高校中招聘的本科以上毕业生，专业素养不足是困扰五年制高职学校教师开展有效课堂教学改革的难题。虽然有关方面投入大量的精力进行教师培训，但这种短期研修、集中授课式的培训方式，在提高教师专业素养方面效果并不明显。对此，有专家指出，以项目化培训为基本运作形式的职业教育教师培养体系，只能是我国职业教育教师培养体系发展的一个过渡阶段；面对职业教育的现代化发展需求，其教师培养体系必须向制度化方向发展。[①] 然而，虽然国家明确规定要将五年制高职学校教师到企业实习制度常态化，但是现实中"保质保量"完成的仍然很少，教师的专业素养自然无法得到有效提高。教学方法落后突出表现为，在经历了多次职业教育课程改革之后，很多五年制高职学校教师仍旧没有改变传统的教学方式，其照本宣科式的教学难以充分激发学生的学习兴趣。而且，由于学生学习基础本身就较差，在缺乏正确教学方法的条件下，学习质量很难得到足够的保障。在整个课堂教学过程中，学生多数时间只是被动的聆听者，远非主动的学习者，在这样的一种气氛之下，课堂很难有活力。

(二) 五年制高职教育活力第一课堂的打造路径

1. 改变传统教学理念，激发学生学习兴趣

要深入推进职业教育的内涵建设，就必须革新传统教学理念，激发学生的学习兴趣。五年制高职学校教师必须认识到，课程改革不仅要改内容，还要改传统的教学理念。学校教师只有主动去了解学生的大脑结构、认知特点、学习基础，在教学过程中讲究方法，"爱心、耐心加方法"，才能更好地促进五年制高职学校学生的学习。实际上，这也是由我国职业教育的生源状况决定的。正如前文所言，与普通高中学生相比，五年制高职

---

① 徐国庆. 从项目化到制度化：我国职业教育教师培养体系的设计 [J]. 教育发展研究，2014 (5)：19-25.

学校学生的学习基础较差，行为习惯也有不少需要改进的地方。如果按照普通高中的教学方法开展教学，必然无法取得良好的教学效果。另外，不可忽视的一点是，五年制高职学校学生往往自尊心较强，且缺乏学习的自信。这就需要教师给予他们更多的鼓励，在他们取得点滴进步之时，不要吝惜自己的赞美之词；在他们无法达到教师预期要求之时，也不要过度责备，而应给予耐心的指导与关怀。

2. 推广现代教学方式，提高学生学习质量

需要注意的是，要提高学生的学习质量，也必须从根本上变革教学方式。为了增强课堂教学的活力，五年制高职学校必须积极构建网络学习空间与教学空间，以教师空间带动学生空间，激活五年制高职学校昏昏欲睡的课堂。这场"学习的革命"应该从"关注传统教学模式、教学方法创新"到"关注合理应用互联网技术，线上线下混合学习"。五年制高职学校教师可以通过传统的线下面授和知识点详解，敦促学生进行更有效的学习，从而将教学落到实处。同时，教师还要辅以线上教学，在线与学生沟通交流，针对学生的预习情况提前做好课堂内容安排和疑难解答、知识点回顾等，根据大数据分析的学生学习情况对课程进行管理，将课件等资料上传至云空间，让教育教学资源得到最大化共享，促进教育公平的实现。也就是说，要借助互联网技术，通过线上线下混合学习，打造新型学习平台，让五年制高职学校学生学有兴趣、学有乐趣、学有成效。

3. 提高教师专业素养，增强课堂教学能力

此外，为了进一步提高五年制高职学校课堂教学的活力，还要大力提高教师的专业素养，增强教师驾驭课堂教学的能力。只有具备了这一条件，才能保障课堂教学的高质量，也才能保障课堂教学的强活力。首先，要支持五年制高职学校教师加强课堂教学研究，鼓励教师将课堂教学的研究成果发表出来，积极将研究成果应用于课堂教学，并将课堂教学的效果作为教师职称晋级的重要依据。其次，要明确五年制高职学校教师培训的重点，加强五年制高职学校教师的针对性培训与个性化培训，尤其要丰富教材教法、教学设计方面的培训内容，还要坚决落实五年制高职学校教师到企业实习的制度，从而全方位提升五年制高职学校教师的专业素养。再次，要像抓五年制高职学校学生技能大赛那样，抓五年制高职学校教师教学技能大赛，形成听课、说课、评课的一体化评测监督机制，敦促教师主

动提升自身的专业素养。

三、以"出彩第二课堂"打造为契机，彰显五年制高职教育优势

课程改革的关键在教师，决战在第一课堂，出彩则在第二课堂。第二课堂主要是指学生所参与的与自身兴趣更相符合的非正规教育活动，包括文娱活动、技能大赛、创新创业活动、社团活动、社会实践活动等。与第一课堂相比，学生在第二课堂的活跃程度明显更高，也有更高的参与意愿。在自身兴趣的驱动之下，学生为了取得良好的表现，往往会更加积极地参与第二课堂。

（一）打造五年制高职教育第二课堂的必要性

1. 第二课堂可以为学生提供更多选择空间

五年制高职学校学生在第一课堂的选择空间十分有限，而在第二课堂往往具有充分的选择空间。第一课堂的内容一般是根据教学大纲安排好的，缺乏一定的弹性和自由度，可供学生选择的空间十分有限。当学生入校选定专业之后，为了培养特定的专业技能，所有开展的教育活动基本都是围绕专业而设计的，一般具有较强的专业性，而较少顾及学生的个人兴趣。与第一课堂相比，第二课堂往往是学生主动选择的结果，而非强制参与的结果。第二课堂通常具有较强的趣味性、实践性与灵活性，学生多是在课余时间参加。在第二课堂之中，学生所学习的内容有可能是与专业相关的，也有可能是与专业无关的，这主要取决于学生的自由选择。对五年制高职学校学生而言，每个人都是不同的个体，在认知特点、学业基础、行为习惯、兴趣爱好等方面均存在较大的差异，如果只是参加第一课堂，不一定适合每个人的发展。而多样化的第二课堂，则可以保证学生在参与第一课堂的同时获得更多的学习选择的机会。

2. 第二课堂可以帮助学生建立自信心

在我国，"普职比大体相当"的国家政策自提出之日起就一直存在着质疑的声音。受传统文化价值观的影响，不仅一些学生家长对此感到难以

接受，不少教育管理者，甚至主管一方教育的官员也感到不解；中高等职业教育一直处于尴尬状态。① 实际上，很大一部分原因就在于，教育分流的重要决定因素是学业成绩。根据学业成绩的不同，学生会被分流到不同类型的学校。一般而言，经过中考之后，学业成绩相对较差的学生会被分流到中职学校，而在经过高考之后，又有部分学业成绩相对较差的学生被分流到高职学校。曾几何时，五年制高职学校学生被贴上"差生""失败者""淘汰者"的标签，这严重打击了这部分学生的自信心。如果学生能够有机会参与第二课堂，很有可能找到第一课堂中无法获得的自信。实践证明，学生在第二课堂之中更有参与动力，也更有可能获得成就感，这是第一课堂所无法实现的。

3. 第二课堂可以帮助学生获得软技能

根据职业教育的特点，构建出职业核心素养体系，并以此展开职业教育领域的发展与改革将是未来我国职业教育的重要主题与课题。② 在此背景之下，培养学生的软技能，无疑有利于提高学生的职业核心素养。软技能是相对于硬技能而言的，对软技能的培养有利于提高技术技能人才的综合素质。软技能包括敬业爱岗、人际沟通、团队合作、文字素养、数字素养、信息素养、艺术素养、创新思维等。对五年制高职学校人才培养而言，目的不在于培养生产、服务的"工具"，而在于培养全面发展、可持续发展、有血有肉的"职业人"。如果硬技能过硬，软技能不行，硬技能就不能得到很好的发挥，而且硬技能的提升空间也十分有限；而如果软技能过硬，硬技能暂时不行，硬技能仍旧有很大的后续发展空间。因此，不能只关注学生专业硬技能的培养，还要或者"更要"注意培养从事任何工作所需要的软技能。与第一课堂相比，第二课堂在培养软技能方面也更加有优势。比如，第二课堂可以通过开展各种各样的活动、比赛培养学生认真负责的工作态度，提升其在人际沟通、团队合作等方面的能力等。

---

① 钱维存. 普职协调还是普职失衡：普及高中阶段教育背景下中等职业教育比例论［J］. 职教通讯，2017（25）：52-55，80.
② 唐小俊. 职业核心素养：内涵分析及培养路径［J］. 江苏教育研究，2017（27）：70-73.

(二) 五年制高职教育"出彩第二课堂"的打造路径

1. 健全第二课堂保障机制,将第二课堂活动纳入人才培养方案

技术技能人才培养是一个系统工程,在人才培养过程中,第一课堂与第二课堂都发挥着至关重要的作用。在不少五年制高职学校中,由于第二课堂活动并没有被纳入人才培养方案,导致学校层面并没有对第二课堂给予应有的重视。为此,必须转变传统的课堂理念,有计划地组织开展第二课堂活动,建立健全第二课堂的保障机制,在人员配置、场所建设、经费预算等方面给予充足保障,提高活动质量。此外,还要制定第二课堂的质量评价标准。如参照第一课堂,将第二课堂进行学分化管理,明确课堂目标、活动内容、活动实施、评价及考核办法、成果要求等,保证第二课堂的质量,以更好地促进学生发展。

2. 采用多元评价体系,促进第二课堂的动态调整

如前所述,与第一课堂相比,第二课堂活动多样、自由且灵活,因此,在评价主体上,考核评价必然是多元的。在评价主体方面,不仅要有校内相关部门的管理者和指导教师参与,还要有学生参与进来进行评价。此外,由于职业学校的特殊性,行业企业专家参与评价可以检验第二课堂活动的实用性和可学习性,提高课堂的实践性。在评价内容上,不仅要考察课堂成果的效能,也要对学生的操作能力、组织能力、合作能力、职业素养等各个方面进行评价,以起到全面促进学生发展的作用。在评价方式上,可以将多种评价方式相结合,比如过程性评价与总结性评价相结合、定量与定性相结合,构建学习过程与学习结果的双考核评估机制,以激发学生的学习动力,强化学生的学习成果。

3. 利用多种渠道,调动学生参与第二课堂的积极性

在五年制高职学校中,学生社团通常是学生出于共同兴趣与爱好建立的组织,它可以集中体现学校精神、活动、秩序以及环境等方面的内容。学生社团作为学生参与第二课堂的重要载体,可以为学生交流各自的兴趣、爱好提供平台,拉近彼此之间的距离,提供宝贵的机会,从而达到相互学习、相互提高的目的。此外,还可以以技能大赛为契机,将以赛带练理念融入第二课堂。与普通学校相比,培养具有某方面专业技能的技术技能人才始终是五年制高职学校的重要使命。除了常规的实训课程、顶岗实习之外，技能大赛也是锻炼与培养学生专业技能的重要契机。为此，可以组织各种各样的与技能大赛主题相关的活动，引导学生积极参与技能大赛的准备工作，通过参与多种形式的校内技能大赛提高自身的专业技能。另外，学校可以社会实践为抓手，将第二课堂的范围拓展到校外。与相对单纯的校园相比，社会是一个大熔炉。如果仅仅依靠五年制高职学校的力量培养学生的软技能，很难取得理想的效果。必须认识到，第二课堂并不一定是校园之内的第二课堂，还有可能是社会之中的第二课堂。为此，必须积极鼓励学生参与社会实践活动，让学生在参与社会实践的过程中提升自身的专业能力、人际交往能力、团队合作能力等。

（刘素萍　郝天聪）

五年制学前教育专业"模拟教学"能力提升策略研究

——基于"'校-园共同体'深度合作"的实践背景

五年制学前教育专业的模拟教学就是对幼儿园真实教学的模拟，通常称为"试讲"，具体讲就是学前教育学生在充分备课的基础上，用不超过十分钟的时间模拟幼儿园的教学活动，以培养其教学技能和综合素质的教学实践活动。模拟教学是学前教育专业学生成为幼儿教师这一角色的最初体验，更是他们成为优秀幼儿教师的重要基石。深化五年制学前教育专业教育教学改革，培养与幼师岗位"零距离"衔接的职业人才，提高教育质量，是当前和今后一个时期五年制学前教育专业面临的一项重要而紧迫的任务。模拟教学是五年制学前教育专业职业技能训练和综合素质培养的有效平台，也是五年制学前专业学生专业化成长的重要途径。

同时，十分钟模拟教学的能力还是评价考生面试情况的重要依据，在幼儿园教师资格考试的面试中处于核心位置。2015 年开始，全国全面实行教师资格"国考"制度，通过国家教师资格统一考试成为获得教师资格的唯一条件。教师资格考试面试分为结构化面试、试讲、答辩等三个环节。面试主要考查申请教师资格人员的教师基本素养、职业发展潜质和教育教学实践能力。试讲环节采用十分钟模拟情境的片段教学，主要从职业认知、心理素质、仪表仪态、言语表达、思维品质、教学设计、教学实施、教学评价等八个方面进行评分，从而考查考生是否具备从事教师职业所必需的教育教学基本素质和能力。[①]

[①] 伍小梅，吴阳，刘晓芳. 教师资格证国考背景下师范生教学实践能力培养研究［J］. 西部素质教育，2018（15）：50-51.

一、模拟教学中存在的问题

（一）学生对模拟教学活动态度消极

学生态度消极现象产生的原因主要有三个方面：一是不愿意参加模拟教学活动，存在畏难情绪。二是备课不深入。学生对于如何备好一节课认识模糊，只是简单机械地照着教案读，几分钟就结束了。三是学生的教师角色意识不强，认为模拟教学并不是真的活动教学，教学随意性大。这样的模拟教学不仅没有起到示范作用，反而容易使学生养成不良的教学习惯。

（二）对不同年龄段幼儿身心特点的了解不足

虽然学校开设此类课程前，会根据专业课程设置安排学生去幼儿园进行一些见实习，但这对于学生的模拟教学需求来说还远远不够。因为这些见实习往往是广泛的、笼统的，不是系统针对学生的模拟教学进行的。在没有一定幼儿园教育直观经验积累的情况下，学生对不同年龄段的幼儿在不同领域的已有经验、教学重难点确定等方面都难以把握，仅依靠自己的想象来进行思考，这样的模拟缺乏针对性和有效性。

（三）模拟教学实训室匮乏

模拟教学实训室有仿真的环境，模拟试讲的学生进入实训室后能很快进入"角色"，有助于增强学生的"教师"角色意识。但这样的实训室数量相对学生的数量而言实在是僧多粥少。实际情况是，大部分的模拟教学是在学生上课的教室完成的，且往往只重视对所扮演角色的揣摩与分析，而忽视了幼儿园环境的隐性作用。这样的模拟教学无法让学生快速进入各自的角色，降低了学生模拟教学活动的质量。

（四）缺乏科学有效的评价以及对模拟教学的反思总结

评价的目的在于通过自评、他评发现模拟教学中存在的不足。在实际操练上，由于学生人数和课时数的限制，往往是较为笼统简单地评价模拟教学的"好"与"坏"，缺乏对每个环节以及教师教学方式的深入分析。同时，教师教学反思能力的培养，要求学生能够在完成每次模拟教学后进行总结性自我评价，并通过反思改进活动计划，不断积累经验。学生对幼儿园模拟教学的重要性、价值认识不足，往往会导致其缺乏对活动的反思和总结，甚至错失再次模拟训练的机会。

基于此，本文探索了基于"'校-园共同体'深度合作"实践背景下五年制学前教育专业"模拟教学"能力提升的策略，并提出改进建议，以提升学生的"模拟教学"实践能力，保证专业人才培养质量。

二、"'校-园共同体'深度合作"实践背景下"模拟教学"能力提升策略

"模拟教学"是教师职前培养的必要环节，也是教师资格证国考面试的核心环节。以常州幼儿师范学校为例，学校精心打造更具针对性、实效性的园、校合作共同体，构建校内校外、线上线下、"1+N"的"校-园共同体"深度合作实践形式，通过学习——在感知中体味、实践——在练习中提高、反思——在思考中提升等三大策略增强五年制学前教育专业学生模拟教学的实效，促进其专业成长，实现与职业岗位要求"零距离"对接。

（一）构建校内校外、线上线下、"1+N"的"校-园共同体"深度合作实践形式

本文中的"校-园共同体"中的"校"指开设学前教育专业的五年制高职师范院校，"园"指各类幼儿园。学校全面整合全市优质学前教育资源，吸纳省优质特色幼儿园为深度合作的校外实践教学基地，建立多所附属幼儿园，与全市各幼儿园建立良好关系，从而打通园、校合作协同共育人才的通道，组建园、校合作共同体。

"共同体深度合作"是指由五年制高职师范院校的教务部、专业部、"幼儿园教育活动设计与实践"任课教师和学前幼儿专家、一线幼儿园园长、骨干教师一起共同确定培养目标，共同设置课程体系，共同实施课程改革，共同开展实践教学，共同开展课题研究，资源共享，人才共用，优势互补，把高校教师的理论优势、幼儿园一线教师的实践经验优势和学前

教育专家的专业引领发挥到极致，在合作互动的过程中建构起深度合作的共同体关系。

1. 校内校外

园、校合作是学前教育专业实践教学体系的特色，深度园、校合作是指学校不仅把幼儿园作为学前教育专业见实习基地、"模拟教学"实战演练基地，更多的是将专业课程教学、评价、教研等相关活动与幼儿园结合起来，形成校内校外、幼儿园与师范学校深度紧密、双向共赢的合作模式。因为学生模拟教学能力的有效提升首先要基于他们对于幼儿园不同领域内容的活动设计和对不同年龄段幼儿身心特征的把握，所以校内校外就要让幼儿园骨干教师参与进来成为学生课程学习的合作者、学习结果的评价者，让幼儿园真实情境成为学生课程学习的主要内容。同时，学前教育专业的学生和教师也应成为幼儿园教研和科研的一分子，加入幼儿园日常教科研活动，成为其引导者与合作者。这种双向共赢互利的园、校深度合作方式对提高幼儿园教师自身教研水平，丰富幼儿园教研内容，促进五年制高职师范院校、教师和学生的共同发展具有显著益处。

2. 线上线下

以模拟教学为核心，构建科学可行、具有导向性的全员参与、全程监控、全息反馈的模拟教学平台。

线上：一方面学校老师在平台上传经典的幼儿园名师的教学视频、观摩要求（让学生明确观摩目的，如教学导入方式、教学环节设计、提问与回应策略等）、开设讨论答疑专区；另一方面学生可以随时随地登录平台反复观摩、学习、回看，体会教师布置的观摩要求，仔细撰写观摩记录，也可以上传自己的模拟教学视频以及自己的教后感悟、反思和疑问等，其他同学和教师（学校教师、幼儿园骨干教师等）一一打分、留言和评价。另外，在观摩经典名师视频和学生模拟教学视频后，幼儿园骨干教师、学校教师可以就观摩内容从各自不同的视角进行评议，分别阐述自己的理论依据。

线下：学生可以利用平台视频资源不断磨炼自己的模拟教学，从而节省课堂上观摩视频与学生模拟教学展示的时间，增加课堂教学容量，特别是教师还可以就学生模拟教学视频中的共性问题或者成功之处在课堂上进行重点讲解和分析。在班容量比较大的情况下，线上线下的模拟教学平台可以让学校教师排除时空限制,关注到每一位学生,充分了解学生的基本情况,从知识、能力、心理等方面进行全方位的了解和把控;对其模拟教学进行一对一的交流、指导和答疑解惑,也让学生突破时空界限,得到同学、教师和幼儿园骨干教师的帮助与指导,以自助、他助、互助相辅相成的互促形式,突破模拟教学实践技术难关,有效促进学生实践能力的发展。

3. "1+N"

模拟教学能力的提升必须有大量的幼儿园实践经验作为保障。所以在学前教育学生入学的第一学期就会成立实践小组,结对跟班:一个班级分成若干小组,4~5名同学组成一个模拟教学实践小组,小组成员的搭配以自由组合为主,教师微观调节为辅,保证小组间实力均衡。每一组都安排"校-园共同体"中的幼儿园的一个小班进行结对跟班:由该班两位班主任担任实践指导老师,之后三年,该小组的所有入园活动均以该班为基地开展,全程贯穿这个班的小、中、大三个年龄班。这种形式充分体现了模拟教学的早期性、全面性和连续性。"早期性",指尽早让学生接触幼教一线,使学生在入学之初就对学前教育有初步的感性认识。[①]"全面性",指根据专业学习的进程和需要,见实习内容应涉及幼儿园工作的方方面面,要将一日生活常规、各类教育活动设计、班级管理、环境创设等不同实习重点结合起来,同时兼顾小、中、大班三个年龄班幼儿的不同特点进行全面实践。"连续性",即调整实习结构,从入学开始至毕业实习的整个大学期间,实施四年不断线的带教见实习,让学生有充足的时间浸润在一线教学实践环境中。这样,一名学生在学前教育专业就会有一位专业理论老师、一个同学合作小组、一个幼儿园实践班级,一名校外指导实践指导老师。

构建校内校外、线上线下、"1+N"的"校-园共同体"深度合作实践形式使模拟教学打破了传统课堂教学"重理论、重书本、重讲解"的格局,拓展了教学的时空界限,使学生在真实的情境下进行实战演练,提升了其"模拟教学"能力,促进了学生实践能力的发展,也是学生获得幼儿

[①] 王欣.对幼师生教育实习成效影响因素的分析与思考[J].当代教育论坛,2011(5):40-42.

园教师资格证不可缺少的重要实践支撑。

（二）"学习—实践—反思"提高学生的"模拟教学"能力

在构建校内校外、线上线下、"1+N"的"校-园共同体"深度合作的实践背景下，以学生为主体，通过学习——在感知中体味、实践——在练习中提高、反思——在思考中提升等三种策略让学习、实践、反思反复融合，不断提升，强化学生的模拟教学技能。

1. 学习：在感知中体味

任何学习都是先有输入后有输出的，校、园双方在"校-园共同体"深度合作中充分调动学生学习的主动性、积极性，在积累相关教育理论素养的同时引导学生做有心人，有针对性地观摩学习、体会幼儿园的活动课程设计、一日活动中教师的组织与实施以及不同年龄段幼儿的身心特征等。如向书本和老师学，利用理论来武装自己，增强专业能力；向同伴学，依托模拟教学平台的模拟教学视频，学其之长补己之短；向结对跟班的实践指导老师学习：每次见实习时，学习、模仿、思考带班教师一日生活的组织与保育能力、班级环境的创设与利用能力、游戏活动的支持与引导能力、教育活动的计划与实施能力、对孩子的激励与评价能力，沟通与合作能力等；向幼儿园专家、名师学习：学校每月会请幼儿园的专家、名师等到校进行"我与名师有约"系列专题讲座。

2. 实践：在练习中提高

（1）分层练习

第一阶段：对优质课进行模拟教学临摹。临摹是学生在观摩、评析幼儿园优质活动的基础上，整理教育活动方案，将教育活动整体再现的过程。临摹阶段是模拟教学的初级阶段，通过临摹学生不仅能直接感知某领域教学的特点及策略，还能够充分学习优秀教师的教学语言、教态、活动的组织技巧，为学生的模拟试讲提供直观的榜样。

第二阶段：使用优秀教育活动设计方案进行模拟教学。教师给学生提供优秀、详细的模拟教学活动设计方案，帮助学生分析和理解，在吃透活动设计意图、目标和环节的前提下，尝试将静态方案转化为动态过程的练习。这一阶段是促使学生深化理论并将之付诸实践的过程。

第三阶段：在学生具备前两个阶段能力的前提下，训练学生自主设计模拟教学活动方案，指导学生根据教学要求完成活动设计。这一阶段是对学生专业知识、技能和个人素质的综合挑战。

在这期间，可以利用微格教学技术，在幼教模拟室开展单项技能训练，借助微格模拟室的录像、回放等功能，帮助学生在单一环境中反复循环学习，逐一练习掌握诸如集体教学活动、教学导入环节、教学过渡环节等单项教学活动的组织教学，强化学生教育教学的技能训练。

（2）教学研讨

一，对学生的疑虑进行研讨，倾听他们的想法，洞察他们想法的由来，并以此为根据，与学生共同针对某些问题进行探索，引起学生间的交流，从而使学生不断丰富或调整自己的理解，以建构清晰、完整的认知结构。

二，对教学的实施进行研讨，要求学生遵从《幼儿园教育指导纲要（试行）》及《3—6岁儿童学习与发展指南》的相关理念，尝试从宏观角度审视模拟教学活动的实施情况。

三，对模拟教学的过程进行研讨，对模拟教学中的所见、所想、所得进行优化研究，并对模拟教学方案中所遇到的问题进行讨论。如方案设计的教学方法是否合适，活动设计是否调动了幼儿的积极性，目标是否达成，等等。

（3）教学点评

模拟教学结束后，教师带领学生根据教育教学相关理论及教师职业技能要求开展形式多样、全面深入的评课，这也是促进学生专业成长的重要手段。对学生模拟教学中出现的问题，教师可先让观课学生进行自由评析，采取"2+1"（即2条优点、1条建议）的形式，目的是激发学生试教的兴趣，使提出的问题能够得到及时解决；之后由教师针对学生模拟教学的全过程进行提纲挈领的点题式评价，指明学生的进步及需要改进的地方；最后由学生对自身的问题进行总结，并提出进一步努力的方向。教师评析时，引导学生从多个角度进行思考，充分开展生生、师生之间的评价，为下一步的反思奠定基础。

另外，也可以到幼儿园进行实地演练，如参与幼儿园的研讨活动，到幼儿园现场，从观摩到参与，步步深入了解幼儿园教育活动。或者带课到幼儿园，即在学生自主探索、小组讨论的基础上，再由学校教师进行核心点拨，然后学生到幼儿园进行教学实践，由幼儿园骨干教师进行点评，最后学生再次进行模拟教学。在实施途径上以"团队合作集体诊断研讨"为载体，首先强调改善学生的教学活动实施效果，奠定其专业发展基础；其次通过集体诊断及时解决学生的实践困惑，快速促使其积累经验并生成具有一定价值的、以教学策略为主的实践性知识。

3. 反思：在思考中提升

"教师的成长＝经验+反思"，学生的成长也是如此。在模拟试讲完成后，组织学生利用口述、现场演示和情景再现等方式对模拟教学实践过程中的不足和经验进行交流和整理（特别是针对模拟过程中的外在形象，从语言表达到处理活动内容、确定活动目标，从学情分析、重难点分析到活动环节的设计、教学情境的创设，从教学节奏的控制、活动生成的应对到评价等，要注意学校理论老师、幼儿园一线教师、园长和专家都是怎么说的，为什么要这样改，改后又有什么不一样，自己又有什么所得），发布在模拟教学平台，让学生之间互相取长补短，提高自己的能力，并将总结运用到下一次实践教学中。

（三）提升教学管理水平，从而促进"模拟教学"能力的提升

幼儿园教师的职业特点决定了其"模拟教学"能力是一种复杂的高级技能，没有固定的模式。"校-园共同体"通过深度合作合理统筹安排学生的见实习，改革见实习过程、指导方法、评价指标和考核方式等，为学生"模拟教学"能力的发展提供真实的学习、体验机会，从而提高见实习的针对性和有效性，提升学生的"模拟教学"能力。

1. 变松散式教育见实习管理为目标化教育见实习管理

如团队合作教学成员一起制定学生在学习"幼儿园教育活动设计与实践"课程一年半的时间里各阶段的半日见习、一周见习和实习的任务、目标要求及评价指标，并将其写入学生实践指导手册，用目标管理引导学生的教育见实习过程，提高实践教学特别是模拟教学的任务意识；制定幼儿园见实习流程，明确每个环节的要求和任务，强调对实践教学各环节的细化管理。

2. 调整见实习的评价方法

例如，每次在学生进幼儿园组织模拟教学时都加上多视角评价环节，

变结果评价为过程评价,对模拟教学的准备、中间过程及结果均进行评价,从而对见实习活动进行全程监控和指导;改变评价主体的构成,变过去的单一评价为多主体评价,评价主体的先后排序为本人自评、同学互评(下次模拟教学的同学,既是对他人模拟教学的反思,也是对自己将要模拟教学的提醒)、幼儿园一线骨干教师、师范学校活动设计任课教师、园长或学前教育专家,并按一定的权重计入学生的考核成绩,以调动各方面的积极性。[①]

(张　华)

[①] 张华. 基于团队合作教学的男幼师生活动设计实践能力提升策略[J]. 江苏教育研究,2016(18):76-79.

基于幼师专业技能课教学的情意培养

——以幼儿舞蹈课程为例

舞蹈是一种以身体语言为主,通过人的肢体的有节奏运动而产生的富有美感的艺术形式。幼儿舞蹈作为其重要的组成部分,应该重视幼教专业的特点及工作规律,尊重幼儿个性发展特征,关注幼儿心理和生理特征。幼儿舞蹈不仅可以培养幼师生的形象思维,激发他们的创造力和想象力,还能够提升幼师生的审美情趣,潜移默化地陶冶他们的情操,增强对职业的认同感、归属感及成就感,是提升幼师生专业情意的有效手段。在幼师的舞蹈教学中,应该积极创新课堂教学,开发学生的潜能,为他们的专业发展奠定良好基础。

一、专业情意概述

教育部师范教育司在《教师专业化的理论与实践》一书中提到教师的专业情意,指出教师的专业情意表现为教师个体把教育教学工作当作生命的一部分,有强烈的责任感和认同感,愿意终身奉献于教育事业。可见,专业情意是一种情感倾向,是教师在对所从事专业的价值、意义深刻理解的基础上形成的精神,是教师在专业教学行为活动中形成的情感和意志力,是一种更高的职业境界。综合已有研究,本研究将教师的专业情意界定为:教师对待教育教学专业的意识、态度和专业精神,是教师愿意终身奉献于教育事业的一种深厚的感情。包括教师对待教育教学工作的认识和观念,对于教师职业的个性化的看法和在职前学习或之后工作中对教师职业的主观感受等方面。

二、通过舞蹈教学促进专业情意发展的必要性

"幼儿舞蹈"课程是幼儿师范学校必修的专业技能课之一,通过该课程的学习,学生掌握幼教专业舞蹈技能,提升舞蹈素养,毕业后能胜任幼儿园的舞蹈教学工作,成为合格的幼儿园老师。现阶段,幼儿师范学校的舞蹈教学,无论在教学内容上还是教学方法上,都应与专业舞蹈教学有明显的不同。舞蹈教学内容和方法的改变,对幼儿和幼师生的发展具有十分重要的意义。

从教学层面来看,目前幼师生的舞蹈教学,大部分仍沿用了专业舞蹈的教学模式,致使部分幼师生在学习的过程中很难发现自身优势,找不到自信,产生了应付与厌学的情绪,不仅不能很好地对舞蹈技能进行系统的学习,也影响了其对专业的情感。基于这种现状,必须对现有的教学模式进行创新和突破,充分发挥舞蹈学习应给学生带来的审美、愉悦、创造的体验,增强其对职业的认同感、归属感及成就感,从提升其专业情意。

从学生层面来看,对舞蹈教学的创新可以跳出传统的教学思维。比如在对学生的评价上,运用创新模式对学生进行评价,能够引导学生从更加全面、多元化的角度看待幼儿的发展,重视幼儿自身个性的发展。教师应利用创新的思维方式和更高效的教学课堂,探究出充分发挥学生潜能的方法,因材施教,给予他们更多的时间和发挥的余地,充分激发他们的兴趣,提高他们学习的积极性,切实来推进幼师生的全面发展,为他们未来顺利进入工作岗位打下良好的基础。

三、创新舞蹈教学提升专业情意的方法

从目前的实践探索来看,创新舞蹈教学,提升学生的专业情意,可以从以下几个方面来进行。

(一)创新教学方法,体现专业特征

幼儿舞蹈教学的基本要求是实用性与童趣性,在教学中要注意运用生

动活泼、贴近生活、适合幼儿接受的舞蹈形象及情境，在生活美、自然美和艺术美等方面进行创造和传递。因此，幼师学校的舞蹈教学要跳出传统的舞蹈训练和教学模式的固有窠臼，创新教学方法，用更能体现幼师专业特征的方式进行舞蹈教学。例如，可以广泛收集、提炼幼儿天真、形象的动作，吸收为舞蹈教学的基本素材，来调动幼师生的好奇心；可以把生活中一些常见的动作通过提炼融入舞蹈，这样既能提升幼师生对舞蹈的亲切感，也可以为以后的幼儿舞蹈教学打下基础；游戏化作为幼儿舞蹈的一种形式，也可以应用在幼师生的舞蹈教学中，在积极、轻松的环境中，根据学生的身心发展特点，理解、接受能力，来发挥学生的想象力，进行情境创设，在寓教于乐中引导学生进行肢体动作的表演，充分调动和提高其积极性和参与度；还可以让幼师生观赏一些与舞蹈有关的动画片和少儿舞蹈视频，来培养其对幼儿舞蹈的兴趣，增强其专业归属感。

（二）关注学习心理，提升学习品质

在进行基本舞蹈动作的训练时，对于一些比较难掌握的动作，有部分人往往产生畏难情绪；对于一些比较简单重复的动作，训练久了难免会让人觉得乏味。因此，在舞蹈教学中，教师要关注学生的学习心理，一方面应该积极理解幼师生出现的问题和消极情绪，给予鼓励和支持；另一方面要培养学生坚忍不拔的毅力和精益求精的品格。应该让学生意识到，舞蹈练习不仅仅是动作练习，更是对自身品性的培养和锻炼，只有拥有了良好的学习品质，才能更好地适应未来的工作，才能在专业发展的路上越走越远。

（三）培养创新思维，激发专业热情

在幼儿园工作中，部分老师由于工作内容千篇一律，缺乏创新，因而失去了工作热情，失去了对自身职业的积极追求，可见创新思维的培养对幼师生是多么重要。而舞蹈教学属于艺术教育的一种，有助于调动幼师生的想象力和创新能力，挖掘创造力和潜在的个性。教师应当鼓励学生积极参与舞蹈的欣赏和表演，进而努力去创造。教师应当关注培养学生的创新思维，探究出充分发挥学生潜能的方法，因材施教，给予他们更多的时间和发挥的余地，要跳出传统的舞蹈训练和教学模式的固有思维，创新教学方法，用更加多元化的方式进行舞蹈教学。例如，可以把民族舞蹈和现代舞蹈相结合，来调动幼师生的好奇心，激发其学习的兴趣；还可以通过引导幼师生观赏一些和舞蹈有关的动画片和纪录片，来培养幼师生艺术的敏感性等，帮助幼师生提升审美鉴赏能力。教师应当充分激发幼师生的兴趣，提高他们学习的积极性，激发其对教学的责任心和对教学事业的热情，并在创新思潮的带领下，逐渐培养出幼师生的专业情意，为他们未来的工作打好基础，为专业发展提供动力。

(四) 提升审美情趣，促进专业发展

随着经济的发展，社会对人的能力提出了新的要求，单一化的知识型、技能型人才已不能适应社会发展的要求，而是转向对能力的全面化要求。《幼儿教师专业标准（试行）》指出，幼儿教师应具备一定的通识性知识，包括具有相应的艺术欣赏与表现知识。幼师生不仅需要掌握知识技能，同时还需要有良好的道德观念和一定的审美能力。舞蹈教学作为美育的一环，有助于培养幼师生对美的感受能力和鉴赏力，长期受到美的熏陶，有助于幼师生心灵的净化和道德情操的提升，这也同样有助于增进其对学前教育专业的认识，培养专业精神，在不断实践的过程中树立崇高的事业感和使命感，形成为教育事业奉献终身的专业情意。可见，舞蹈教学中审美情趣、道德情操的养成对培养幼师生的专业情意有积极的推动作用。面对幼儿舞蹈教学目前存在的教学困境，加强舞蹈教学方法的改革和创新，可以提升舞蹈教学的质量，提升幼儿教师的专业情意，推进幼师生的全面发展，为他们的专业发展打下良好的基础。

(彭传浩)

基于幼儿艺术素养培养的音乐教学实践研究

幼儿时期是艺术素养启蒙、培养的关键期，良好的艺术修养是孩子个人素质的重要体现，是可以让孩子享用一生的财富。然而艺术修养并不是孩子天生就有的，它需要在艺术欣赏和才艺学习、锻炼中逐渐培养。基于幼儿教育的音乐实践教学，可以陶冶情操，使人与群体的关系更加融洽，对孩子的全面发展具有重要意义。

一、我国幼儿艺术素养培养中音乐教学实践的发展概况

（一）充分重视幼儿音乐艺术素养的培养

在教学上，现在注重以游戏为主的幼儿教育，而在课堂设置上，对儿童的艺术素养培养也更加重视，注重孩子的全面发展。音乐教育是幼儿教育的一个重要方面，重视幼儿音乐艺术素养的培养，使孩子在学习中受到熏陶，这一点得到家长、幼儿园、教师以及社会各界的充分认同。在具体教学实践中，幼儿园注重教师的才艺，并提出了更高的要求，以保证高质量教学活动的实施。不仅在儿童节等重大节庆日开展活动，在平日里的一些教学环节中，也有比赛，有才艺展示，为孩子的才艺发展提供良好的平台。除此之外，更加注重培养幼儿的参与意识，尽可能引导其参加一些艺术类鉴赏活动，这些对幼儿的发展都会起到潜移默化的积极作用。

（二）重视音乐天才的挖掘

在幼儿教育中，不仅注重对幼儿音乐知识的教育与普及，更重视通过教学提升幼儿的音乐素养，注重对有音乐天赋的幼儿的挖掘。这对于具有

音乐特长的孩子而言，不仅是对其自身能力的一种认可和肯定，也将是一次巨大的提升，可以为其未来的发展奠定基础。老师们在教学中要善于观察，多给孩子表现的机会，在课堂中多设置小活动，让孩子喜欢这类活动，然后积极地主动参与活动。只有在具体的音乐课堂实践中，孩子的积极参与才会为其能力的被发现提供可能。同时，注重孩子潜能的发展，对他们而言也具有重要的意义。而老师鼓励孩子多接触音乐，主动学习乐器，则提升幼儿音乐素养的主要途径，孩子的音乐天赋会在与音乐或乐器的接触中不断显露和发展。

（三）音乐与舞蹈相结合的审美教育

幼儿园的孩子年龄小，接受能力有限，因此在教学中要考虑到他们的接受能力。注重音乐与舞蹈相结合的审美教学，既符合幼儿的年龄特点，增加幼儿学习的乐趣，也能加强他们自身协调能力、动作感知力等方面的培养与锻炼，对孩子的成长有重要意义。在许多幼儿园，幼儿跳舞的活动很多，孩子们注重学习舞蹈，通过学习不断强化、锻炼自己对于节奏等的掌握，这也是对其音乐学习效果的检验。而给孩子提供舞台和锻炼机会，也符合音乐自身的体系特征与发展规律，在教学中合理利用，能起到事半功倍的作用。

二、基于幼儿艺术素养培养的音乐教学实践创新

（一）激发学习兴趣的音乐趣味教学

幼儿具有活泼、好动的特点，针对这些特点，教师就必须注重音乐教学的趣味性，比如在教学中让孩子们注意表演，这样课堂活动就更丰富。教师在教学中也可以借助多媒体，以及其他教具，不仅要吸引孩子们的注意，更要结合他们的特点设置游戏。比如通过简单歌曲的歌词接龙让孩子们表演小才艺，还可以举办"我是歌唱家"等比赛，激发孩子们的学习兴趣，注重培养他们不断学习的能力，挖掘其潜力。趣味教学也是最新倡导的科学教学理念，如开展"老师弹琴大家唱""你表演我伴奏"等活动，可以充分展现孩子们的创造力，激发其对活动的参与意识。孩子们在能力

不断提高的同时，对于音乐学习更有了发自内心的喜爱。因此，能够激发孩子音乐兴趣的趣味课堂，是适合幼儿发展的课堂实践模式，理应得到推广。

（二）音乐教材的丰富与完善

传统的音乐教学实践结果表明，其中蕴含着对于孩子发展不利的因素。比如音乐教材极其有限，适合幼儿传唱的歌曲较少，这一点已经受到社会各界的重视，教育部门、学校、教育者都在积极改变这一不足，音乐教材也开始丰富起来，目前已有不少适合儿童演唱和表演的各类教材。社会对于幼儿乐器的启蒙也日渐重视，不仅引导幼儿去听器乐演奏，还组织相关器乐弹奏表演，让孩子们积极参与其中。许多幼儿园鼓励幼儿学习吹口琴或学习演奏其他简单易学的乐器，并将其作为教学的一部分，可以说大大丰富了教学的内容，对于孩子艺术素养的培养而言，是一个良好的开端，其发展更会成为孩子们取之不尽的人生财富。随着我国幼儿教育的日渐完善，人们对学前教育尤其是艺术素养培养的重视，也蕴藏着重要的商机。因此，要进一步做好市场准备，使好的教材与市场运营接轨，让更多的孩子接触并学习优秀教材，扩大优秀教材的受众，使其不仅为我们的日常教学服务，也为广大父母或其他培养孩子艺术素养的平台提供优质的教学内容选择。

（三）多种教学模式的创新

我国的幼儿教育在迅速发展，而教学模式也在不断创新。现在的幼儿音乐教育，不仅仅局限在教孩子唱、跳，而注重孩子兴趣的激发，关注孩子的年龄特点与接受方式，是教学方法更加科学和人性化。比如在教学中贯穿着游戏的环节，寓教于乐，让幼儿轻松愉快地学习。不同于以往采用讲授的方式，目前主要是参与式教学，即让幼儿通过参加大型集体活动，通过表演、鉴赏，全面提升音乐素养。除此之外，孩子们还通过观看音乐剧、舞蹈剧、视频等多种方式，通过音乐实践增加其音乐素养的积淀。在日常教学实践中，教师也鼓励幼儿多唱，保留其天真活泼的天性，一些集体歌曲孩子们耳熟能详。有些教育者针对幼儿的特点，不断利用已有的教育资源，鼓励其唱歌学习。他们还编制简单易学、节奏欢快的英文歌曲，使幼儿在学习中拓展对歌曲的认识。这些脍炙人口的经典歌曲，增加了幼儿的学习兴趣，直接提高了他们的英文素养，对于孩子的成长有重要意义。

（四）与游戏相结合的音乐课堂教学

近年来，在我国的幼儿音乐课堂教学中，老师们尝试把知识传授和抽象的音乐符号变为富有情绪、生动趣味的形象游戏教学，而学生也是在游戏中热情积极地参与，表现出强烈的感情投入，甚至会表现得异常兴奋，展示出超乎想象的表演能力；而平时内向的学生也会积极通过音乐表达自己的情感。因此，教师应结合幼儿的接受特点，突破以往的纯知识技能传授，向人文素养与艺术素养的综合培养靠近。这也符合新课标的要求，符合音乐游戏教学的理念与原则，是教学的一大创新，能够达到很好的教学效果。音乐是音乐游戏的灵魂，而游戏只是教学的一种手段。教师可以通过音乐游戏让幼儿感受到音乐的流动、旋律的起伏、节奏的跳跃等，并根据音乐的变化作出反应，从而达到教学的目的。而日常音乐教学中的游戏大致分为七类：歌唱活动中音乐游戏、音乐欣赏活动中音乐游戏、打击乐活动中音乐游戏、综合性音乐活动中音乐游戏、节奏教学中音乐游戏、学习音乐知识中音乐游戏、识谱教学中音乐游戏。

（五）基于多数幼儿的音乐启蒙活动

音乐是一门通过声音来表达感情的艺术，让幼儿演唱歌曲、欣赏音乐、参加音乐活动等，有着其他学科所无法比拟的优势与刺激，它使幼儿的情感激发更为直接和强烈。音乐对幼儿智力的启迪和促进，能够激发出他们巨大的创新潜能。而面向多数幼儿的音乐启蒙活动，不仅能提升幼儿的艺术素养，而且有利于提升幼儿对生活的品鉴与领悟能力。让幼儿通过音乐感受生命的律动和感动，从而更好地生活，领悟生命的意义，这是符合教学目标的。从长远看，让音乐成为兴趣爱好，也是一笔享用不尽的精神财富。

基于幼儿音乐素养培养的音乐教学实践，是对幼儿音乐发展的重要启蒙，许多孩子音乐上的天赋因此被发现，并得到训练。而在教学中，对于孩子艺术素养的培养无疑具有重要的作用。这也促使我们在不断发展的幼儿音乐教育中,既重视对孩子天赋的发现,又注重孩子的全面发展,注重孩子艺术素养的培养,因为这对于他们而言是一笔宝贵的财富,对于其今后的发展具有重要意义,也符合我国素质教育的目标与要求。可以说,我们在教学中已经取得了一定的成绩,但由于地区之间的差异,有些地方幼儿艺术训练、音乐教学方面的经费不足,这对于幼儿音乐教学与发展是不利的,相关部门必须予以重视。而音乐教学必然要在实践中不断摸索,探寻出适合幼儿音乐素养培养和发展的模式,不断创新,并丰富教学实践。

(李　娜)